구술로 본
북한현대사 재인식
:김남식·이항구

이 저서는 2002년도 한국학술진흥재단의 지원에 의하여 연구되었음.
(KRF-2002-072-BM1021)

구술로 본 북한현대사 재인식 : 김남식·이항구

초판 1쇄 발행 2006년 6월

지은이 | 조한범 외
펴낸이 | 윤관백
편 집 | 김지학
교정·교열 | 김은혜·이수정
펴낸곳 | 선인

등 록 | 제5-77호(1998. 11. 4)
주 소 | 서울시 마포구 마포동 324-1 곶마루B/D 1층
전 화 | 02)718-6252
팩 스 | 02)718-6253
E-mail | sunin72@chol.com

정가 | 18,000원
ISBN 978-89-5933-056-0 93300

■저자와의 협의에 의해 인지 생략.
■잘못된 책은 바꾸어 드립니다.

발간사

　　　　　통일연구원은 1991년 설립 이래 북한연구 및 통일 연구 분야에서 많은 연구성과를 생산하여 왔습니다. 이제 본 연구원은 국내외의 지도적인 연구기관으로 자리잡아 지금까지의 연구성과를 바탕으로 정부와 학계, 그리고 일반에게 한층 더 많은 연구 서비스를 제공하고자 노력하고 있습니다. 이와 관련하여 본 연구원은 정책연구뿐 아니라 기초연구 분야에서 증가하고 있는 학계의 연구수요에도 부응하고자 노력하고 있습니다. 본 책자는 이러한 노력에서 나온 한 성과입니다.

　　　　　본 연구원은 지난 2002년 한국학술진흥재단의 지원을 받아 "북한 사회주의체제 형성·변화에 관한 해외문헌 및 구술자료 수집·발굴과 Data-Base 구축사업" 연구를 3년간 수행하였습니다. 이 연구는 해외에 산재하여 있는 북한 관련 기초자료를 체계적으로 수집하고 정리하여 국내의 연구자들이 보다 쉽게 북한 관련 자료를 이용하여 연구할 수 있도록 기여하고자 하는 목적에서 시도되었습니다. 북한 체제의 형성 및 발전에 관한 연구에서 연구자들이 직면하는 가장 큰 문제는 일차자료의 부족이며, 더구나 해외에 소재하고 있는 문헌자료 및 관련 인사들의 구술자료는 국내연구자들이 접근하기에 어려움이 있었습니다. 본 연구원은 국내연구자들이 겪는 이런 어려움을 조금이나마 덜어주고 북한연구의 질적 향상에 기여하기 위하여 미국, 일본, 중국, 독일, 러시아 등 5개 해외 국가와 국내를 대상지역으로 하여 문헌자료 및 구술자료를 수집하고 정리하여 왔습니다. 본 책자는 그중 일부의 성과를 정리하여 수록한 것입니다. 본 성과가 북한 체제 형성 및 발전에 관하여 국내의 연구자와 일반인들의 연구의 내용을 향상시키고 새로운 연구주제의 발굴에 기여할 수 있기를 기대합니다.

　　　　　　　　　　　　　　　　통일연구원 원장　박 영 규

서문

　역사적인 남북정상회담 이후 남북관계는 여러 가지 난관과 제약 속에서도 지속적인 발전적 추이를 이어가고 있다. 남북경협은 금강산 관광사업을 넘어 개성공단개발사업으로 이어지고 있으며, 민간인들이 교류협력사업을 위해 북한을 방문하는 일도 일상적으로 이루어지고 있다. 남북관계는 이제 "금강산 한번 가보았으면"에서 "금강산이나 한번 가 볼까"의 시대로 접어든지 오래다. 최근의 남북관계를 평가한다면 만족할 만한 수준은 아니라 할지라도 과거에 비해 진일보하고 있다는 점을 부인할 수 없을 것이다.

　이와 더불어 대결적 냉전체제에서는 어려웠던 북한에 대한 객관적 인식도 점차 확산되고 있다. 한국사회의 전반적인 민주화과정과 사회주의체제의 몰락 및 냉전체제의 해체는 한국사회과학계의 학문적 금기영역이었던 북한에 대해 보다 자유로운 접근을 가능하게 해 주었다고 할 수 있다. 따라서 남북관계의 변화라는 환경의 변화와 아울러 북한연구는 과거에 비해 양과 질적인 측면 양자 모두에서 상당한 발전을 이루어 왔다고 할 수 있다.

그러나 이와 같은 발전에도 불구하고 북한연구는 아직도 해결해야 할 많은 과제들을 안고 있으며, 북한현대사에 대한 객관적 분석과 연구는 그중의 하나이다. 냉전적 대립과 북한의 폐쇄성은 북한체제의 형성과 발전에 대한 구체적이고 체계적인 자료를 바탕으로 한 실증적 연구의 활성화를 가로막는 일차적 원인들이었다. 이 같은 점에서 북한체제의 제반분야에 대한 신뢰할 만한 실증적 자료의 확보는 북한연구자들에게 해결해야 할 1차적 과제로 인식되어왔다.

문헌자료와 더불어 북한관련 인사들의 구술자료는 북한체제를 분석하고 연구하기 위한 실증적 자료로서의 중요한 의의를 지니고 있다. 국내에는 북한체제의 형성과 발전과정에 직간접적으로 연관된 다수의 인사들이 거주하고 있으나, 관련된 구술자료 수집작업은 체계적으로 수행되어 오지 못했다. 통일연구원을 모태로 한 연구진은 한국학술진흥재단의 지원으로 2002년부터 3년간 해외소재 북한문헌·구술자료 수집사업[1]을 수행하였다. 이 과정에서 연구진은 해외뿐만 아니라 국내의 구

---

[1] "북한 사회주의 체제 형성·변화에 관한 해외문헌 및 구술자료 수집·발굴과 Data-Base 구축사업" (KRF-202-071-BM1021).

서문

　술자료 또한 체계적으로 수집되지 않았다는 점에 주목, 자료수집을 시도하게 되었으며, 본 자료집은 그 결과물이다.
　구술자료들은 경험자들의 주관성을 일정부분 포함한다는 점에서 한계가 있을 수 있다. 그러나 직접적 경험이라는 일차성과 실증성은 문헌자료의 한계를 극복하는 데 중요한 기여를 할 수 있다는 점에서 의의가 있다. 본 자료집에 수록된 자료들은 북한체제의 형성과 발전과정에 대한 구술자료로서 1차자료의 제약을 벗어나는 데 많은 도움이 될 수 있을 것이다.
　자료집에 수록된 귀중한 구술자료를 제공해 주신 김남식 선생이 자료집의 출판을 보지 못하고 운명을 달리하신 점은 안타까움으로 남으며, 이는 소멸의 위기에 처한 북한관련 구술자료 수집의 시급성을 연구진에게 다시 한번 환기시켜주는 계기였다. 본 자료집의 출간과 아울러 북한구술자료 수집의 중요성에 대한 관심의 제고와 동 분야의 연구저변의 확대를 기대하는 바이다.
　본 자료집은 원래 「7인이 말하는 북한현대사재인식」이라는 제목으로 기획된 것이었으나, 채록에 응했던 인사들이 내용공개를 꺼려함에 따라 축소된 형태로 출간됨을 밝혀둔다. 7권으로 기획된 시리즈에 본 자료집이 「7인이 말하는 북한현대사 재

서문

인식」으로 공지되어 있는 오류가 발생한 것은 이 같은 이유에 기인한 것이다. 좀 더 세심한 기획이 이루어지지 못한 점에 대해 연구책임자로서 독자들에게 사과의 말씀을 전한다. 그리고 이를 계기로 연구진은 분단과 냉전의 벽이 우리의 생활세계에 아직도 존재하고 있음을 실감하게 되었다.

구술자료의 특성상 발음이 정확하지 않거나 표현상의 문제 등 뜻하지 않은 오류가 있을 것이라고 생각되는 바, 독자들의 깊은 이해를 구하는 바이다. 본 자료집은 연구진의 협동연구의 산물로서, 특히 채록과 자료의 정리에 있어 오경숙 박사와 정현수 박사의 노력이 컸다는 점을 밝혀둔다. 번거로움에도 불구하고 구술자료수집에 기꺼이 응해주신 여러분들께 감사의 말씀을 전하며, 아울러 직간접적인 도움을 주신 분들께도 사의를 표하는 바이다. 국제문제조사연구소의 이기동 박사의 도움에 감사를 드리며, 구술상의 인명과 명칭의 오류를 잡는 데 많은 시간과 노력을 경주해 준 남근우 연구원에게도 감사의 말을 전한다.

2006년 6월 북한기초연구사업부
연구책임자 조한범

Contents

발간사 3

서문 4

Ⅰ 김남식 11

1. 종파투쟁 _ 12
2. 김일성의 '주체' _ 16
3. 민족주의자 김두봉 _ 24
4. 중앙당 집중지도 _ 27
5. 내재적 접근 _ 37
6. 1974년 2월선언 _ 48
7. 김국태의 후계자 가능성 _ 55
8. 5·25교시 _ 61
9. 주체사상에 대한 황장엽의 불만 _ 66
10. 금강정치학원 _ 77
11. 군사위원회 _ 86
12. 남로당 _ 90
13. 북한 사회주의 체제의 형성 _ 103
14. 중공업 우선주의 _ 123
15. 사상결정론 _ 127
16. 경제관리체계 _ 132
17. 민족제일주의 _ 148

Ⅱ 이항구 155

1. 해방공간 _ 156
2. 한국전쟁 _ 159

Contents

3. 서울정치학원 _ 165
4. 22여단 _ 167
5. 철도사령부 _ 170
6. 소설집필 _ 177
7. 기자생활 _ 178
8. 종파사건 _ 181
9. 세대교육 _ 186
10. 작가동맹 _ 188
11. 청산리 방법 _ 192
12. 주체사상 _ 197
13. 김정일과 북한의 변화 _ 203
14. 김일성과 김정일 _ 207
15. 현지지도 _ 211
16. 김정일의 통치능력 _ 215
17. 국방위원회의 위상 _ 218
18. 민족공조 _ 223
19. 서울정치학원과 금강정치학원 _ 231
20. 국군포로 중심의 인민군 22여단 _ 234
21. 해방전사 _ 237
22. 국군포로 문제 _ 240
23. 독서회 _ 242
24. 북한체제의 견고성 _ 245
25. 핵문제 _ 251
26. 5·25교시 _ 269

구술자 인적사항　　　　　　　　279

저자소개　　　　　　　　　　　　281

I 김남식

1. 종파투쟁
2. 김일성의 '주체'
3. 민족주의자 김두봉
4. 중앙당 집중지도
5. 내재적 접근
6. 1974년 2월선언
7. 김국태의 후계자 가능성
8. 5·25교시
9. 주체사상에 대한 황장엽의 불만
10. 금강정치학원
11. 군사위원회
12. 남로당
13. 북한 사회주의 체제의 형성
14. 중공업 우선주의
15. 사상결정론
16. 경제관리체계
17. 민족제일주의

구술로 본 북한현대사 재인식 : 김남식 · 이항구

| 안녕하십니까?
| 북한현대사에 관한 선생님의 경험과 의견을 듣고 싶습니다.

1. 종파투쟁

Q 먼저 북한현대사에서 중요한 전환점이라 할 수 있는 1950년대 종파투쟁에 대해 말씀 부탁드립니다.

A 50년대 정치권력 문제에 있어서 '연안파 숙청이다, 소련파 숙청이다.' 그런 거 있잖아요? '권력 투쟁이다. 권력 잡기 위한 하나의 투쟁이다.' 그렇게들 얘기하지요. 그건 뭐 스탈린식 권력 투쟁과 뭐가 다르느냐, 뭐 이렇게들 이야기하고 그렇습니다. 항상 그 당이라는 것도 의견이 다른 사람들도 있을 수 있는 거고, 그런데 조금 다른 의견, 다른 정책을 이야기했다고 해서 그런 사람을 숙청할 수 있느냐, 그러기 때문에 이것은 철저하게 권력 투쟁이다. 그런 시각에서 이제 보지요. 그러나 지금 이 시각에서 보면요, 그것이 잘못된 거라구요. 그런데 시

각을 달리해야 한다구요. 그 사람들이 순수하게 이념적인 거 정책상에 있어서의 문제가 있어서 그랬던 건가, 그것이 바로 소련과 중국과 연관된 속에서 이루어진 거라구요. 그래서 소련파다, 연안파다 뭐 이런 얘기 나오는데. 그러기 때문에 그 당시에 소련하고 중국에서는 북한에 대한 영향력 행사를 하려고 서로 대북주의적이고 그런 것이 얘기가 됐다구요. 거기에 내부 세력으로서 소련파는 소련에, 또는 연안파는 중국에 북한에 대한 영향력 행사에 동조한 거라구요. 그러기 때문에 이 사람들은 사대주의 또는 그 지배주의에 영합하는 말이지, 이런 것과 연계되어야 한다고 봐야겠죠. 그러기 때문에 자주성과 주체성을 확립하기 위해서 강대국한테 지배를 벗어나기 위해서 그 사람들은 제거됐다. 그러면 이것이 과연 권력 투쟁이냐.

Q 투쟁이라 할 것도 없이.

A 그것이 오늘의 역사가 바로 그것을 증명해 준 다구요. 오늘의 지금 중국에서 북한에 대해서 이러쿵저러쿵 간섭을 못해요, 지금. 소련도, 러시아도 그렇게 지금 못 합니다. 그것이 모든 외국의 영향력이라는 것은 내부 붕괴를 통해서 하는 거라구요. 그런데 내부 붕괴가 외부 영향력을 받아들일 수 없는 바탕이라면 말이죠, 외부에서 그렇게 이래저래 간섭을 못 합니다. 그러기 때문에 이것을 소수 지배층을 제거했다, 그것이 과연 그러면 권력 투쟁 차원이냐, 북한 사회주의의 그 자주성·주체성을 확립하기 위해서 지배주의 강대국과의 영향력을 단절

시키기 위해서 제거했다, 그런 시각에서 볼 수는 없느냐, 그런 것들이 지금 문헌에도 나와요. 그러기 때문에 항상 이야기가 그거예요. 지금 어느 북한학과 교수들 대개 강의 들어보면, 50년대 권력 투쟁은 실정사로 강요를 한다구요.

Q 저희들도 이제 그쪽을 심층적으로 연구한 것은 아니지만, 책이나 어떤 북한사 그런 부분 보면, 거의 그런 얘기들이.

A 그게 정설로 돼 있다구요. 그러면, 이 사람들이 저 중국과 소련과의 어떠한 관계를 맺어져 가지고 그간 북한 정치권력에서 활동을 했느냐, 여기에 대한 심오한 분석을 좀 했어야 되는데, 그런 것은 안하고 다만 그저 권력 투쟁사적인 측면에만 봐 가지고 그냥 그저 '항일 빨치산의 정권 잡기로 한 것이다.' 이런 식으로 설명을 한단 말이에요 지금. 그게 이제 문제가 되는 거예요, 지금. 그러기 때문에 예를 들어서 1956년 그 4월달에 있었던 북한의 그 3차 당 대회, 3차 노동당대회에서 러시아의 그 당시에 브레즈네프가 당 대표로 왔다구요. 그러니까 브레즈네프가 오니까 소련파들이 잘 됐다 그래 가지고 브레즈네프 찾아가 가지고 지금까지 자기네들이 뭐 이러쿵저러쿵 당한 거에 대해서 억울한 거 호소도 하고 그런 게 있다구요. 그래서 브레즈네프 연설을 보니까, 그때 축사가 있어요. 그 축사를 보니까 바로 '왜 19차 당 대회의 정신을 받아들이지 않는 거냐'. 그 19차 당 대회라는 것은 아, 20차 당 대회지. 소련 20차 당 대회란 것은 스탈린에 대한 격하 운동 그런 거라구요. 그런 얘기가 좀 나와

요. 그러기 때문에 20차 당 대회에 그 소련의 20차 당 대회를 무조건적으로 추종하는 소련파들은 스탈린 격하 운동처럼 그 개인숭배를 우리는 제거해야 한다, 어쩐다 그래 가지고 반 김일성운동을 형성한 거란 말이에요. 거기에 브레즈네프가 이제 왔기 때문에 그게 영합이 된 거예요, 지금. 이러한 것들을 보면 결국은 사대주의란 말이에요, 교조주의고 사대주의란 말이지. 이러한 것들을, 이러한 사실들이라든가 그다음에 연안파들도 마찬가지예요. 연안파들도 그 당시에 뭐 윤공흠이라든가, 최창익이라든가 뭐 이런 사람들이 결국은 반 김일성 운동 그런 것을 견제를 했는데, 그것이 하나의 노선 상의 문제라든가 그 밖의 여러 가지 당으로써의 할 수 있는 얘기 같으면 괜찮은데, 그것이 바로 중공 당과의 연계하에서 이루어졌다는 거지요. 그래서 이렇게 되니까 결국은 다수파에 의해서 그 사람들이 제거가 됐는데, 그건 다수파에 의해서 제거가 된 거라고. 그러기 때문에 이것은 숙청 과정이 중앙위원회 다수에 의해서 결정되기 때문에, 이것은 뭐 당연히 합법성을 띠는 거예요. 그러니까 다시 이 사람들이 중국으로 도망가지 않았습니까? 몇 사람이 도망갔죠? 그러니까 거기서 이제 뛰어온 거여. 마침 미코얀과 팽덕회가 온 거예요. 와 가지고 그 사람들이 무슨 압력을 받았냐면 왜 이 사람들 출당시키느냐, 이견은 있을 수 있는 것 아니냐, 그러고서는 뒤집어엎어라 그래서 9월 전원회의를 열어 가지고 그 사람들의 출당을 다시 회복하는 거로다, 그거 하나로다 끝나고 그게 9월 전원회의야.

Q 9월 전원회의에서요?

A 그렇지요. 그게 8월 전원회의에서는 숙청하고, 9월 전원회의에서 한바탕 뒤집어진 거라구요, 저게 지금. 이것을 감수한 북한 노동당 지도부는 어떻게 생각하겠어요? 자기네들이 전원회의에서 다수에 의해서 8월 전원회의에서 결정을 했는데, 그것을 소련 당하고 중국 당에서 와 가지고 뒤집어엎어라, 원상 복귀시켜라, 강요를 했단 말이에요. 그것이 과연 바람직 한 거냐, 그래서 9월 전원회의에서 뒤집어엎었어요. 그게 출당한 것을 다시 복당시켰는데, 그러니까 그때는 다 그랬어요. 왜 소련이 내정 간섭하느냐, 왜 중국이 내정 간섭하느냐, 그리고 전체 중앙위원회 다수가 결정한 건데, 왜 내정 간섭하느냐. 그때부터 북한에서는 그 '주체를 확립할 데 대하여' 뭐 이런 것들이 나온다구요.

2. 김일성의 '주체'

Q 그 시기에 이렇게 '주체'라는 얘기가?

A '주체'라는 것은 원래 '사상에서의 주체'는 55년도 12월달에 있었던 당 선전, 선동 일군들 앞에서 한 연설에서 '사상 사업에서의 주체'라는 게 나왔는데. 전체 일반적으로 '주체를 확립할

데 대하여'라는 강의안을 가지고 전당적으로, 전 국민들에게 사상 사업을 한 것은 바로 56년 9월 전원회의 후부터라구요. 빨간 딱지에 강연 제강이 있어요. '주체를 확립할 데 대하여'라는 강의가 있다고, 그때부터 일반적으로. 그래서 55년도에 나온 그 사상 선전·선동 분야에서 나온 '사상 사업에서의 주체를 확립할 데 대하여'라는 것은 사상 사업에 한해서 인거야. 그 당시에 그 소련파들은 무슨 얘기를 했냐면, 소련파들이 그 사상 부분을 맡고 있었다구요, 당에서. 그러니까 모스크바 정치라든가 시인 누구야, 전부 이런 사진만 걸게 했다구요. 그리고 3·1운동을 못 하게 했습니다. 그러니까 김주석이 이럴 수 있느냐 대한민국도 3·1운동을 기념하는데, 우리는 3·1운동을 기념 못하게 하는 게 어디 있냐 말이지. 그래 가지고 맑스 사진도 좋고, 레닌 사진도 좋고 그렇지만 강감찬 사진도 걸고, 을지문덕 사진도 걸고 말이지. 왜 이런 짓을 못하느냐 말이지. 사상이라는 것은 무엇 때문에 우리가 사상 교양을 하느냐, 우리 혁명을 위해서 사상 교양을 하는 것이지 러시아 혁명하는 거 아니지 않느냐, 중국 혁명하는 거 아니지 않느냐 이래 가지고 나온 거예요, 저게 '사상에서의 주체' 문제가. 그때부터 이제 55년도부터 소련은 소련파, 중국은 중국파 나뉘었는데, 그와 같은 얘기들이 어떤 계기로부터 나왔냐면 스탈린 죽은 뒤부터 나왔어요. 1953년 3월달에 3월 12일인가 스탈린이 죽었거든요. 그래 가지고 러시아에서 권력 투쟁이 벌어졌습니다. 그래서 그때에 그 권력 투쟁이 벌어지고 스탈린이 죽은 뒤에 누가 했더라, 그것도 그 사람도 물리치고 이제 흐루시초프가 정권 잡았는데 그 전이 누구더라, 그게? 그 기록이 있을 거예요.

그래서 이제 흐루시초프가 정권 잡고 그래 가지고 20차 당 대회를 열게 된 거라구요. 그때 스탈린 격하 운동이 벌어지고, 그러기 때문에 러시아에서 스탈린에 대한 개인숭배 격하 운동이라는 것은 하나의 그 사회주의 국가에서는 엄청난 충격이었다고, 저게. 엄청난 충격인데 소련이 그렇게 가니까, 엊그제까지 스탈린 숭배하던 소련파들이 흐루시초프가 저렇게 되고 20차 당 대회에서 스탈린 격하 운동이 벌어지니까 북한에 들어온 소련파들이 태도를 확 바꿔 가지고, 흐루시초프 입장에 서는 거예요. 그래 가지고 김일성 주석을 스탈린파로 모는 거지, 이래 가지고 그렇게 하는 거라구요. 그래서 이제 9월 전원회의가 일반 책에는 없습니다. 당사에도 없어요, 8월 전원회의만 있고.

Q 숙청하고 탈당 이야기는 많이 나오지만, 복당 이야기는.

A 아니, 기록이 없어요. 북한에서 나오는 당사에도 없고, 9월 전원회의 열렸다는 게. 9월 전원회의가 열렸다는 것은 다들 알지요. 그런데 9월 전원회의가 이런 문제를 취급했다 하는 것은, 그건 57년도 중앙연감에 나와요. 거기에만 나옵니다. 다른 데는 어디도 찾아 볼 수가 없어요. 그러기 때문에 그게 아주 수모를 당한 거란 말이에요. 그걸 뒤집어 엎어라, 8월 그 한 달 전에 한 거 그냥 당 중앙 전원회의에서 결정한 거를 뒤집어 엎어라 해서 연안파나 이런 사람들이 복당이 된 거예요. 그러나 그게 복당이 돼요, 지금? 실질적으로? 그때부터 북한에서는 '반행 운동자와의 투쟁을 전개할 데 대하여', 반종파 투쟁이 이제

본격적으로 벌어지는 겁니다. 그래서 이 반종파 투쟁을 참 대단하게 했습니다. 엄청나게 했어요. 원래 북한 권력구조가 여러 가지 그 종파적 차원에서 보면, 그룹이 조직이 된 거라구요, 북한의 정치권력이. 소련, 중국 또는 원래 해방 당시부터 국내에서 했던 그런 것들이 이렇게 종합이 된 거예요. 그것이 전쟁이라는 하나의 엄격한 그 상황하에서는 정치가 단합해서 싸워야 하기 때문에 정치권력 내부에서 뭐 그렇게 없었습니다. 그래서 그 남로당 계열이 숙청이 되고 그랬는데, 그것이 파행적 요소가 싹트기 시작한 계기가 스탈린 죽은 다음이에요. 스탈린 죽음 다음에 마린코프가 스탈린 다음에 이제 말렌코프가 수상하지 않았습니까? 말렌코프로 내가 알고 있는데. 그래 가지고 말렌코프가 또 권력 투쟁에서 흐루시초프한테 밀려요. 이제 그러다 보니까 거기에서 틈바구니가 생기는 거예요. 그래서 사실은 소련이 먼저 변합니다, 약간에. 스탈린 체제가 붕괴된 후부터 약간 변해요. 그 변한 것이 북한에 그대로 전이가 되는 겁니다. 이래 가지고 그 종파 성들이 나타나기 시작하는 거예요. 특히 그 20차 당 대회에서 흐루시초프의 보고가 스탈린 격하 문제가 비공개적으로 발표가 됐는데, 그것이 전달되자 스탈린 체제인 북한의 체제는 변화가 되어야 된다. 이런 것들이 이제 힘을 얻는 거예요. 그런데 원래 소련 공산당이 그 국제 코뮤니티가 해체된 다음에는 소련 공산당이 대신 역할했습니다. 국제 공산주의 지도부가 이제 해체 아니에요? 그것이 그 이후에는 소련 공산당이 대신해요. 그래서 소련 공산당에서 당 대회를 열게 되면, 사회주의 나라들은 당 대회를 다 열어요. 그 정신에 입각해서. 그래서 그 20차 당 대회가 2월달에 있었을 거예요,

56년. 그런데 그 4월달에 북한에서는 3차 당 대회를 여는 겁니다. 소련공산당 대회가 열렸기 때문에 각 나라 사회주의 당들도 당 대회를 열게 되어 있어요, 그 정신에 따라서. 그래서 북한에서도 당 대회를 여는 거예요. 그런데 4월달에 당 대회를 여는데, 브레즈네프가 와요. 브레즈네프가 당 대표 축하 사절단으로 옵니다. 중국에서도 오고 그때 아마 18개인가 19개 나라가 왔는데, 그때 브레즈네프가 와요. 브레즈네프가 오니까 그때까지 약간 자기 딴에는 좀 무시당하고 불만 있던 사람들이 찾아갑니다. 그런데 이래 가지고 이제 3차 당 대회를 여는데, 3차 당 대회에서는 스탈린 격하 문제를 전혀 취급하지 않았습니다, 보고서에서도요. 당연히 브레즈네프는 이 문제를 취급해야 되리라고 봤는데, 안 했어요. 오히려 박헌영이가 개인숭배다 그런 식으로다가 박헌영 얘기를 하고 3차 당 대회를 끝냈단 말이에요. 그러니까 화가 난 거지요. 당연히 3차 당 대회에서 개인숭배 문제가 논의가 되어야 할 텐데, 오히려 박헌영이 개인숭배자였다는 걸로 박헌영이 제거에 명분을 내세웠다 이렇게 된 거지요. 그러니까 거기에 대해서 브레즈네프도 화가 난 겁니다. 이건 나중의 이야기이지만요, 그래서 브레즈네프가 정권을 오랫동안 잡았는데 그때에 김일성 주석이 모스크바 방문을 안 했습니다. 김일성 주석이 브레즈네프 죽은 다음에 그때 85년에 처음 가는 거예요. 브레즈네프 있을 때에는 절대 안 갔습니다. 그래서 그때 아마 19년 만인가. 그게 굉장히 중요한 거예요. 브레즈네프 죽은 다음에 누가 있다가 몸이 아파 죽고, 그때 그다음에 갔어요. 안 갔습니다, 브레즈네프가 생존해 있을 때는요. 이제 이렇게 되는데, 그래서 이제 8월 전원회의의 그 과정은 알 거예요. 동구라파 이렇게 방문을 쭉 했는데, 김일성 주석이 3차 당 대회 끝나 가지고 쭉 경제 협력이니 해서 동구라파 방문을 했는데, 그 틈을 타 가지고 김일성 체제 전복을 위한 계략을 꾸밉니다. 러시아 쪽으로 지원도 받고 중국한테 지원도 받고 해서 하는 겁니다. 그 정보를 알고 미리 들어옵니다. 그래 가지고 8월 전원회의라는 것을 열었습니다. 8월 전원회의는 보건 사업 문제 가지고 연구가 됐어요. 위생 보건 문제, 그거 가지고 하는데. 그리고 또 동구라파 방문에 대한 경과보고 겸해서 했는데 난데없이 거기서 반기를 들고 일어나는 거예요, 중앙위원회에서. 그래 가지고 뭐 뒤죽박죽 됐지요. 그때 거기 참가한 사람 말 들어봤는데, 아주 막 엉망이었습니다. 다수파들이 일어나 가지고 그래서 이제 일단 휴회를 해 가지고, 이 점심시간에 중간에 몇 사람이 압록강을 건너서 중국으로 도망 갔다구요. 그 당시에 배도 억지로 빌려 가지고, 차타고 가고 하니까 8월 전원회의하는 지도 모르고 하니까 뱃사공들이 빌려줄 거 아닙니까? 그래서 도망간 거예요. 그래 가지고 8월 전원회의에서 그 사람들이 출당당했습니다. 그래서 그 소식이 알려지고, 중국까지 도망 나오고 막 난리 났다 그래서 미코얀하고 팽덕회가 여기 오는 거예요. 팽덕회를 왜 보냈냐면, 한국전쟁 때 중국 지원군 사령관했기 때문에 팽덕회를 보낸 겁니다. 그래 가지고 9월 전원회의 열게 해 가지고 뒤집어엎었어요. 그러면 이 팽덕회란 사람은 누구냐, 한국전쟁 때 지원군으로 왔는데 이 사람이 사령관이었어요. 지원군 사령부가 또 따로 있습니다. 그리고 인민군 총사령부가 따로 있고, 전쟁 때. 지원군으로 왔기 때문에 팽덕회 사령관은 당연히 김일성 인민군 총사령관한테 찾아가고, 자기가 오고 그래야 하는 겁니다. 한국 전쟁의 주체는 역시 조선 인민군 사령관 아닙니까? 지원군으로 왔기 때문에. 그런데 이 팽덕회란 놈이 지원군 사령관으로 있으면서 '김일성 사령관한테 오라, 그래.' 이런 식으로 했다구요. 그런 사람이에요, 팽덕회가. 그리고 팽덕회도 오고, 미코얀도 오고, 소련의 대단한 사람이죠. 둘이 와서 그냥 강요를 했기 때문에 그래서 이제 9월 전원회의 열고, 뒤집어엎은 거예요. 그때부터 '주체를 확립할 데 대하여' 가 아주 공개적으로 나오는 거예요. 동시에 '반 종파 투쟁을 전개할 데 대하여' 그런데, 반 종파 투쟁이라는 게 약하기 때문에 '반혁명 분자', 반혁명 분자로 이제 명분을 내세운 거예요. '반혁명 투쟁을 전개할 데 대하여' 그 내용은 반 종파입니다.

Q 8월 종파 사건으로 알려진?

A 일반적으로 그 당시 우리가 움직였을 때는요, 반 종파 투쟁도 하지만, 그것이 반혁명과 연결된 것이다. 이래 가지고 '반혁명 운동을 전개할 데 대하여'가 전면으로 나왔습니다, 그때부터. 그런데 그런 사건이 있어 가지고 57년도 5월 30일인가 당 상무 위원회든가, 거기에서 '반혁명 분자와의 투쟁을 전개할 데 대하여'란 것이 결정을 합니다. 57년도 '반혁명 분자와의 투쟁을 전개할 데 대하여' 그게 나오는데, 그것이 이제 반 종파 투쟁도 같이 하는 거예요. 왜냐면 북한에서는 종파들이 반혁명과 연결 됐다는 걸로, 이제.

Q 반 종파가 반혁명으로 연결된 거라구요?

A 그렇지. 종파가 종파 활동이, 결국은 반혁명에 연결되는 것이다 그래 가지고 명분은 반종파 투쟁이라고 할 수는 없잖아? 그래서 '반혁명 분자와의 투쟁을 전개할 데 대하여'라고. 그래서 이제 57년도 아마 5월 30일 결정이라고 나는 생각이 되는데, 그 당시에 그 종파 활동이 반혁명과 연결된 걸로 규정을 한 겁니다. 그리고 또 하나는 반종파 투쟁을 하나의 그 명분으로다가 내세울 수는 없잖아? 소련도 있고, 중국도 있고 그러기 때문에. 그래서 할 수 없이, '반혁명 분자와의 투쟁을 전개할 데 대하여'란 것이 57년 '5·30(오삼십)' 결정일 거예요. 그때부터 움직이는 거예요, 당 조직들이 전체가 움직이는 건데. 57년도 10월인가 11월달에 이제 모스크바에서 세계 공산당 지도자 대회든가 뭐 있어요. 그때에 그, 가끔 그게 모스크바 중심으로 하는 겁니다. 소련을 중심으로 해서 각국 공산당 지도자들을 모아서 10월 혁명하고, 그 모스크바 선언도 발표하고 그러는 거예요. 그때에 모택동하고 김 주석하고 같은 비행기 타고 모스크바에 갔습니다. 거기에서 얘기를 한 겁니다, 김 주석이. 56년도 8월 종파 사건이 이러이러 한 거다. 그래서 흐루시초프한테도 이야기했고, 그러니까 흐루시초프가 '아, 그러냐 그러면 절대로 모스크바 근교에서 살지 못 하도록 하겠다.' 그래 가지고 이상조니 뭐니 이런 사람들 저 변두리로 보낸 거예요. 그리고 여기 이상주 한 번 왔었지? 이상조든가?

Q 예, 이상조.

3. 민족주의자 김두봉

A 근데 모스크바에서 살지 않고, 변두리에서 살다 왔다구요. 그 애기를 비행기 타고 오면서 모택동한테도 얘기했다구요, 김 주석이. 그리고 중국으로 도망간 이필규나 윤공흠이 이런 놈들 다 나쁜 놈들이다 말이지, 그러니까 '아, 그렇다'고 말이지. 그래서 전부 변두리에서 살았어요, 그 사람들이. 그것이 57년도 12월달인가 모스크바 선언 발표할 땝니다. 그때 양쪽 수령한테 이해가 다 된 겁니다. 그래 가지고 반 종파 투쟁을 계속 전개하고 그러다가 58년 3월달인가 그때 평양시 당 전원회의가 있었고, 그때 몇 달 안 가서 대표자 회의가 있어요, 58년도. 1차 대표자 대회가 있습니다. 58년도 3월인가 4월인가 58년도 대표자 회의가 있는데, 거기에서 종파 문제는 일단 정리가 됩니다, 대표자 대회에서. 그 김두봉도 그 당시 문제가 되고 다 정리가 돼요. 그 전에 그 평양시 당 전원회의에서도 일단 정리가 되고, 대표자 대회에서 시 당에서 취급 될 것들 다 정리가 됩니다. 그래서 58년도 당 대표자 대회에서 일단 끝나는 거예요, 숙청 문제. 그런데 이제 김두봉도 연안파고, 김두봉도 앞장서지는 않았어요. 그런데 김두봉이가 어떤 사람이냐면, 경상남도 기장 사람이에요. 한학자입니다. 주시경 선생하고 같이 한학자인데,

그 사람이 상해 임시정부 갔다가 마음이 안 맞아 가지고, 그리고 이 상해 임시정부가 지역주의예요. 임시정부 거기 있던 사람들이 김구니 뭐 전부 지역주의예요. 이 사람은 경남이란 말이에요. 그런데 김구가 황해도, 김준엽이도 황해도, 장준하도 평안도. 그러니까 이북파, 이남파, 경남파 뭐 그랬다고. 임시정부 저거 들추면 말이지요, 우리 정통으로 잡기가 어려워요. 지금 중국에서 연구하는 사람이 있습니다. 전부 남의 돈 받은 거예요, 장개석이 돈 받은 거예요. 첩보원입니다. 그리고 거기서 뭐 했습니까? 김구 선생 빼놓고 누가 뭐 했어요? 뭐 옥신각신하고 그랬는데, 거기서 도저히 마음에 안 든다, 이 사람들하고. 그래서 김두봉이가 연안으로 가요. 좀 진보적인 입장을 가지고 연안 독립군으로 가는 건데, 이 사람이 맑스주의자가 아니에요. 전부 민족주의자고 그런 사람이에요. 그 뭐 맑스주의라고 자꾸 생각하는데, 어림도 없습니다. 완전히 민족주의자예요. 그리고 이 사람이 아주 풍류객이야. 개성의 송도에 왔을 때에, 53년인가 54년도 최고인민회의 상임위원장이 대통령격 아닙니까? 그 연설을 들어 봤어요. 아주 경상도 사투리 아주 철저하게 해서 나는 무슨 소린지 몰랐는데, 우리는 충청도 사투리 해서 말을 좀 느릿느릿 하는 게 많은데, 이 사람은 뭐 전부 경상도 사투리예요. 근데 거기 강양욱이가 같이 왔는데.

Q 강양욱씨가 그때 부의장?

A 사무총장, 최고인민회의 상임위원회 서기장. 그렇게 왔는데, 이

제 그거로써 전부 언어학 이야기예요. 아주 밝아요. 한학에 밝고 아주 학자입니다. 그 끝나고 갔으면 괜찮을 텐데, 워낙 풍류객이라 나서 개성 송도삼절 있지 않습니까? 우리들이 그랬지. 여기 뭐 황진이 묘도 있고, 박연 폭포도 있다 하니까. 황진이 묘가 있냐고, 같이 가자고 해서. 그래 가지고 판문점 쪽에 가면 황진이 묘가 있습니다. 이렇게 해 놨어요. 거기에다가 비석이 있거든요. 이쪽은 '청산리 벽계수야' 이렇게 돼 있고, 저 쪽은 '동짓달 기나긴 밤 허리를 둘러메어' 뭐 그게 나오거든. 그래가지고 거기 갈 때 북어 몇 마리하고 소주하고 가서 놓고. 이 사람이 평시조를 잘 해요. 아주 대단한 사람이야. 그리고 이제 돌아 왔는데, 그것이 이제 걸린 거예요. 개성에 갔으면 인민군 추모탑이 있고 지원군 추모탑이 판문점 밑에 있는데 거기를 먼저 가야지, 왜 송도기생 황진이 묘를 가느냐 말이지. 최고인민회의 상임위원장이 어떻게 그럴 수가 있느냐 말이야. 이래 가지고 이 사람이 나이도 먹고 그러니까 그 비서 내 아는 사람이 여자비서로 갔는데, 이렇게 드러누워서 '책 좀 읽어 줘.' 그러고 이렇게 책 좀 읽고 그런 게 나중에 들통이 났다구요. 그래 가지고 이 사람은 나중에 상임위원장 자리로서는 곤란하다 그랬는데. 그때 한창 그런 것들이 연안 계통과 관련된 것들이 많기 때문에, 일단 제거가 됐어요. 그래 가지고 협동농장에 가서 했는데, 딸도 있고. 딸은 백호산이하고 결혼했거든. 백호산이라고 아주 세계적 천재 아닙니까? 뭐 그런 일이 있었어요. 그래서 일단은 58년 1차 당 대표자 회의에서 일단 정리가 돼요. 그 후부터는 그게 나갑니다. 중앙당 집중지도가. 중앙당 집중지도가 58년 12월부터 본격적으로 시작돼요.

4. 중앙당 집중지도

Q 58년 12월이요?

A 예, 준비는 그 전부터 하다가. 중앙당 집중지도가 평양시를 먼저 했는데, 약 한 3,000명이 동원됐습니다. 그런데 각 동마다 몇 십 명씩 집중적으로 가가호호 말이지요. 그런데 이것은 단순히 반혁명 분자를 적발한다는 차원이 아니야. 사상교육이 들어가는 거야, 사상교육이. 적발의 목적이 큰 것은 다 제거가 됐단 말이야. 이 여독을 청산한다고 그렇게 나와요. 당사 같은데 보면, '종파의 여독을 청산하기 위해서 노력했다.' 든지 여독이라는 것은 당사에 그렇게 나옵니다. 여독이라는 게 뭐냐면 사상 의식이라구요, 사상 의식. 그런데 그때 강의 내용이 뭐냐면 '주체를 확립할 데 대하여', 주체 문제. 우리가 뭐 소련 혁명하는 것도 중국 혁명하는 것도 아니고, 우리 혁명하는 것이다. 어떻게 그 사람들에게 사대주의, 교조주의 뭐 대단한 거냐 말이지. 그걸 배격해야 하지 않느냐, 천년 동안 우리가 사대주의를 해 가지고 나라가 망했는데, 이럴 수가 있느냐, 이렇게 해 가지고 우리는 우리 힘대로 하자. 이때 '주체를 강화할 데 대한 문제'가 사상사업에서 주가 됐습니다. 집중 지도의 사상 교양은 주가 돼. 적발하는 것도 있지만, 사상교양이야. 이러이러한 사상 경향성은 시정돼야 한다. 엄중하게 당적 책벌을 한 것도 있고, 워낙 못된 놈들이 있어요. 또 도덕적으로 부합한 것도 있고, 당원들 가운데. 그런 것들을 싹 정리 한 거예요.

Q 당 쇄도 이런 의도를 바란 겁니까?

A 당의 규율과 당성을 제고하는 그것이 나오는데, 명분은 '반혁명 분자와의 투쟁을 전개할 데 대하여'를 명분으로 내세워 가지고 실제 한 것은 당 간부가 중심이 되어서 한 겁니다. 그리고 일부 반혁명 분자가 있기 때문에 그랬는데, 그 당시에 보니까 한국전쟁 때 치안대니 뭐니 해 가지고 사람 죽인 사람들 있지 않습니까? 그런 사람들이 숨어서, 다락방에서. 그게 58년도니까 8~9년 숨어서 사는 거여, 땅 파고 살고. 이러한 것들이 상당히 적발이 됐어요. 남쪽으로 못 도망가 가지고 거기서 숨어 사는 거야. 이런 사람들은 도저히 이것은 용서할 수 없다. 몇 번 자수하라 그랬는데도 안 나오고 말이지요. 그래 가지고 군중 심판하고, 그걸 여기서는 인민재판이라고 하는데 군중심판. 인민재판이 아니야, 군중심판이지. 군중심판은 거기에서 심판만 하지 처형은 안 하는 거여. 군중심판해 가지고 이것은 저 재판에 회부해야 한다, 그런 것이지 무법적으로 그런 것은 아니야. 뭐가 또 두려워서 그 자리에서 재판 안 하고 뭐 있어요. 그런 사건들이 있었어요, 저게 지금. 그렇게 중앙당 집중지도를 평양시가 내가 알기로는 3,000명 동원이 됐는데, 총 책임자가 누구냐 중앙당 조직 부장김영주. 그러니까 김일성 주석의 동생.

Q 그 김영주가 조직부장을 맡은 게 몇 년도부터지요?

A 그게 제주도 부부장 하다가 조직부 부부장 하다가 조직부장으로 됐는데 그것이 8월 전원회의, 1차 대표자 대회 이후가 될 거예요.

Q 60년도요?

A 예. 그 당시 조직 부장이 된 지 얼마 안 된 다구요. 그래 가지고 김영주가 총책임자가 됐어요. 그래 가지고 김영주가 직접 연설도 하고. 그런데 그때에 김창만이는 조금 위인데, 김창만이가 연안파 아닙니까? 그런데 김창만이가 앞장서 가지고 조소항씨니 오만섭씨니 여기서 올라간 납치된 사람들 있잖아요? 그런 사람들에 대한 것들을 별도로 사상 검토를 했다구요. 조소항씨 오기섭씨 여러 사람들이 많아요. 사상 검토를 했다구요. 이제 이렇게 해서 그때 아주 반혁명 분자와의 투쟁을 전개할 데 대하여, 반 종파 투쟁에서 김창만이가 굉장히 역할을 많이 했어요. 그래 이제 조직부장이 총 책임지고 그래 가지고 그걸 하는데 그것을 한 1년 동안 했어요.

Q 중앙당 집중지도가 1년 동안 진행됐다고요?

A 예, 평양시만. 평양시 끝난 다음에 그 사람들이 대부분 일부는 또 바꾸고 그래 가지고 한 경험도 있고 그래서 개성하고 강원도

하고 두 군데를 했어요. 휴전선이 가까운데. 전연지대.* 나도 이제 개성도 가고 강원도도 가고 그랬는데, 강원도가 마지막에 했지요. 개성은 조금 평양시 하고 성격이 달라요. 거기는 6·25 때 수복된 데라서 세게 할 수가 없었어요, 사상 검토를. 그래서 대게 수용하는 입장에서 약간의 과오가 있더라도 포용하는 입장에서 개성은 했습니다. 그래서 시 당 같은 데 사람 교체 같은 거 많이 시키고 오히려 당 간부들에 대한 질책은 많이 했지만, 일반 평당원이라든가 이 사람들에 대해서는 포용을 했고. 왜냐면 개성은 6·25 때 편입된 데라 나서 말이지. 강원도는 조금 세게 했어요. 강원도 아주 거기는 세게 했습니다. 그래 가지고 그것이 60년 가을인가 아마 끝났지. 그렇게 해서 중앙당 집중지도가 일단 끝났는데, 그때부터 그 중앙당 집중지도라는 얘기가 북한에서는 많이 나와요. 집중지도라는 얘기는 그전에도 많이 나왔는데, 중앙당 집중지도는 우리가 처음이에요.

Q 이 중앙당 집중지도는 주로 사상교양시키고, 군중심판하고 사상검토하고 그런 일이 주목적이었어요?

A 그렇지요. 그리고 여독, 그러기 때문에 반 종파, 종파들이 끼친 여독을 청산한다는 것을 그 사람들이 사상적인 경향 이런 것들을 깨끗하게 청산하는 거거든. 그래서 그것이 끝난 다음에 4차 당

---

* 주) 전연지대란 적과 접경하고 있는 지대를 의미하는 북한어.

대회가 1961년 9월 18일, 4차 당 대회 때 '우리 당의 통일과 단결'이 그때 강조가 된 겁니다. 4차 당 대회에서부터 그런 얘기가 나옵니다. 그리고 4차 당 대회, 반종파 투쟁할 때까지의 중앙당 구호는 '김일성 동지를 중심으로 한 조선 노동당 만세' 그런 식으로다가 슬로건이 나왔는데, 그건 무슨 뜻이냐면 김일성 동지를 중심으로 한 지도체제 확립이란 거란 말이에요, 그게 결국은. 그 밖의 여러 가지 그 종파니 뭐니 이런 것들은 다 제거하고. 아마 노동신문 구호도 그때 나올 거예요. '조선 노동당 중앙위원회, 김일성 동지를 중심으로 한 조선 노동당 만세' 이런 식으로 나와요. 4차 당 대회 때 비로소 '우리 당은 통일 단결이 완성된 것'으로 그때 나옵니다. 그래서 그 중앙당 집중지도에서는 그 이건 뭐, 여러 사람들이 동원되다 보니까 불미스런 일들도 있었고.

Q 예를 든다면요?

A 예를 들면, 동원된 사람들 가운데 각 동 단위로다가 이제 몇 명씩 다섯 명 여섯 명씩 막 들어가지 않습니까?

Q 그루빠가 된다는?

A 그렇지. 그러니까 그 원래 한개 동에, 어떤 동에, 동은 그렇고. 직장은 예를 들어서 무슨 당은 무슨 십여 명씩 들어가고 그래서 밀도가 굉장히 강했다구요. 그러니까 예를 들어서 부인들

주로 부인들이 불미스러운 일들을 겪게 된다든가, 성적 희롱을 한다든가, 성폭행을 한다든가 이런 일들이 더러 있었다구요. 그건 뭐 여지없이 뭐 출당 처분당하고.

Q 적발되면요?

A 예. 그루빠 중에서 말이지요.

Q 아니, 중앙당 집중 지도 그루빠에서 그렇게 그 성원들이?

A 그런 것들이 있어요. 아무리 교양해도 역시 사람이니까.

Q 선생님, 여기에서 지도 요원으로 활동하셨어요?

A 내가 상당한 간부로 활동했지. 그래서 저게 당이 중심이 됐어요. 당 책임들이 그루빠 책임으로 됐고, 거기에 내무 서원도 들어가고 또 일부 분당, 지방 당 간부도 있고 그랬는데. 주로 그 중앙당이니까 당이 책임지는 거고. 당 간부가 책임자 노릇하고.

Q 예를 들어, 지방으로 내려갔을 때 지방 당에서 내려간 게 예를 들어서 직장으로 내려가면, 중앙당에서 내려온 사람이 책임자

A 가 되고 뭐 이렇게 되는 겁니까?

그러니까 중앙당 집중지도라는 것이, 중앙당 직속에서 파견되는 지도부를 말하는 거예요. 그러기 때문에 거기 지도부가 각 분야별로 이제 많이 나가거든요, 그루빠들이. 거기 책임자는 중앙당 집중지도 그루빠 책임자로 되는 거예요. 그 사람이 비록 어느 지방 당에 있던 사람이라도 직책은 거기 중앙당에서 파견한 지도부라는 거지요. 그러니까 권한이 아주 세지요. 그래서 아마 북쪽에서 그 2년 동안에 걸친 중앙당 집중 지도가 말이지요, 북한 체제, 북한 사람들에 대한 사상 의식을 전환시키는 데 아마 그 결정적 역할을 했을 거예요. 그래서 60년도 연감이 안 나왔어요. 나올 수가 없었어요. 59년도 연감이 안 나왔어요. 61년도 연감은 나왔는데, 그 왜냐면 59년도 연감은 평양시를 했기 때문에 쓸 만한 여유가 없었어요. 그리고 60년 연감은 여기서 아무리 찾아봐도 없어.

Q 지금까지 50년대 하신 거예요?

A 50년대 지금 주로 이 숙청 문제.

Q 선생님께서는 여러 가지 사전도 만들고 또 책도 쓰시고 하시면서 결정적 역할은 다 해주셨는데, 저희에게 아직까지 못 하신 말씀이나 또 책에 안 나온 것들을 주로. 그 역사 복원 차원에서 사업을 하는 거니까 천천히, 이걸로 1회로 끝나는 게 아니니까요.

A 그런 거 같아요. 중앙당 집중지도를 직접, 여기서 물론 그때 당한 사람들이나 그때 지도받던 사람들도 나이가 많을 거고, 그러기 때문에 또 어느 분야에 있어서 받은 것이지 전체를 몰라서 그럴 거예요. 그러기 때문에 중앙당 집중지도 가지고 처음에 조직을 구성할 때 전체 예를 들어서 강당에 모인다든가, 중앙당 강당에 모인다든가 그래 가지고 그 상당한 교육을 받습니다, 그루빠들이. 철저하게 교육받습니다. 이렇게 하고, 이렇게 하고. 우선 종파들이 그루빠 사람들이 그 사상이 좀 건전하지 못 하면 안 되기 때문에 엄청나게 교육을 받아요. 그냥 권세 피러 가는 게 아니고. 그래서 그 지역 그루빠에 동원된 사람들은 1년 동안 교육을 받고, 교육을 하고. 또 실지 그 현장에서 부딪혀서 사람들을 또 설득도 하고 그러기 때문에, 중앙당 지도 그루빠가 끝나고 나서 그 사람들이 거의 다 기용이 됐습니다. 당 핵심 간부로 기용이 됐어요. 철저하게 그 사람들은 사상 무장이 됐기 때문이에요.

Q 그 그루빠 사람들의 성분이나 토대 같은 게?

Q 그러면 이제 당이 중심이고 거기 내무 서원이 좀 들어오고, 그다음에 일부 그 성 기관 같은 데에 그 당 책임자들, 그다음에 그 내무서는 반혁명 분자를 적발해야 하기 때문에 내무 서원이 좀 있고, 그다음에는 군 당 급의 선전부장, 조직부장 급들 말이지요. 그리고 군당 부위원장 급들, 또 인민회의 부위원장 급들

많이 차출이 됐어요. 그런데 대게 중앙당 지도 그루빠에 많이 차출된 데가 어디냐면 그 산간지대 자강도라든가 그런 데서 많이 뽑혔어요. 왜냐면, 한국전쟁 때 비록 점령되지 않은 그런 지역의 당 간부들, 그런 사람들이 많이 됐어요. 그래서 상당히 저쪽에서도 굉장히 좀 심하게 해 가지고 최상의 지도를 해야 한다는 명분하에 한 거지요. 그러기 때문에 그 결과가 어떻게 됐느냐, 지도받을 때에는 상당히 엄격하고 왜 이렇게 사상 교양을 받아야 하느냐 그렇지만, 일단은 받고 난 다음에 우선 자기의 과거부터 털어 놓는 사람도 있고 경력 같은 거 밝히는 것도 있고 하니까 시원하고. 또 하나는 교육을 받았고, 또 하나는 지도한 사람들은 상당히 훈련됐고, 그래서 총체적으로 보면 생산 활동이라든가 기타 모든 예술 활동이라든가 문화 활동이라든가 그런 거는 지도를 다시 배워야 돼, 2년 동안에. 엄청나게 회의를 해야 하겠고 하기 때문에. 그러나 그거 보다는 역시 그 의식 개혁이라든가 지도원 양성이라든가 이런 차원에서는 상당히. 그래서 결국 김일성 주석 중심으로 한 주석 체제의 구축에 있어서, 대중적 구축에 있어서, 아주 큰 역할을 한 거지요. 그래서 거기에 동원된 사람들은 엄청난 인정을 받고 나중에 기용도 되고 그랬지요. 그런데 그 후에 중앙당 집중지도가 간혹 있었어요. 그러나 그런 대규모적인 집중지도는 없었고, 그러다가 70년대 이제 소조 활동으로 들어가는 거예요. 3대혁명 소조 활동인데 사상혁명, 기술혁명, 문화혁명, 소조활동으로 이제 들어가는 건데 그것은 중앙당 집중지도만은 다르지요 좀. 그러기 때문에 중앙당 집중지도와는 근본적으로 다르다, 3대혁명 소조 활동은 그렇게 봐야 되겠고. 그래서 그 4차 당 대회 때 비로소 당의 통일과 단결을 강화한 건데, 4차 당 대회 때 3차 당 대회 때는 18개 나라인가, 19개 나라인가 소련 당이라든가 중국 당이라든가 이런 당 대표들이 축사로 오지 않았습니까? 4차 당 대회 때도 왔어요. 이때 누가 왔느냐면 등소평이 왔어요. 그때 국제 관계를 보면, 양대 전선을 배격하는 게 나옵니다. 양대 전선 배제요. 수정주의 배제와 교조주의 양대 전선 배제하는 거. 그거는 중국을 배격하는 거고 소련의 흐루시초프를 반대하는 거예요. 그 보고서를 했습니다. 그래 가지고 그 보고서를 그런 얘기가 있어요. 미리 등소평한테 주니까 잘 됐다, 아주 보고 잘 됐다고 말이지요. 그러나 국제 관계 그 김일성 4차 당 대회 때 보고서 끄트머리 국제 관계를 보라구요, 양대 전선 배격이라고 딱 나온 다구요. 그렇게 나오는데, 그때에 집단체조가 처음 북한에서 나옵니다. 9월달에 있었던 4차 당 대회 끝나고 등소평하고 코슬로프 이런 사람들 보여주는데. 모란봉 경기장에서 집단체조, 7만 명인가 5만 명이 하는 겁니다. 처음 하는 거예요, 집단체조. 그걸 보고 코슬로프가 '야, 참 잘한다. 저 학생들 다 표창해라.' 김일성 주석보고 하니까, 등소평이 한 술 더 떠서 '참 잘한다. 우리는 저 학생들 몇 백 명 전부 새 옷으로 갈아 입혀 가지고 몽땅 북경에 데려가서 저 집단체조를 한번 재현하겠다.' 그렇게 코슬로프보다 한 술 더 했다구요. 그때 소련하고 중국하고 사실은 좀 사이가 좋지 않고 경쟁적인 입장이었다고. 왜냐면 흐루시초프의 그 수정주의 때문에 말이지. 그러기 때문에 등소평이 절대로 지지 않아요. 그런데 북한에서는 중립을 지켜야 하기 때문에, 양대 전선 배격이라는 게 나옵니다. 그게 보고서에 마지막에 보면 그런 게 있어요.

Q 그 60년 4월달에, 여기 진백달이가 그 '레닌주의 만세' 논문 실으면서 본격적으로 필명화되지 않습니까? 오늘 지금 하신 말씀 중에 앞으로 들을 게 많은데 이런 어떤 반 종파뿐만이 아니고 북한의 정치·경제·사회적으로 변화했던 거 있지 않습니까?

5. 내재적 접근

A 그런데 오늘은 시간이 좀. 한마디 더, 이건 근본적인 문제인데. 이 문제가 제대로 지금 연구들을 안 하고 있는데, 이 시각에서 북한에 접근을 해야 하는데 '내재적 접근'이란 게 있어요. 내재적 접근이라는 것은 뭐 냉전 시대가 아니기 때문에 분명히 내재적 접근을 해야 하는데, 내재적 접근 가운데 어디다가 초점을 맞춰서 연구가 먼저 진행돼야 하냐면 이데올로기적 접근입니다. 그런데 그 이데올로기적 접근을, 그 흐름을 제대로 못 잡고 있어요. 크게 보면 맑스·레닌주의에서 창조적 적용, 50년대 창조적 적용, 그다음에 주체사상 그것이 지금은 민족 제일주의로 나갑니다. 그것이 흐름이 있어요. 이 흐름을 제대로 잡고 연구가 되어야 해요. 왜냐면 사회주의 혁명이라는 것은 목적의식적인 혁명이기 때문에 벌써 이데올로기가 먼저 적립이 되고, 이데올로기 가지고 정책이 마련이 되고, 이데올로기에 따라서 이제 개혁을 해야 하기 때문에 이데올로기적 접근이 가장 중요해요. 어떤 이데올로기적 흐름이 있었느냐 중요해요.

그래서 처음에는 맑스·레닌주의 수용입니다. 그건 뭐, 그다음에 50년대 황장엽 씨도 있었지만, 그건 창조적 적용이에요. 그러다가 이제 주체사상으로 나오면서 주체사상이 끝난 80년대 중반부터는 이제 민족 제일주의, 자기 민족 제일주의 그것이 오늘날 그렇게 오는데. 주체사상 문제가 전제가 되지 않고서는 민족 제일주의가 나올 수가 없습니다. 그래서 북한의 신년공동사설에서도 남북문제를 우리 민족 제일주의 정신으로 남북 공조를 하자고 나오고, 정당 사회단체에서 호소문에서 민족 제일주의 정신을 강조하고 있어요. 그래서 이 민족 제일주의 정신은 원천적으로서의 민족 제일주의 정신, 사상 감정이란 말이에요. 그러니까 주체사상이라는 거, 이거예요. 천민자본주의가 나쁘다 천민자본주의는 이러이러한 거다, 천민자본주의는 뭐 부패하고 뭐 이런 거, 그런 거는 하나의 인식과 지식이라구요. 그거지, 고로 우리는 머리띠를 메고 서로 단결해 가자. 그것은 하나의 사상이라구요. 그런데 그 북한에서 주체사상이라는 것은 그런데, 맑스주의는 물질 중심의 세계관이란 말이에요. 그러나 주체사상은 물질 중에서도 가장 발달된 인간 중심의 세계관이라구요. 사람 중심으로다가 역사를 보는 건데, 그거는 사람이 어떤 징표가 성질이 있기 때문에 사람을 중심으로 보느냐 그런 건데, 거기까지 정립한 다음에 김정일 국방 위원장이 의심이 생긴 거예요. 그러면 이 사람이라는 것이 인류의 보편적인 개념인데, 인류역사라는 것은 민족 단위로다가 보는 거 아니냐 그렇게 되는 겁니다. 지금 2,000개 민족이 있는데 200개 나라로써 지금 규정돼 있고, 단일민족이 한 20개로 보는데 그 수천 년 동안 원시사회, 씨족사회로부터 이렇게 쭉 흘러오면서 아직도 민족 간의 특성이 있고 그런 것은 그 민족이 가지고 있는 그 어떤 수천 년 걸어온 민족이 없어질리 없다는 거예요. 그러기 때문에 인간 중심의 세계관인데, 사람이라는 것은 처음부터 집단·사회적 존재이기 때문에 역시 민족 단위로 된 하나의 집단이다. 그러면 여기서 가지는 주체성과 민족성이 특별한 것이 있다. 그래서 주체사상은 사람 문제를 풀었다면, 사람은 민족 단위로다가 지역 단위로다가 이렇게 그 존속해 나가는 거기 때문에 그쪽으로다가 발전해 나간 거라구요. 그러니까 주체사상을 바탕으로 한 주체적 민족관과 민족주의관, 민족 제일주의관이 나오는 거예요. 그래서 이것을 98년부터 김정일 국방 위원장이 아직도 연설한 것이 없어요. 그러기 때문에 지금 몇 년째 없다구요. 그래서 이 문제 가지고 어떠한 시기에 가서 이야기가 나올 거라구요. 그러기 때문에 북한에 지금 60년 가까운 역사를 보면 그와 같은 이데올로기적인 흐름이 있다구요. 그러기 때문에 오늘날 주체적 민족관과 민족주의관, 자기 민족 제일주의 이것을 모르고서는 북한에 접근할 수가 없어요, 현재. 굉장히 중요한 문제라구요.

Q 지금 선생님 말씀하시는 게 북한이 움직이는 어떤 사회의 운영 원리라든가 이런 밑바탕이 되는 것들이지요?

A 이러한 흐름을 우리가 배워야 하는데, 그러면 주체사상 가지고 움직이려고 했단 말이야. 주체사상은 사람 중심의 세계관이다, 그것이 사람 움직이는 게 아니거든. 그래서 그 사상론하고 수

령론, 이 방법론이 개발이 된 건데. 그러나 우리 민족 제일주의 정신은 그와 같은 그 원천력이 우리 민족 제일주의로 새롭게 정립이 되는 거야. 그러기 때문에 안중근 의사가 왜 목숨 바치면서 싸우느냐, 응? 개개인의 그 성취 목표가 민족을 위한 거로 다 잡을 수 있느냐. 왜 유관순 열사가 목숨 바쳐 싸우느냐, 그것은 역시 그 민족에 대한 자부심 같은 사상 감정이 하나의 원천력이 된 힘이 되어서 하는 거라고 그것을 지금 이원적으로 정립하는 과정에 있다구요, 내가 보니까. 내가 몇 개 책을 보니까 책이 별로 없어요. 그런데 그걸 보려면 현재 지금 대동강 문화권, 대동강은 인류 역사의 하나의 문명으로 들어갔다고. 또 민족 본토 기원설, 외입설이 아니라 본토 기원설. 그다음에 그 사람이라는 것이 원인, 고인, 신인 3단계에 걸쳐서 사람이 되는 건데 그에 대한 화석들, 고적들, 인물들이 다 발견이 됐다구요. 그래서 그걸 평양에서 전시를 하고 있는 것 같은데, 그래서 내가 따져 보니까 우리나라 고대손이 주나라를 지나서 요순시대하고 맞먹더라고. 이제 그렇게 저쪽에서는 이론 정립이 되어가면서 하는 거라구요. 그런데 우리나라는 지금 뭐 동북 뭐 중국이 고구려사를 왜곡 한다 어쩐다, 그러기 때문에 우리도 해야 된다, 뭐 총리 직속으로다 뭐 센터를 만든다 뭐, 그건 말뿐이지. 그거 해야 밥 먹을 수도 없고 힘들고 하니까 일부러 안 한단 말이에요. 저쪽은 엄청나게 연구를 했어요. 그래서 예를 들어서 졸본성, 국내성으로 온 게 2천 년이라고 해서 그 공사를 중국에서 저희들이 했거든. 그래서 자기네 역사로 보고, 기원 472년에 평양성으로 넘겼기 때문에 자기네 역사로 본다고, 저 고구려를. 그런데 북쪽에서는 그거예요. 민족이라는 것은 지역의 공통성도 하나의 그 징표란 말이에요. 그러면 지역의 공통성을 어떻게 봐야 하느냐, 지역의 공통성은 국가 행정구역에 의한 그 지역의 공통성이 아니다 이거예요. 국가 행정기관에 의한 그건 전쟁에서 국가 영토를 확장시킬 수도 있고 줄일 수도 있고, 그러기 때문에 그것은 민족 형성의 지역의 공통성과는 다르다 이거예요. 그래서 이제 조상이 살고 조상의 피와 땀이 스며들고 조상의 백골이 묻히고, 또 자기 태가 묻히고 자기의 또, 일생을 바쳐서 살아야 하고, 그 땅을 또 후손에게 물려줘야 하고. 그와 같은 것이 지역의 공통성이기 때문에 국가 권력에 의해서 빼앗긴 땅이라고 해서 우리 선조의 땅이 아니라고 주장할 수 없는 것은 아니냐, 그건 중국 보고 하는 소리입니다. 그런 논리가 지금 나오고 있다구요. 그러니까 우리가 제대로 민족문제만 하게 되면, 중국이 어떻게 되건 국가 권력에 의해서 땅 영토를 확장했건 말건, 그건 우리 선조의 땅은 저거라고 하면 되는 거라구요. 그래서 그것은 뭐냐면, 이처럼 우리가 북한 연구에 있어서 내재적 접근에 있어서 특히 이데올로기 접근, 그 안에 있어서 그 흐름, 그 흐름을 제대로 잡으면 상당히 연구하기가 일목 정연하고 아주 빠르다구요. 그 연구방법은 냉전 시대에는 어려워요. 그러나 6·15공동선언 해 가지고 양측이 인정하고 서로 비방하지 않고 존중한다는 것이 합의된 조건에서 또 내재적 접근으로 그와 같은 접근 방법으로 해야 하는데, 그렇게 나온 것이 없더라구요. 굉장히 중요한 건데.

Q 이제 과거로 돌아가서요, 제가 몇 가지만 여쭙겠습니다. 뭐 여

러 가지, 첫 번째는요, 노동신문을 쭉 보고 나머지 김일성의 저작집을 보고 그러면 60년대 중반을 넘어서 특히 60년대 북한이 상당히 대남 전략이라든가 이런 것들이 공세적으로 바뀐다는 느낌이 들거든요. 그러니까 전쟁 준비 이런 것들이 좀 대대적으로 이루어지고, 4대 군사 노선 중에서도 현대화, 간부화 이런 것들이 추진되는 것 같은데 그런 것들이 언제부터 이렇게 됐고, 그게 갑자기 두드러진 건지.

 그게 굉장히 중요한 부분인데, 그걸 우리가 정확하게 이해를 해야 해요. 지금 사회주의는 대안이 아니라고 그러잖아요, 여기서는. 심지어 통일 운동하는 사람들도 그런 소리를 해요, 북한 사회주의가 대안이 될 수 없다 그런 소리 하는데. 사회주의를 제대로 했느냐, 그걸 또 이야기를 안 해. 지금 북한은 사회주의 이전에 어떻게 체제를 수호하느냐가 문제라고. 그래서 그것을 우리가 민족사적으로 봐야 하는데, 고조선 말기에 한나라한테 우리가 당하지 않았습니까? 그래 가지고 고구려가 다시 태어나고. 고구려 때는 수나라, 당나라한테 당하고, 그다음에 고려에 와서는 거란한테 당하고, 그다음에 몽골, 원나라에 당하면서 임진왜란, 청나라 쭉 당하지 않습니까? 그리고 근대사부터는 서구 열강에 당하면서부터 미·영국의 지지를 받고 일본이 침략하지 않습니까? 그 역사적 그 5천 년 역사의 흐름을 보면, 가장 핵심적으로 우리가 강조해야 할 문제가 민족의 자주성을 어떻게 지키느냐, 외세에 휘말리지 않고 우리 민족이 독자적으로 주체성 있게 민족성 살려가면서 어떻게 우리 민족이 가야 하느냐, 그것이 역사적 과제라구요. 그렇기 때문에 해방 후, 분단 돼 가지고 어디에다가 초점을 맞추게 되느냐, 북한은 소련 팽창주의, 중국 제국주의 그것과 싸웠다고. 그래서 50년 역사라는 것은 자주성 확보라고 해서 모든 것을 희생시킨 거예요. 소련하고 중국하고 싸웠다고. 그래서 소련도 마음대로 못 하고, 중국도 마음대로 못 한다고. 만약에 소련하고 영합해서 평양에다가 소련 비행장 놓고 원산항을 개방하고 청진을 개방하고 하면, 러시아 블라디보스토크하고 동해가 하나의 코스가 된다고. 또 서해를 중국한테 개방하면 북한의 안보 문제는 돈 안 들이고 되는 거예요. 그러나 이걸 전부 뿌리치고 자주권을 확보하기 위해서 엄청난 희생을 했다 이거 거든요. 그러면 남쪽은 뭐냐, 그러기 때문에 형제가 희생이 된 거야. 남쪽은 뭐냐, 완전히 이건 미 제국주의한테 영합이 되어 가지고 미 문화권을 해 가지고 자주권이라고는 전혀 없으면서 민족성, 주체성 없으면서 경제 개방이다 뭐다 해 가지고 빼도 박도 못 하게 돼 있다고. 그것을 지금 뭐로 합리화하냐면 세계화로 합리화한단 말이지. 그러면 지금 이 지구상에 우리처럼 세계화를 주장하는 나라가 어디 있느냐, 없어요. 말레이시아도 그렇고, 없어요. 우리만 그러는 거지. 김대중 때가 제일 많이 떠들었다고. 그러면 이 세계화 속에서 지금 시티 은행이 한미 은행 접수하는 거 하고 마찬가지로, 기업이 전체가 들통이 났다고. 그러면 지금 중소기업 망하고 말이지 빈부 격차 심하고, 이것이 우리나라가 과연 어떻게 독자적으로 우리가 살 수 있겠느냐, 이것을 우리가 생각할 때에 북한 문제를 왜 개방 안 하느냐, 왜 사회주의를 고수하려고 하느냐 이걸 얘기할 수 없다구요. 그러기 때문에 북한의 여러 가지 흐름을 볼 적에 가장 핵심적인 문제를 지키기 위해서 얼마나 노력했는가 그리고 그게 지켜졌느냐, 그 역사적 과제가 해결이 됐느냐 거기에다가 가치 기준을 두고 평가를 해야 한다 이거지요. 그래서 반세기 역사에서 그 남북한의 체제 발전에 이 평가 기준은 민족사적 과제를 진짜 어떻게 해결했느냐 거기에다가 기준을 두고 평가를 해야지, 지금 엉망이에요 현재 지금. 그래서 내가 그걸 무척 강조를 하는데, 지금 아주 완전히 세계화됐어, 아주 들떠 가지고.

Q 지금 하신 말씀 중에 그, 저희가 아직도 친일 청산법 하나 통과 못 시키는 나라니까 더 안 나가더라도, 방금 말씀드린 건 그 60년대.

A 그래서 60년대도 그런 시기에서 봐야 해요. 그러면 60년대를 어떻게 봐야 하느냐, 중·소에서 어떻게 자주를 지키느냐가 핵심이라고. 그것이 62년도 카리브 해에서 흐루시초프가 백기를 들었다고. 그리고 중·인 국경 충돌이 있었다고, 그 당시에. 그런데 러시아는 인도 편을 들었다고, 그때. 그러니까 중국에서는 러시아보고 사회 제국주의라고 막 나왔다고. 그러기 때문에 그런 상황에서 중·소가 이념 대립을 초월해서 지금 분쟁이 벌어지는 판인데 북쪽으로서는 어떻게 할 거냐, 중국 쪽을 일단은 해야 하고 그러면 믿을 수 없다, 러시아도 그렇고. 그러니까 천상 국방에서의 자유 노선을 이제 62년도 12월달에 5차 전원회의를 해 가지고 국방에서의 자유 노선을 결정하는 거예요. 국방력, '경제를 희생시키면서도 국방력을 강화할 데 대하여'

그렇게 나와 가지고, 그때부터 4대 군사 노선이 나오는데, 노선이 공개적으로 얘기한 것은 75년도인가 그렇더라구요. 그리고 또 그 당시, 아 저 65년도. 남조선 혁명이 64년도 나오고, 65년도 6월달에 수카르노하고 만나 가지고 자카르타, 하노이, 평양 그 구축을 세우려고 했다고 사실은. 그러다가 이제 인도네시아 수카르노가 쿠데타로 정권 빼앗기고 해서 파괴가 되고 말았는데. 그 당시에 64년도 2월달에 남조선 조국통일 문제를 취급하면서, 내용에 있어서는 남조선 혁명을 했다고. 공개적으로 이야기한 것은 기본적으로 4월달에 인도네시아 방문해 가지고 김일성이 나오고. 어떤 게 있냐면 또 월남에 대한 미국의 그 개입이 통킹만 폭격이란 거 뭐 단계적으로 나갔다고. 그래서 북한으로서는 엄청나게 어려운 입장이었어. 중·소가 그렇지, 흐루시초프가 카리브에서 후퇴했지, 또 흐루시초프가 미국까지 갔어요, 그 당시에. 케네디한테 당한 거지. 그래 가지고 또 중국 그래서 할 수 없이 4대 군사 노선이 나오는데, 그때 북한에서는 뭐 땅굴 파고 시멘트 전부 요새화 만들고 하느라 말이지요, 공개적으로 나왔어요. '경제 건설을 희생시키는 한이 있더라도 국방 공업을 발전시키자' 이게 나오는 거라구요, 이래 가지고. 소련으로부터 원조가 끊어지지 군사 원조 끊어지지 중국으로부터 끊어지지, 아주 어려운 상황이었어요. 그러다가 이제 케네디가 죽은 다음에 미국에 누구든가 그 대통령 그게 엄청나게 강경 입장을 펴고, 그래서 아마 북한에서 경제지표니 이런 것들이 60년대 중반에 가면 끊어질 겁니다. 전체가 그렇게 돈을 쓰다 보니까 연감 같은 게 아마 끊어질 거예요. 그래서 66년도에 여러 가지로 하는데, 대표자 대회에서 그 당시에 남조선 혁명 문제가 나옵니다. 왜 그러냐면, 이게 적극방어예요. 적극방어라는 게 약한 사람들의 하나의 방어입니다. 가만히 있으면 당하니까 적극적으로 하는 거예요. 적극방어인데 그게 이제 그렇게 나오지 않으면 안 되는 게 월남과의 관계가 있었다고. 저 한국은 월남에 파병하는데 북한으로서는 월남에 파병을 못 한다고. 그러니까 뭔가 월남전을 도와야 되지 않느냐, 그런 것이 있었다고. 그러기 때문에 1249부대나 287군대다 뭐다 소조를 보내 가지고 시끄럽게 하는 거지요. 그래 가지고 미군이 여기 있는 거 월남으로 다 못 가게 발목 잡고, 한국군도 못 가게 발목 잡고 또 정치권에서 시끄럽게 하고 그러기 위해서 저쪽에서 소조를 보내는 거예요. 그래 김신조 일당이 68년도에 오지 않습니까? 그때에 노동신문을 보라구요. 그전에 노동신문을 보면 월남 지원 문제가 나와요. 평양시 군중대회가 나와요. 그러면서 김신조를 보내는 거예요. 그게 뭐냐면, 그게 월남전을 지원하는 것이 그 방법이여. 그래서 보냈는데, 그 당시 여기서는 북한 전문가들이 무슨 이야기를 했냐면 3단계까지 왔다, 3단계는 무장공비 단계다. 뭐 제일 처음에는 당 조직과의 뭐 3단계 뭐. 그게 임동원 씨도 그 당시에 책 나온 거예요. 임동원 씨의 무슨 책이 나왔잖아요? 그때 평가를 받고 책 많이 팔렸지. 그런데 그때 미국에서 평론가가 하나 왔어요. 무슨 훈련 때 왔는데 나를 만나자 그래요. 훈련이야 뭐 그렇고 왜 김신조 일당을 보내고 1249부대를 동해안에 배치시켜서 보냈느냐, 그만큼 무장 공비가 성숙 단계가 되었다는 거냐, 그러면서 나한테 이래요. 그 사람들은 전쟁을 일으키기 위해서 몇 가지 짚어 보는 게 있어요. 그걸 짚어 보더라구요. 평양에서 외국 공관 철수했습니까, 그래요. 그래서 안 했다. 또 뭐, 뭐 물어보더라고. 그러면 이건 아니다, 그러고 나하고 점심 먹고 이런 얘기 저런 얘기 했었는데. 나는 이제 대남 공작을 쓸 적에 울진에 1249부대라든가 삼척·울진에 120명 온 거, 그것은 이중성이다. 하나는 월남에 대한 북한 지원, 하나는 남쪽에 대한 혼란 그 두 가지다. 그것이 전쟁으로 갈만한 것은 아니다. 뭐 이런 식으로다가 대남 공작에 대해 글을 쓰니까 안기부에서 와 가지고 말이야, 이게 무슨 소리냐 이게 대남 공작 하려고 한 것이지 무슨 이중 공작이냐 말이지. 그런데 노동신문을 보면, 삼척·울진에 120명 오기 전에도 군중대회를 열었고, 1249부대 보내기 며칠 전에도 평양시 군중대회를 열었어요. 그러한 성격을 띠는 거요.

Q 나중에 김일성이가 이후락이 갔을 때 그 김신조 보낸 거에 대한 사과를 했는데, 군부 강경파가 69년 1월 4기 4차 전원회의에서 한 소행이다 그 얘기를 했는데. 그 군중대회를 해 가지고 그걸 했다면 김일성 지시가 있었다는 이야긴데요?

A 그런데, 그걸 알아야 돼요. 아무리 북한에 그 유일적 지도 체제라도 딱 나오면 못 막습니다. 히틀러가 아닌 이상 안 되는 거예요. 64년도 김정일 비서가 연설한 게 있어요. 64년도 2월 선언이라는 게 있어요. 그게 뭐냐면 김일성 사상으로다가 이제 하자는 겁니다. 그것이 주체사상으로 나중에 바뀌었습니다만, 2월 선언이 2월 19일날 나와요.

6. 1974년 2월선언

Q 74년이요?

A 아, 74년. 2월 선언이 나오는데, 2월 선언이 뭐냐 하면 그 내용을 보니까 해방 후 30년 동안 김일성 사상이 바로 맑스 · 레닌주의하고 같음에도 불구하고 당에서 김일성 사상을 투쟁할 수가 없었습니다. 반대파들이 많아 가지고. 그거를 보면, 역시 아무리 북한이 최고 권력제라 하더라도 지도부가 이렇다고 하면 그걸 들을 수밖에 없어요. 그리고 현재 장관급 회담에서 군사 고위급 회담을 열자 하지만, 북쪽에서는 군사 고위급 회담을 열기 위해서 제의가 나와요. 그러니까 중장이 다 달라요. 여기서 공동성명 내용하고 북한의 공동성명 내용이 달라요. 북한은 그렇게 건의한다는 걸로 돼 있어요. 왜냐면 북한은 선군 정치가 되어 나서 군대에다가 마음대로 행정 공개를 못 합니다. 그런 것이 있어요, 저게 지금. 그러기 때문에 밑에서 '해야 합니다.' 그러면, 할 수 없는 거예요. 그렇게 우리가 봐야지. 그리고 그 당시에는 영웅 심리가 있고 자기 공명주의가 있고 말이지요, 그것도 마찬가지예요. 83년도 아웅산 사건 그것도 상당한 권한이 있습니다. 아웅산 사건을 보면요, 그해 3~4월서부터 계속 북쪽에서 당하는 거예요. 심지어 동해 울릉도 같은 데에서도 거기서 폭격합니다. 그래서 동해 해안선에 그걸 진열시켜요. 많이 당해요. 그러면 대남 공작 맡은 사람이 이렇게 까지 당해서 어떻게 되느냐, 복수 하겠다. 그래서 아웅산 사건이 9월달에 있었던 거 그것만 보지 말고, 그해 어떤 일이

벌어졌느냐 그걸 보면 내가 대남 공작 책임자라도 뭔가 한 건 해야 되는 거예요. 그래야 그 자리가 유지가 되기 때문에, 그게 그런 거라구요. 그리고 삼척·울진에 내 보낸 것은 그대로 집어 던진 거야. 왜냐, 무전 연락이 12월 크리스마스까지 갔습니다. 내가 그걸 알아요. 크리스마스날 어떤 부대로 갔냐면, 전라도 무등산 빨치산도 용감히 싸우고 있다, 태백산맥 어디 있는 동무들도 계속 잘 싸워라, 이런 게 나와요. 그리고 또 하나는, 그렇게 허위 정보가 나온다고. 돌아갈 데 대한 훈련은 없었어. 김신조도 어떻게 왔냐면 '올 때는 어떻게 옵니까?', '트럭을 탈취하고 너희들이 와라.' 그거지 어떻게 오라는 게 없어. 집어 던진 거야, 저게. 그래서 나는 무전 연락보고 깜짝 놀랐다고. 오라는 게 없어.

Q 선생님이 정확히 오신 게 몇 년도였습니까?

A 나는 그 전이지. 나는 그건 얘기 안 하게 돼 있어. 이게 무슨 얘기냐면 68년도 이후락이한테 맹동 분자들이 했다, 그래 다 숙청된 건 사실이여. 그 사람들이 공명주의 열기가 있었던 건 사실이고. 그리고 일단은 그, 이번에 박근혜 씨가 가서도 그게 다시 그. 그걸로서 이제 끝난 거지. 그래서 아까 얘기가 그거예요. 60년대 보면 북쪽에서는 거기에다가 또 하나 첨가된 게 뭐냐면, 중국의 그 홍위병, 문화혁명. 그것이 또 북한 체제에 악영향을 미쳤습니다. 심지어 어떤 일이 있었냐면요, 그 홍위병들이 김일성보고 돼지 같은 놈이라고 말이지. 그래서 중앙방송에서 정식으로 항의했습니다. 그래서 중국하고 사이가 나빴어

요. 그게 기록에 있습니다. 그러니까 북한에서는 어떻게 했느냐, 중국 대사관 거기에서 홍위병들 활동 같은 게 나오잖아요? 그걸 평양 사람들이 못 보게끔 하수도 공사를 했어요, 1년 동안. 이렇게까지 되어 가지고 사이가 나빴습니다. 그런데, 브레즈네프 죽은 다음에 64년도인가 65년도에 죽은 다음에 누가 대통령이 됐던가, 그때 비로소 김일성이가 평양 가는 거예요, 아니 모스크바에. 브레즈네프 죽은 다음에 갑니다.

Q 흐루시초프 죽은 다음에?

A 브레즈네프 죽은 다음에. 브레즈네프 죽은 다음에 그게 아마 80년대인가 처음 가는 건데, 브레즈네프하고 사이가 나빴다고. 그래서 60년대 그렇게 돼 가지고 나중에 그 흐루시초프가 실각한 후에 3개 트로이카가 돼 있었다고. 그때에 북한하고 소련과의 관계가 좋아졌어요. 좋아져 가지고 군사 원조니 뭐니 이런 것들이 올 때입니다. 그런데 중국하고 사이가 나빴다구요. 그래서 중국하고 사이가 나빴다가 69년도가 1949년도가 중국 창건 기념일이니까 69년도가 어떻게 되냐, 20주년이 되나? 69년도에 그 10월 초하루던가 그때 중국에서 20주년 정권 수립 대대적인 행사가 있었습니다. 그때에 중국에서 올 수 있는 시간을 주지 않고 오라고 했습니다. 그러니까 이걸 갈 거냐, 안 갈 거냐. 그래서 그때 김일성 주석이 가자고 했습니다. 그래서 누구를 보내느냐, 최용건이를 보내자, 최용건은 부인이 중국 여자고 해서 간다고 했단 말이에요. 그래서 최용건이를 그때 보냈습니

다, 대통령 격이니까. 국가 정권 수립이니까 최용건이를 보냈어요. 신의주를 기차 타고 가는데, 신의주 강 건너 미처 그 스피커를 돌려놓지를 않았다는 거예요. 이쪽으로 해 놓고, '동방홍이 조선에서도 꽃 피었다', 이거예요. '동방홍'이라는 것은 모택동을 상징하는 거예요. '동방홍'이라는 노래가 모택동 찬양 노래입니다. '동방홍이 조선에서 꽃피었다'는 이런 방송이 막 나오는 거예요. 미처 돌리지를 못했어. 그래 가지고 가 가지고 행사를 시작하는데 행사장으로 갔습니다, 시간이 없어 가지고. 그래서 행사장에서 만났지요, 그 지도자를. 모택동 동지를 만났어요. 그러니까 거기서 김일성 주석에 대해 안부를 묻더라 이거지 그래서 행사에 왔는데, 70년 4월인가 3월, 그때 주은래가 옵니다. 그때 노동신문을 보세요. 엄청나게 환영을 했습니다. 그래서 그냥 깜짝 놀랄 정도로 환영을 했어요. 그 주은래가 와 가지고, 문화혁명을 평가를 했습니다, 북한에서는. 그래 가지고 그때부터 중국과의 사이가 좀 좋아지는 겁니다. 그래 이러한 과정을 거쳤기 때문에 북한으로서는 월남전 문제, 중·소 분열로 인해서 북한이 당하는 문제, 그다음에 월남전과 중·소 문제가 끊어지기 때문에 자체 4대 군사 노선을 택하지 않으면 안 될 문제, 그다음에 월남전을 지원하기 위해서 뭔가 북한에서는 행동하지 않으면 안 되는 문제, 뭐 이런 등등 또 중국으로부터의 대북주의적인 문제, 이런 등등이 60년대를. 그러기 때문에 현상도 연장할 수밖에 없는 거고.

Q 저는 그거보다 남조선국이 63년에 이효순이가 컴백을 하면서

요, 다시 4·19, 5·16을 제대로 못 해서 그게 폐지가 됐다가 다시 신설이 되면서 대남 공세도 적극적으로 나오는데, 실제적으로 전 주민에 있어서 뭐랄까요, 어떤 부장이라든가 이런 것들이 66년에 5월달쯤에 오면 AK소총으로 다 바뀌고 이런 시점인데 목총에서 다 바뀌고 하는 시점인데, 그런 것들이 주민들의 피부에 와 닿을 정도로 이렇게 전쟁 준비가 일상화되고, 물론 북한이 어려움에 처해 있던 당시이기 때문에 사회적 분위기가 긴장되었을 텐데 그럼에도 불구하고 그게 4기 15차 전원회의에서 박금철이라든가 이효순이에 대한 숙청이 있고, 66년 10월에 당 대표 대회가 있는 이런 과정 속에서 주민들에게는 일상적으로 쭉 왔던 건지, 아니면 어떤 계기를 통해서 갑자기 이렇게 전쟁 준비가 강화가 된 것인지?

A 그게 저 4대 군사 노선을 실천하는 단계에 있어서는 엄청나게 전환이 된 거예요. 땅굴 파고, 그다음에 경제 건설에 동원되는 시멘트 같은 거 쓰고, 그러기 때문에 소련파니 뭐니 이런 것들이 또. 박금철이도 제대로 국방 공업에 실행하지 않고 돌리고 하는 과오가 있었다구요. 그런 것이 있고 그런데, 박금철이는 여기에서 서대문 형무소에서 나올 때에는 건강하게 나오고, 박달이는 그 업혀서 나왔는데. 박금철이는 그 부인이 마약 장사해 가지고 아편, 만주 압록강 왔다 갔다 해 가지고 장사해 가지고, 그건 내가 직접 들은 건데.

Q 그건 누구한테 들으신 거예요?

A 박금철 부인한테 직접 들었는데, 아편 장사 같은 거 해 가지고 영양제를 사다가 남편 줬어요. 그런데 심지어 그 서대문 형무소 소장을 찾아갔다 그러더라고. 그래서 나왔어, 박금철이가. 그래도 그 국내 공산파, 갑산파가 아니니까 그 사람은 대우를 해 준 거라고. 그래서 처음에는 대우를 안해 주다가 4차 당 대회서부터 대우를 해 주고 그랬는데, 이것이 보급한 거지. 목민심서라고 있어요. 그것을 보고 그랬어. 그것이 무슨 뜻이냐면, 관리가, 지도자가 어떻게 그 평민을 위해서 선정을 펴느냐 그거야, 그거. 그러니까 오히려 국민을 조직 동원해 가지고 사회주의 건설을 끌고 가려는 게 아니라, 그 지도부가 국민한테 잘해라 그런 거야. 그것을 보급시키니까 뭐가 있어, 그게. 그리고 뭐 그 사람은, 이효순이는 그 사람들보다 한학자고, 한학 공부 많이 한 사람들이에요. 목민심서라는 것은 정약용이가 쓴 건데, 보통 사람은 모르거든. 그런 사람인데 그것이 나도 공산당 넣어 달라, 이런 소리도 하고 결국은. 또 국방 공업에 대해서 군부하고 갈등이 좀 있었고. 그러니까 예를 들어서 전선을 완전히 토착화로 하려고 했다구요, 그러기 때문에 경제 건설을 희생시키더라도 전방 토착화를 하란 말이지. 그랬는데 아니다 그게 뭐 필요하냐, 전방 토착화해서 뭐가 소용 있느냐, 그것이 일부 그 소련에서 온 지휘관들 그것과 영합이 되어 가지고 제대로 안 했다구요. 그 후에 다시 토착화 문제를 시정해서 완전히 요새화를 만들었는데, 그런 것도 있고. 중요하게는 항일 빨치산 그 보천보 전투에 대해서 자기중심으로다가 하려고 했고, 그리고도 봉건적인 그 김정일을 보면 봉건적인 사상을 전파시

키려고 했다. 그게 목민심서인데 그런 게 나와요. 그리고 이효순이 보고 가깝다 그러는데, 여기서는 이효순이 얘기가 별로 안 나와요. 그런데 이효순이는 대남 공작을 오래전부터 했는데, 그게 실패했다고 사실은. 그런 것도 책임을 지고 등등.

Q 북한에서 이제 정식으로 설명할 때는 당의 유일사상 체계 확립에 이제 반대를 한 걸로. 선생님이 그 4기 15차 전원회의를 보셨습니까?

A 아니, 그건 내가 알아요. 아는데, 그게 박금철이 그 보천보 전투에서 보면요, 그 기록 있지요? 기록을 보면, 박금철보다도 다른 사람들이 일을 했어요. 그리고 박금철이 문제는 워낙 국내 공산주의 갑산파를 중요하게 내세워야 하기 때문에 광복회도 내보내야 하고 하기 때문에, 그 사람을 대표적으로 내보이게 했는데. 그게 뭐 허석선이라든가 여러 사람들이 있고 그 사람들도 많이 대우를 해 줬어요. 해 줬는데, 이게 김일성 유일사상 체계 확립에 있어서 그렇게 그 선뜻 동조하는 사람이 아니었어요. 그러고도 맑스·레닌주의로 공부할 시간이 없었던 사람입니다. 이효순이도 그렇고. 그런 것도 있고 그래서 당의 유일사상 체계 확립이란 것이 강조될 시기라면 충분히 박금철은 소련의 군사파들하고 연계시켜서 아마 제거하는 것이 불가피 하지 않았는가.

Q 그러면 그 당시에 군사파로서 박금철, 이효순이하고 손을 잡을

만한?

A 그게 누구 있었지, 김창봉이. 김창봉이가 그게 무슨 소용이냐 말이지 이런 얘기도 있었다고.

Q 그럼 당시에 허봉학도 같이 저기 했고, 거기에다가 김책이 아들?

7. 김국태의 후계자 가능성

A 김책이 아들, 김정태. 김정태는요, 소련에 유학 갔는데, 소련여자하고 결혼 했다구요. 그래 가지고 딸, 아들이 있는데 60년대 중소 분쟁, 북한하고 소련하고 사이가 나빠서 이혼을 했어요. 그래서 딸은 부인이 데리고 가고, 아들은 김정태가 기르고. 그리고 정찰 국장 했을 적에 대남 공작에도 실패를 많이 했습니다. 그러나 김책이 아들이기 때문에 그 김국태라고 있지요? 그게 김책이 아들이거든. 그 김국태는 북쪽에서 굉장히 신임을 받고 있어요. 예를 들어서, 김정일 국방 위원장이 사망했다 하면, 나는 김국태가 될 가능성이 있다고 봐요. 그건 역시 북한은 이데올로기 중심으로 지도부를 봐야 합니다. 역시 사상을 중요시하기 때문에.

Q 그 60년대로 돌아가서요, 제가 왜 중시하냐면 4기 15차 전원회

Q 의를 준비하는 과정에서 그간의 저기를 보면, 김정일이 4기 15차 전원회의를 준비하고 주도하면서 정치적으로 부상했다고 하는데, 그런 것들에 대해서 말씀을 좀.

A 그게 그렇게 돼야지요, 64년도에 김정일 국방 위원장이 당 사업을 합니다.

Q 6월 19일날부터 하는 걸로?

A 그렇지. 그 64년 그렇게 돼요. 그래서 그 당 사업을 하게 되는데, 처음에는 그 당시에 조직부장이었던 김영주, 그 밑에 그런데. 물론 김정일이 사실상 당 사업을 활동한 것은 64년 6월 19일인가 그렇지만, 그 전부터 내내 따라 다녔지, 아버지하고. 그래서 모든 보는 시야가 어느 분야만 보는 것이 아니라 전국적으로 보는 틀이 조금 생기는 거지, 조금. 안목이 생기는 거지. 그렇게 했는데, 4기 15차 전원회의 때 이 사람이 책임을 져 가지고 어느 지역에 가서 그 여독을 청산할 데 대한 그런 것들을 가지고 책임자로 나가서 활동을 합니다. 거기에서 여러 가지 자료가 나오고 이제 된 거에요. 그래서 김정일이 이제 전원회의에서 보고가 되고 이야기가 되고 그런 겁니다. 그런데 김정일은 아버지 사상 체계를 계속 강화시켜 가지고 유지해 나가려는 입장이기 때문에 거기에다가 기준을 철저하게 두고 봐야 하기 때문에, 우리가 봐서 대수롭지 않은 것도 김정일이 보면 대수롭게 보는 거라고. 그런 입장으로서 그 당시 김정일 국방위

원장은 그 여독을 청산하기 위해서 지방에 가 가지고 여러 가지 자료 수집 등등, 상당히 그 강인한 입장에서 한 거예요. 그래 가지고 강경한 입장으로다가 그것을 평가하고 해야 만이 유일사상 체계야. 그때부터 이제 유일사상 체계가 나오는 거예요. 그 전에는 당적 사상체계라고 그랬습니다. 그 전에는 '당적 사상 체계를 확립할 데 대하여', 그러나 4기 15차 전원회의 후부터는 '유일사상 체계 확립'으로 달라진 거예요. 그것을 확립시키려면 거기에 대한 당위성, 그 필요성 그런 것들을 부각을 시켜야 하니까 박금철을 비롯한 이효순의 여러 가지 문제점을 날카롭게 보지 않으면 안 되는 거지. 그래서 김정일 국방 위원장이 상당히 세심하게 그것을 봤을 거예요.

Q 66년 이미 10월달에요, 당이 대표자 회의를 열어서 당의 유일사상 체계를 확립할 수밖에 없는 대내외적인 상황, 그다음에 여러 경제적 통계로 봤을 때 66년 최초로 북한이 마이너스 공개 성장을 이룬 걸로 이렇게 추정을 합니다. 수치는 안 나와 있는데, 이런 어려움 속에서 당의 통일 단결을 누구보다도 강조를 했을 거고 그런 의미에서 김일성 중심으로 더더욱 이제 뭉쳐야 된다는 필연성이 강조가 되는데, 어떤 권력이든지 그런 권력을 강화시키기에는 우리도 마찬가지지만 어떤 독재 정권이 정국을 형성하기 위해서는 군사적, 주민들을 갖다가 한다든가, 역시 북한도 똑같은 원리가 저는 있으리라고 생각을 하고 또한 거기서 선생님은 다르게 평가할지 모르겠지만, 평가는 둘째 치고서라도.

A 아니, 그건 여기서는 그렇게 보는 수가 있어요. 그러나 이제 권력을 집중시키고 통일과 단결을 강화시켜 나가는 데, 무엇을 살리기 위해서 하는 거냐, 기준이 있어야 돼요. 여기는 순수하게 자기 권력, 박정희 군사 권력을 하기 위해서 한다 어쩐다, 저쪽에서는 항일 혁명 전통이라는 것을 하도 크게 잡고 싶어서 항일 혁명 전통에 위반되는 것들은 완전히 제거해야 된다, 그런 명분이 있다구요. 그러기 때문에 김일성 권력 강화라는 것은 사람만 치면 되는 거여, 그러나 그 논리적으로 혁명 전통 교양을 강화하면서 그들을 제거한단 말이야. 그러기 때문에 바로 그 유일사상 체계 확립은 바로 혁명 전통 강화와 연결되어서 이루어지는 것이다. 그러기 때문에 그러면서 김일성 권력이 강화되는 것이다, 그러기 때문에 김일성 권력만 강화되는 것이 아니라 국민들 의식들 속에서는 혁명 전통이 강화되는 것이다. 그렇게 봐야지요.

Q 혁명 전통 교양이라든가 당 사상 교양이라든가 당 정책 교양들이 강조가 되었을 때부터 이미 북한에서 실제 김주석의 가계 그런 것도 들어가지 않습니까? 67년 8년에 들어가는데 이제 저희가 의문시 하는 것은, 이런 것들이 여러 가지 어려운 과정에서 만약에 제가 김정일 위원장이라고 한다면 이제 정적들이 있을 때 어떠한 허물들이 있었고, 그것을 어떻게 부각시키고 아까 김정일 위원장이 봤을 때 자신의 아버지, 북한에 있어서 군사 정권을 창설하고 몇 가지 어떤 그 김일성 주석에 대한 거

를 갖다가 다른 사람들이 보면, 자기 그걸 비교해서 보면 그 허물이 더 크게 보이겠죠. 그런 것들이 있지 않은 건지.

A 중국의 영향을 많이 받았을 거예요, 아마. 그 당시 중국에서 홍위병이다 뭐다 문화혁명이다 뭐다 해 가지고, 심지어 연변에 가 봤더니 거기 당 서기가 홍위병 때 죽었어요. 그 문혁 때 김일성 주석에 대한 비난이 중국에서 공개적으로 나왔고 그런 것들에 많이 영향을 받은 게 아니겠는가, 그리고 그 무렵에는 또 러시아 쪽도 많이 변해 가고, 또 하나는 미국이 또 월남전을 비롯해서 분단국가 확장을 하는 부분도 있는 거고, 여러 가지 주로 내적 요인보다도 외적 요인에 의해서 오히려 된 게 아니겠는가. 내적으로는 나는 그렇게까지 안 했어도 될 게 아니겠는가, 나는 외부적 요인이 더 크게 보여요. 그리고 지금도 뭡니까, 그 아까도 얘기했지만. 팽덕회가 지원군 사령관으로 있으면서, 김일성이한테 '내 사무실로 오라.' 이런 소리 한다든가. 한시도 잊어버린 일이 없다 그래요, 지금도. 그 사람들 그런 생각입니다. 중화 민족주의라는 게 대단해요. 아마 이런 것들이 굉장히 강조된 게 아니겠는가, 중국에서.

그러니까 선생님 말씀은 내적으로 어쨌든 간에 북한에서 61년 4차 당 대회 때 김일성 중심의 단일한 지도 체제가 형성이 됐는데, 67년에 이제 어떤 유일사상까지 확립해 갈 수 있는 내적인, 우리가 흔히 보수적인 입장에서 주장하는 어떤 권력론이나 이거 보다는 외부적 환경이 그러한 지도 체제에 그 통일 단결을 지향한다면 그쪽으로 가게 됐다, 그 말씀이죠?

A 거기에다 역점을 둬야지요. 그러면서 철저한 그 항일 혁명 전통을 하나의 핏줄로 봐요, 저쪽에서는. 하나의 핏줄을 이어나가기 위해서 말이지요, 오늘날도 혁명 전통을 쓴단 말이에요. 그런 것을 강화하기 위해서는 그에 위배되는 것들은 치워야 한단 말이지요. 그렇게 봐야 하겠고 그리고 그것이 이제 70년 11월달에 있었던 5차 당 대회 때 그 당 대회 분위기를 보면 말이지요, 외국 당 대표, 일체 안 끌어들였어요. 3차 당 대회, 4차 당 대회 때는 외국 당 대표들 많이 왔습니다. 뭐 5차 당 대회는 안 끌어 왔어요. 그래서 주체사상 문제도 그때 나오고 주체 당, 그런 것들이 그때 강조되는 거지요. 그래서 북한의 반세기 역사가 외세와의 갈등 속에서 어떻게 그 자주권을 확보해 나가느냐, 그 역사였다라고 평가해도 틀림없다고 봐요. 그러면 외세와의 관계에서 어떻게 자주권 확보를 하느냐의 문제가 단순히 권력구조적인 문제가 아니라 이데올로기적 문제, 정책적인 문제, 뭐 경제적인 문제, 군사적인 문제, 여러 가지 문제가 외세의 영향을 받지 않는다는 말이지요, 그런 방향으로다가 어떻게 걸어 왔느냐 그것이 90년대 와서 이제 '우리식 사회주의'란 말이 나왔는데, 그 흐름으로 봐야 한다. 그래서 오늘날 북한에 대한 총평을 그러면 어디에다가 기준을 두고 봐야 할 거냐 이런 것들이 이제 얘기가 되는 거구요, 그 역사적 흐름 속에서 보면 민족사적 흐름 속에서 보면 북한이 걸어온 게 맞아요. 그러나 흔히들 여기서 말하는 자립경제가 밥 먹여 주느냐 민족문제가 뭐 밥 먹여 주느냐 이런 얘기들이 나오는데, 그것은 우리 사

회에서만 그런 얘기가 나오는 것이지 다른 나라에서는 그런 얘기 안 나와요. 이게 우리나라가, 지금 우리가 병드는 거예요.

8. 5 · 25교시

Q 57년에 5 · 25교시라는 게 있었잖아요? 5 · 25교시에 대해서 들어보셨어요? 5월 25일날 발표한 5 · 25교시라는 게 있는데.

A 그게 저 10대 유일사상적 원칙의 초본이 아니겠는가? 초본. 10대원칙의 그 원래 그 10대 원칙은 그 후에 나오는데, 70년 후에 나오는데 74년인가?

Q 네. 74년 4월 14일날 그 나오는데 67년 6월달에 김영주가 그 10대원칙을 발표한 거는 북한의 사전에 나오거든요, 몇 개까지는. 6월달에 그거를 4기 16차 전원회의에서 나오구요, 4기 15차 전원회의 이후에 5월 25일날 그 북한의 관련된 서적에 보면, 당 사상 부분의 일꾼들 앞에서 김일성 주석이 두 연설을 한 걸로 돼 있어요. 그 중에 하나는 과도기에 대한 거고 하나는 밝혀지지가 않았어요, 이제까지. 그런데 그 5 · 25교시에 대해서 둘 다 이제 김일성 주석이 했으니까 5 · 25교시라고 할 수 있는데, 분명히 두 개가 관련이 돼 있는데 선생님 말씀처럼 10대원칙하고도 관련이 있습니다.

A 이게 10대원칙으로 보고 그러지 않으면 프롤레타리아 독재에 대한 문제인데, 과도기의 문제는 과도기가 그전에 잘못된 생각을 한 거라구요. 프롤레타리아 독재가 아니면, 나는 10대원칙의 초본으로 보는데. 거기에 대해서 내가 확실히 얘기는 못 하겠는데, 10대 원칙의 초본으로 봐요.

Q 황장엽씨가 5·25교시로 북한 사회가 많이 변화했다, 이렇게 얘기하는 걸로 봐서는 선생님 말씀 하신대로 10대원칙의 초본이라고 볼 수가 있는 것 같아요. 저희들도 추측만 그렇게 할 뿐인데, 혹시 그 부분을 알고 계신가 해서요.

A 초본으로 나는 알고 있어요. 다른 것이 될 수가 없어요. 그 당시 환경으로 보나 여러 가지 유일사상 확립을 한참 하지 않으면 안 되는 상황에서 다른 것은 나올 수가 없습니다. 그게 아주 이데올로기적 핵심적인 내용이었기 때문에.

Q 그러니까 5월 25일날, 과도기와 프롤레타리아 독재에 대해서 그날 연설을 했습니다. 그런데 또 하나가 있다는 건데.

A 그게 바로 사상문제이야. 사상, 난 그렇게 봐요.

Q 그러니까 과도기 역시도 그 수정주의와 교조주의에 반대한 사상 문제로 볼 수가 있겠죠. 뭐 이제 과도기를 상당히 길게 보면서 프롤레타리아 독재가 일국에서 뿐만 아니라 전 세계적으로 공산주의 사회가 건설이 될 때까지 프롤레타리아 독재가 설명하는데, 북한은 사실 공식적인 문건에 70년대 가서나 「근로자」에 등장하거든요.

A 그런데 그 과도기 문제는 하나의 그 소련 학자라든가 맑스주의 학자들에 의하면 원래 북한에서는 러시아에서 공부한 사람들, 과도기 문제 같은 것들을 쉽게 본다고. 과도기 끝난 걸로 보고 그런다고. 프롤레타리아 독재도 중국에서도 이미 아니라고 하거든. 그런데 북한에서는 현재 인민 민주주의 독재라고 합니다. 프롤레타리아 그 문제에 대해서도 수정주의론자들이 많이 있었기 때문에 그런 것들도 비판이 될 거예요. 되는데, 그게 나는 유일사상 체계 확립을 위해서 어떻게 해야 하겠느냔 이야기가 아마 교시에 나왔을 거예요.

Q 시간이 오래 됐는데 제가, 60년대에 박금철, 이효순이 그 갑산파를 숙청할 당시 아까 그 국방 병진 노선에 대해서 어느 정도 문제를 제기하고 또 박금철이가 김일성 주석의 저작집에 보면 수재론을 내세워 가지고 굉장히 비판을 하거든요. 그런데 그 내용이 경제는 경제 관료가 맡아야 한다는 그런 내용이라고 이야기 하는데, 그 당시에 그 어떤 이미 56년 8월 전원회의 이후

에 61년까지 단일하게 북한사회에 지도 체제가 형성되었는데, 거기에 반기를 들만한 세력 내지는 유일사상 체계로 나갔을 때 불만을 가질 세력들이 어느 정도 있었는지요?

A 결국은 이건 주체 문제 확립과 관계되어서 러시아에서 공부한 사람들, 러시아에서 공부한 사람들이 많습니다. 러시아에서 공부한 사람들이 말장난들이 좀 많거든요. 황장엽도 그 속에 들어가는데 내가 황장엽이 망명해 가지고 글을 하나 쓴 게 있어요. 황장엽은 김정일 국방 위원장의 주체사상의 이론적인 것에 있어서 황장엽은 전혀 관여한 게 없습니다. 내가 황장엽의 논문을 서너 번 읽어 봤어요. 그랬더니 그 사람은 통일과 투쟁의 법칙에서 투쟁이란 것을 보지 않고, 통일이란 측면을 많이 봐요. 그래서 여기 노동자들하고 경제 성장이 되는데, 왜 노동자들하고 기업인들하고 대립 구도가 생기느냐, 그래서는 안 된다. 경제 성장이 잘 되면 그대로 해 나가야 된다, 그래서 노동자 파업을 반대했다고 여기서. 그 사람 철학이 바로 그거예요. 완전히 바로 소련 거라구요. 교조적으로 받아들여서 그렇게 하는 건데, 황장엽은 내가 50년대 알아요. 그 사람이 김일성대학 교수로도 있었고, 철학교과서를 만든 사람입니다, 그 사람이. 아주 그 사람이 공부만 하는 사람입니다. 그러기 때문에 소련의 그 맑스주의라고 하면 그 사람이 아주 대가입니다. 그러나 다행히 50년대는 창조적으로 적용했어요. 그래서 거기에 김일성 주석한테 평가를 받았습니다. 그래 가지고 40세에 김일성대학 총장까지 하고 그랬는데, 그러다가 이제 최고인민회의로 올라가서 완전히 학(學) 문제에 대해서는 떨어졌습니다, 그 사람

이. 그래서 주체사상은 74년도부터 김정일 국방 위원장 중심으로다가 젊은 사람들 학자들이 이론화하는데, 거기에 반기를 드는 사람들이 많이 있었어요. 거기에 황장엽이 하나 들어가 있었어요. 그래서 그와 같이 소련에서 공부한 사람들이 이론 분야에 있어서 많이 있었습니다. 그러기 때문에 70년대에 프롤레타리아 독재 문제라든가 그다음에 과도기 문제하고 유일사상 확립에 있어서 문제가 생기는 거지. 그러기 때문에 나는 그런 얘기를 하면서 유일사상 체제 확립 쪽으로다가 무엇을 해야 한다는 얘기가 진행된 게 아니겠느냐, 나는 그렇게 봐요.

Q 그 2차 당 대표자회가 있었을 그 시점에 바로 유일사상 체제를 확립하자고 하면 내부적으로는 관료들 중에서도 아니면 당 내부에서도 중견 간부가 되었든 거기에 대해서 말 안 들을 사람들이 박금철이나 이효순 이런 사람들이 있는데, 이런 사람들이 어느 정도 세력이 되어 있는지?

A 그런데 68년도 2차 당 대표자 대회는 국방 공업을 어떻게 해야 하는가, 그리고 남조선 혁명은 어떻게 할 건가, 그 두 가지라고. 그러기 때문에 거기에 권력 문제도 거기서 자연히 따라가는 거고. 그러니까 국방 공업을 발전시키지 않으면 안 되는 절박한 사정이란 말이야. 거기에 반기를 든 것이 박금철이, 이효순이란 말이야. 그러기 때문에 그건 그렇게 봐야 하는데, 그래서 그 대표자 대회가 권력 숙청을 정리하기 위한 회의가 아니다. 국방 공업을 심층 강화시키고 남조선 혁명을 제대로 할 수

있냐, 거기에 이제 그 전에 벌어졌던 일들을 조직적으로 청산하는 것이다, 그렇게 봐야지 저게 지금. 그래 가지고 대표자 대회에서 이제 노동당이 이제 위원회제도가 아니고 비서제도란 말이에요. 그래서 위원회 제도하고 비서 제도하고 뭐가 다르냐, 그것은 어느 것이 더 계급성이 강하고 짙은 거냐, 그건 비서제가 짙습니다. 노동당은 그것은 위원회 제도예요, 원래가. 그러나 공산당은 비서제인데, 노동당이라고 하면서 비서제로 바꾼 것은 그만큼 계급성과 혁명성 이런 것들에 조금 짙게 의미를 부여하기 위해서 비서제로 가는 겁니다.

Q 그럼 지엽적인 문제인데 허석선이는 박금철, 이효순하고 어떻게 관련이 돼 있습니까?

A 허석선이는 그 보천보 사람이야. 보천보 그 근처 사람이야. 화전민 같은 거 있잖아? 그거 만든 사람이야.

9. 주체사상에 대한 황장엽의 불만

Q 당시에 당 교육 부장했던데요?

A 그렇지, 그런 사람이야. 보천보 전투에 그 보천보 사건 때 국내 조직원이었어. 그 허씨 집안들이 괜찮습니다. 허봉학이 뭐 전

부 그게 허씨 집안들인데 전부 괜찮아요. 아주 그 무렵이 그. 그 북한 저쪽 보면 50년대도 중요하고, 60년대도 중요하고, 70년대도 또 그렇고 그런데 어디다가 포인트를 어떻게 잡느냐가 중요한 건데, 역시 그 내가 보기에는 북쪽에 내적 요인보다도 50년 역사라는 것이 주로 외부적 요인이 더 강하게, 오늘날까지도 작용하고 있어요. 그래서 경제 건설에 상당히 지장이 오는 거라구요. 특히 그 90년대 들어서면서 클린턴, 부시 애비 때에도 그랬지만 클린턴 때도 연착륙 아닙니까? 그다음에 평화적 이행, 개방화해 가지고 체제 붕괴시켜야겠다, 그것이 이제 김대중의 개방화 노선하고 맞아 들어간 거지, 클린턴이. 그래서 6·15공동선언까지 나온 건데 그래 가지고 말 안 들을 땐 안 된다 그래서 그랬고. 그래서 오늘날 북한의 핵 문제도 발상의 전환을 가져야 해요. 북한이 핵을 가졌기 때문에 미국이 적대 정책 쓰는 거라고 보는데 거꾸로 북한에 대한 적대 정책은 일관되게 냉전시대 때부터 오늘날까지 지속하고 있기 때문에 북한은 최대한의 효과를 얻기 위해서 핵 개발을 하는 것이다. 따라서 북한은 적군의 입장이 아니라는 발상의 전환을 해야 할 텐데, 여기 테레비 나와서 이야기 하는 놈들 보면 몽땅 북한이 핵을 왜 개발하느냐 이거야, 여기서 가해진 것에 대한 것은 다락 속에다가 집어 던져 놓고 말이지. 저게 웃긴 거야. 그런 것을 보면, 50년대부터 쭉 보면 외부적 영향, 그게 북한 체제에 엄청나게 영향을 준 거라고. 그것이 이제 반작용해 가지고 북한 체제 강화로 나가는 거고. 그래서 오늘날도 그래요. 중국은 모택동 사상을 계승해 나간다 그러잖아요? 그리고 월남은 호치민 사상을 계승한다, 그러죠. 그것이 양쪽 누구보다 강하게 하는 것이 김일성 주석 사상을 계승해 나간다 이렇게 봐야 해요. 그러기 때문에 그것이 정도의 차이지, 그 사상을 계승해 나가는 측면은 같다구요, 현재 지금. 이 워낙에 여기서 압력을 가하고 하니까 그렇게 강하게 주장되는 거고. 중국은 뭐 모택동 사상 계승 발전시키는 거니까. 그 연장선에서 북한은 수령은 영원하다, 우리와 같이 있다 말이지, 영원한 주석이다. 그것은 같은 거예요. 그것이 심도가 강하게 지금 이루어졌기 때문에 차별성이 있는 것 같아 보이지, 같다고 하면 같습니다. 그런 식으로 봐야 하는데, 참 이게 한반도 문제도 그렇고, 북한 연구도 그런데 60년대에서 가장 그 여기서 나오는 것이 김정일 국방위원장이 그 때에 유일사상 체계 확립을 주도해 가면서 그러면서 후계자로 연결이 된단 말이에요. 5차 당 대회도 김정일 국방위원장이 주재한 거라고. 67년도 최고인민회의 그 있죠? 대의원들. 그것도 김정일 국방위원장이 직접 관여했어요. 그래 가지고 74년도에 와서 73년도에 사상담당 비서 뭐 하면서 74년도에 김영주를 내각 총리로다가 올리면서 김정일 국방위원장이 후계자로 추대되는 거지. 그래 가지고 2월 선언, 2월 19일날 선언을 통해서 그 '유일사상', '당적 사상 체계', '온 사회를 주체 사상화하자.' 이렇게 나와 가지고 바로 주체사상 이론 정리 작업에 들어가요. 이제 그 송두율씨 얘기, 그 같은 경우를 보더라도 그렇게 젊은 사람들이 참여를 했다구요. 그래 가지고 78년도인가 국제 학술회의가 열려요. 그리고 82년도 3월 31일에 김일성 생일 앞두고 거기서 '주체사상에 대하여'를 발표를 하는데 그 발표를 황장엽이 하는 것이 아니라 김영남이 합니다. 그래서 황장엽은 완전히 주체사상에 대해서 불만을 가진 사람이에요.

Q 그러니까 73년부터 216호 실에서 준비를 사상 부분에 대해서 김정일이 주도가 되어서 북한은 그렇게 발표를 하지요. 66년부터 69년까지 3년간 아주 체계적으로 맑스 · 레닌주의를 정리했고, 그간 모든 사업을 정리했다, 김정일이가. 모든 김정일 위원장의 지금 현재 나오고 있는 전기, 이런 형태는 그렇게 주장을 하고 있습니다. 50년대 한국 전쟁을 거치면서 북한에 있어 가지고 인민들이 흘렸던 피와 땀, 사회주의 건설을 위해서 여러 사람들이 참 많은 증언들을 했고, 특히 최근에는 어떻게 봐야 할지 모르는데 가장 일반인으로 살다가 김정일 위원장의 집인데 들어가서 했던 성혜랑의 '등나무집'에 보면 여러 가지 그 우리 김진계 선생님이 썼던 그 책에도 보면 50년대 60년대 북한 인민들이 흘렸던 그 피와 땀 이런 것들이 있었는데, 이런 것들이 67년에 5 · 25교시를 넘어가면서 외부적 환경의 영향을 많이 받았지만 외세상 체계 확립이란 것들 다시 말해서 절대 권력을 정당화하는데 모든 것들이 뒷받침이 되지 않았는가, 그래서 현재까지 북한 체제가 물론 전체 역할을 볼 수 있겠지만 그럼에도 불구하고 체제 내적으로 상당히 유연성을 발휘할 수 있는 부분들, 경제적인 문제나 원리들을 포기한다는 게 아니고. 그런 부분이 있었음에도 불구하고 그런 것들을 전혀 내부적으로 제기하지 못하게 한 과오가 있지 않느냐, 이런 문제 제기에 대해서는 어떻게 생각을 하십니까?

A 아, 그래서 이제 그것이 문제인데 그렇게까지 안 해도 되는 게 아니냐 그건데. 그 월남하고 한반도는 근본적으로 차이가 있습

니다. 월남처럼 될 게 아니냐 그건데 차이가 있고. 우리가 사실상 모르는 것이 많아요. 현재 그 우리나라 정치도 지금 저기 미국 CIA가 합니다. CIA에서 여기 파견된 사람이 있어요. 예를 들어서 그 정상회담, 돈 준거, 미국에서는 국내에서는 3만 불 현금이 차로 가면 어디로 가는지 다 압니다. 자기네들이 찍은 돈이기 때문에 몇 억불 어디로 가면 국제적으로 그걸 알아요. 그리고 파키스탄의 그 핵물질 제조용 시설을 가지고 간 것도 돈 가지고 추정한 겁니다. 그래서 2억불 주었다, 그 CIA에서. 대선 전에 암만해도 이회창이 당선되는 게 좋고 그러니까 이제 한나라당이 흘린 거야, 돈 2억 불 주었다. 그러니까 6·15공동선언 계승하는 정권이 나와서는 안 된다는 거야. 그러다가 이제 남북 관계가 좋아지고 북일 수교 회담되니까 페리가 가지고 '핵이 있다, 인정했다', 사실 인정한 것도 아닌데 말이야. 그런데 왜 남북 관계를 하려고 하느냐, 그러니까 이회창이가 어쩌면 미국의 대북정책이 우리 한나라당하고 똑같은가 그러다가 그게 시원찮으니까 예맨 앞바다도 조작하는 거야. 그러기 때문에 이것은 한국 정책을 CIA요원이 여기 있는데, 차기 대통령 누가 되느냐가 미국의 국익과 직결되는데 이 사람들이 가만 있을 리 없는 거라고. 그런 활동을 했었지. 그러다 마지막에 좀 이상하기 때문에 정몽준이한테 압력 넣은 거야. 정몽준 현대 중공업 70%가 미국자본입니다. 그러니까 정몽준이가 내일 아침에 후퇴하는데 오늘 설득을 하는 거야. 그래도 되는 줄 알았어요. 그러다가 이게 깨졌네. 무디스 보내는 거야. 무디스가 북미성하고 CIA하고 연결돼 있습니다. 우리 저 평가 절하 하면요 경제가 뒤집어 집니다. 지금 여기 무디스 와서 6

자회담 이야기하지 않습니까? 저희들이 무슨 6자회담을 이야기하는 거예요? 그래서 여러 가지 방향에서 되는 거예요. 그러면 우리가 여기서 벗어날 수 있느냐, 현재. 없어요, 지금은. 큰일이라구요, 못 벗어나요. 이대로 살아야 하는 거예요. 그리고 바깥의 의존도가 80%입니다, 지금. 자기 땅 보고 살아야 하는데 바깥을 보고 사는 거예요. 이거 지금 중국한테도 견제당하고 있어요. 마늘 같은 거 수입 안 하면 망하게 돼 있어요. 이런 것들을 우리가 고려했을 적에, 그리고 5027작전이다 뭐다 이런 것들을 막 했을 적에 북한은 90년대 동 구라파 사회주의 붕괴되고 89년도 4월에서 6월까지 북경에서 있었던 천안문 사건을 겪으면서 북한 노선은 엄청난 유혹을 받은 거예요. 달러 보루가 끊어지고, 그러기 때문에 정말 이걸 어떻게 살아야 하나. 거기에다가 연착륙 정책이 나오지, 그다음에 뭐 그걸 또 5027 작전이 나오지 이런 상황이라구요. 그러기 때문에 돈이 있으면 미사일을 개발해라 그래서 90년대 들어서 전쟁을 한 거예요, 그 사람들이. 전쟁해서 그 사람들이 아사자가 나오고 한 거예요. 전쟁해서 그 사람들은 89년도 미사일을 발사해서 어느 정도 올라서서 어느 정도 이제는 숨이 좀 트였어요. 그래서 이제 강성대국으로 가는 거라고, 지금. 그래서 그와 같은 역사적 과정을 우리가 볼 적에 어떻게 그러면 북한을 평가해 볼 거냐 그런 것이 나오는데 그렇게 고생 속에서 무엇을 지켰느냐, 이런 것도 우리가 평가를 해야지. 상대적으로 우리는 그렇지 않다 이렇게 할 수 있는 거 아니냐, 그럼 이렇게 해 봤다 이거야. 이렇게 해 봤더니 그 결과 우리는 그럼 어떠냐. 그러면 이게 어떻게 되느냐, 민족의식 말살되고 3·1운동을 왜 우리가 하고, 유관순 열사를 우리가 왜 숭배하고 어떻게 해서 김구 선생 상해임시정부를 세우고 말이야, 윤봉길 의사를 왜 추모하느냐 말이지. 그러기 때문에 이런 문제가 젊은 사람들, 북한 홍보는 사람들 일반적으로 그런 문제가 있어 가지고 남북통일에 있어서 결국 북한이 대안이 아니다, 이렇게 나오는데. 그래서 우리가 이걸 또 봐야 해요. 핵이다, 핵문제 해결되면 좀 나을 거다 그러는데, 미국과 북한은 핵이 문제가 아니에요 지금. 그걸 앞에 내세운 겁니다. 핵문제가 해결되고 경제 교류가 되고 국교 정상화가 되면, 일본이 북한 들어가지요. 남북 관계가 잘 되지요, 핵 문제 해결되고 그러면 미국이 가장 국익으로 생각하는 동북아 군사전략이 뒤집어 집니다, 저게 지금. 주한미군 나가야 하고 오키나와 미군 철수해야 하고, 엄청나게 달라지는 거예요. 그러기 때문에 안 되겠다, 악의 축으로 몰고 핵문제를 뒤집어씌우자.

예, 인정합니다.

파키스탄의 핵 있죠? 그러나 왜 핵을 가지고 끈질기게 오늘도 켈리가 그런 보고 했더라고. 그게 뭐냐면 미국의 국익이 군사전략이야. 여기서 안 나가려고 하는 거야. 그럼 우리는 어떻게 될 것이냐, 이런 것을 우리가 생각할 적에 보는 사람에 따라서 시각이 달라져. 이렇게 예속된 상태에서 자기 주권 행사도 못하고 미군이 주둔해 가지고 방어를 메꾸고 그 사람들 발목 잡고, 과연 이것이 우리 조상이 해 온 일인가. 이런 것을 생각할 적에 여기에 대한 가치 부여를 우리가 제대로 해야 하는 거예요. 이렇게 놓고 봤을 적에 북한을 평가해야 한단 말이야. 그러기 때문에 오늘날 북한에 대해 '너희들 고생했지만, 잘해 놓은 것 있다, 자기 문제는 자기가 중심되어서 한다는 의미에 대해서 잘한다, 도와주겠다.' 그런 입장으로 나가야지, '너 왜 개방 않느냐, 왜 그렇게 하느냐.' 거기 강력한 중심이 되어서는 안됩니다. 우리나라 보라구요. 일본에 천황제도 있지요? 태국도 왕이 있고 다 있어요. 그건 민주주의가 집권을 해서 그런 게 있는 게 아니야. 그건 역시 사회 통합의 중심이 있어야 되는 거예요. 그 역사적 동참이 있어야 하는 거고.

Q 그 사람들이 실질적인 권한을 행사하기보다는 어떤 정신적인 어떤 그런 그 중심 역할을 하게끔 제도가 만들어지게 됐는데, 60년대 말의 상황에서 예를 들어 자주성의 확보를 위해서 우리는 모든 것을 확보했다, 인민들의 삶 자체라든가 뭐 모든 것까지도, 또 여러 가지 사회주의와 관련된 모든 것들을. 그런데 이것이 사실은 '수령절대주의'를 강화하기 위해서 사회주의 원리와 다르게 거꾸로 간거다라고 말하는 경우도 있거든요.

A 아니, 그러면 구라파 사회주의는 왜 망했어요, 응? 구라파 사회주의는 왜 망하고. 그러기 때문에 이게 좀 보는 시각에 따라 차이가 있는데, 북한도 어느 정도 여유가 생기면 무언가 조금 더 변화가 좀 있어요. 지금도 많이 변화를 합니다. 예를 들어서, 놀라운 일이라구요. 왜 다들 퍼주기라고 다들 그러는

데, 이동복이 발표하는데 내가 한마디 했습니다. 자기네들은 자꾸 북한에 대해서 퍼주기라고 하는데, 금강산 앞에 있는 장전항이라는 것이 북한의 동해안 최전방 기지다 그것을 현대한테 넘겨줬다, 이게 얼마나 큰 거냐 말이지. 거기에 351고지가 있고 그런데 거길 육로로 가게 했다. 개성에 송악산하고 천마산 그거 뚫리면 그거 평양까지 일사천리예요. 개성까지 들어갔다, 우리가. 여기서 들어간 것을 거꾸로 생각해 보자. 속초항이 북한에서 오고, 여기 서울 근처에 북한의 공장이 오면 어떻게 하느냐 말이지. 이걸 2억불, 3억불 가지고 따지지 마란 말이야. 우리가 들어간 건 생각하지 않고, 왜. 그게 북한의 변화예요, 엄청난 변화지. 그러기 때문에 이게 관점을 어디다 봐야 하냐면, 나는 오늘의 현실을 볼 적에 고조선에서부터 50년 오늘날까지 딱 배경 속에서 봐요, 역사의식을 가지고. 그렇게 보지 않고서는 이해가 되지 않습니다. 그래서 요새 자라는 사람들은 근대사를 공부를 잘 안 시키거든, 어떻게 외국 놈들한테 침략당하고 우리가 얼마나 피를 흘렸는가를 안 가르켜. 그래야만 하거든, 저거. 그러기 때문에 이거 큰일 났어요. 그래서 내가 아까 얘기한 대로, 맑스·레닌주의 수용, 창조적 수용, 주체사상, 그다음에 민족 제일주의 그 흐름에서 우리가 북한 사회를 봐야 한다. 이렇게 봐야 하고 거기서 인권 문제니 이런 것들이 나오는데, 물론 인권 문제 같은 것이 외부적 압력 때문에 이렇게 좀. 왜냐면 큰 것을 지키기 위해서 뭐 불가피한 거 아니겠느냐, 북쪽의 입장에서는 말이지, 이렇게 보는데. 쉽게 말해서 일본 군국주의가 대단해요, 여기는 말이지요. 그 압력과 미국의 세계 1등급의 군사적 압력, 이런 것들이 계속 가해지고 있는 상황에서 한국도 포함되어 있는 상황에서 과연 북한이 선택할 게 뭐가 있겠느냐, 이런 것들을 찾아내야지요. 그래서 북한 연구도 이제는 민족적 차원에서 해야지, 제도와 이념은 냉전 시대 때 형성된 것이기 때문에 그건 그 밑에 깔아 두고 우리 민족이 앞으로 어떻게 살아 나갈 건가 그런 차원에서 북한 문제가 이루어져야 되겠다, 그렇게 봐야지. 만약에 그렇지 않을 경우에 냉전의 연장으로 보기 시작하면 풀리지 않아요. 그러나 역사적 흐름은 확실하니까 그런대로 정리가 되어야 되겠죠. 60년대 이야기 같은 것들이 아주 재미있는데.

Q 앞으로 좀 더 많이 저희가 세밀하게 봐야 하는데 북한에서 나온 것들 대충 많이는 못 봤구요, 부분적인 것들만 봤는데 그것들만 봐서는 알기가 힘들고, 또 자꾸 여기 오신 분들도 나이가 드시고 하다 보니까 저희가 확보된 게 없으니까 저희가 좀 많이 듣고.

A 그전에는 남로당 연구를 하지 않았어? 내가 빨치산 투쟁도 한 사람이기 때문에. 그렇게 일제 때부터 해방 후, 여기서 남로당, 이렇게 종합적으로 본다고. 그래서 여기 심지어 그 빨치산에 있던 사람들 중에 나온 사람들도 있잖아요? 북쪽에서도 버림받고 여기서도 버림받아서 우리는 설 땅이 어디냐 그런 소리를 하더라구요. 그래 그런 것도 안 된다고 하고 그러는데, 그리고 우리가 오늘날 역사를 보려면 민간인 학살을 제대로 보면 알

요. 민간인 학살을 어쩌면 저렇게까지 할 수 있었을까? 그것이 우리 사회입니다. 그 양심 고백이란 게 하나 한 사람 없어. 왜 이렇게 되느냐, 이런 것들 보면 참 큰일이에요. 그리고 해방 후에 73%인가가 사회주의예요. 그 저 동아일보에 있습니다. 강정길 교수가 하는데, 해방 후에 46년도 미군정 속 여론조사에서 본 결과 사회주의가 70%, 자본주의가 14%이든가, 그다음에 공산주의가 8% 이렇게 돼요. 그만큼 사회주의가 뭔지도 모르지. 그럼에도 불구하고 사회주의를 왜 그렇게 좋아했느냐, 그만큼 일제 식민지 때 우리가 못 살았다 이거예요. 그것이 해방구다. 그 사람들이 이제 노동조합 만들고 권익을 주장하려고 했던 것이 바로 이 좌파라고 하는 사람인데, 이거를 무자비하게 죽인 거야. 그게 무슨 빨갱이 입니까? 이러한 역사를 가져온 사람들이 여기에서 정권을 잡고 또 그 후예들이 미국까지 공부하고 뭐 이러한 상황이기 때문에 오늘날 북한을 보는 시각이 어떻다는 것은 뭐.

Q 지금 김 선생님이 말씀하신 현 정권의 친북좌파 세력이라고 정치 세력이라고 평가하는가 하면, 또 거기 얼마만큼의 젊은 사람을 중심으로 해서 지지층이 있지 않습니까? 이렇게 사회가 변하는 거고 또 세계가 변하는 거고, 북한 역시 거기에서 자유로울 수 없을 겁니다. 지금 말씀하신 것 중에 우리의 통일, 미래상을 보고 어떤 것들을 준비해야 하지 않느냐, 백번 지당하신 말씀인데요, 그래야 저희가 올바른 통일국가를 건설할 수 있는 것 같구요. 마지막으로 그 금강학원에 대해서 그 부분은

설립 동기라 할지, 그 사회적 역할에 대해서 조금만 말씀해 주시겠습니까?

10. 금강정치학원

A 아, 거긴 내가 있었던 덴데, 그건 뭐. 금강정치학원이 말이지요, 저것이 51년도에 조직된 건데 서흥의 탑동이란 데가 있어요. 황해도 서흥군 탑동*, 그런데 황해도 땅이 그렇게 산간지대가 많은지 몰랐어. 여기 그 전라북도가 무주구천동 뭐 산이 많듯이 그렇게 산이 많아요. 그 산속에 서흥군 탑동이란 데 아주 산골이야. 거기에 그 금강정치학원이 만들어 졌어요. 그것은 그 완전히 대남공작원 양성소입니다. 대남 남파 양성소예요. 그래서 그것이 최고 책임자는 김응빈이라고, 김응빈. 김응빈이라고 서울시 당 위원장 하던 사람이에요. 6·25 때 서울시 당 위원장 하던 사람 김응빈. 그 사람이 금강학원 원장이고, 부원장은 송을수 그런 사람들 그 진보적 사상을 가진 사람들이지요. 그런데 그게 어떻게 조직됐냐 하면 장비는 불가리아. 여기 눈만 있고 가리는 거 누군지 모르게 하는 거 말이지요, 거기서 많이 수입을 했어요. 그래 가지고 집들을 산모퉁이 이런 데다가 집을 짓거든. 나무로 짓고 그러는데 그것이 아마 한 1,500

---

* 주) 오동리를 잘못 언급함. 216쪽 참조.

명에서 2,000명 정도 양성이 됐기 때문에 상당히 많지요. 그래서 집도 많이 지었어요, 골짜기마다. 거기에서 교육을 받고, 사상 교육을 받고 일정한 교육을 마치면 이렇게 동시에 가는 게 아니라 필요할 때 뽑아요. 뽑아 가지고 일정한 지역에서 공부 받고 이쪽으로 내보내는 거예요. 그것이 금강정치학원인데, 그러기 때문에 집과 집 사이에는 거리가 있고, 전혀 통하지 못하게 만들고 그다음에 거기에서 일상용어는 여기에서처럼 '선생님', '군' 그렇게 쓰고. 여기 내보내야 하니까. 그리고 여기 정세로 이야기하지만 주로 맑스·레닌주의라든가 당사라든가 이런 것들을 많이 공부해요. 그러한 데예요, 그 금강정치학원이란 데가. 거기에 이제 중앙당에서는 이승엽이가 총 책임이고, 또 연락부라는 게 있어요. 연락부 책임자가 이제 배철이고, 경상북도 도당 위원장 하던 배철이가 연락부장이고 부부장이 윤순달이라고 그게 전남 사람일 거예요. 그래 가지고 원장은 김응빈이고, 그래 가지고 연락부의 지시에 의해서 금강정치학원이 운영되는 겁니다. 그래 가지고 거기서 이쪽으로 내보내요. 남쪽으로 내보내는데, 그것은 이제 서부 연락소, 중부 연락소, 동부 연락소, 연락소가 세 군데 있어 가지고 내보낸다고. 그러게 군사 대치선을 넘는 데까지 안내원이 또 해주는 거예요, 연락소예요. 그래서 여기 넘어와서 공작을 하는 겁니다. 그런데 그게 이제 이승엽이 숙청에 들어가요, 저게. '니 할애비가 여기 살고 있으니까 여기 왔느냐, 내려가라 이놈들아' 애향심을 거기서 고취시키는 거야. 그래서 내보내면 여기 그 경찰 이런 데서 아침에 출근해서 차 마시고 담배 피우고 남대문 시장 같은 데 가고 잡아 오는 거예요, 보면 아니까. 그것이 금강정치학원이었습니다. 그래서 이승엽이가 저 죽일 놈이지. 그래 그 전에는 서울정치학원이 있었어요. 그게 있었는데, 서울정치학원은 대남 공작도 하지만, 주로 거기는 이데올로기 교육을 많이 했고, 그리고 6·25 전에는 강동정치학원이라는 게 있었고. 뭐 이런 얘기들이 좀 있는데.

Q 그 주로 이데올로기 교육으로부터 출발해서 사상 교육시켜서 내보내는 게 주목적이었어요?

A 응, 금강정치학원이 그런데. 그것이 왜 그러면 서흥군에다가 해 놨느냐, 저게 문제가 아니겠어요? 그것이 나중에 이승엽이 재판 때 보니까 원산으로부터 안주 계선을 미국이, UN군이 공략하려고 했습니다. 그때 역으로 금강정치학원 출신들을 역으로 평양 공격을 하는 거야. 그런 걸로다가 활용하려고 지도부에서는 구상이 됐다, 그게 나중에 들통이 나요. 그래서 이, 금강정치학원 출신들이 나중에 그 스탈린이 사망한 3월 12일인가 사망한 후 전부 해체합니다. 그래 가지고 53년이죠, 그게. 몽땅 그 평안북도 구성군 그 산골짜기에 전부 가요. 거기서 재교육을 시켜요. 재교육을 시켜 가지고 김일성대학 보내고, 그 다음에 또는 노동 직장에 보내는 사람이 있고 어느 직장에 보내는 사람이 있고, 거기서 1년 동안 재교육을 시켜요. 그때 박헌영이 이승엽이 숙청 재판들이 벌어지면서, 평양에서는. 거기에 우리가 그 밑에 있던 사람들이기 때문에 거기서 재교육을 해요. 그래서 김일성대학 가는 사람, 송도 가는 사람, 공부

보내는 사람 있고, 노동 직장 가는 사람 있고 그래서, 그것은 그때 없어지는 거여. 평북 구성군에 아주 산골에 있었다고. 그래서 남로당, 남쪽에서 올라간 사람들은 핵심 그룹들은 그러한 과정들을 많이 거쳤어요. 그런데 남도부 부대라고 있는데, 그 함양 출신 그 한창 전쟁 때 활동을 하다가 연락원을 보냈습니다, 평양으로. 보내 가지고 연락원이 오다가 열 명인가 보냈는데, 오다가 몇 명 죽고 몇 명이 왔어요. 그런데 이승엽이가 이것은 남도부가 보낸 게 아니라 틀림없이 이것은 밀정이다. 우리가 가만히 들어보니까 틀림없이 남도부가 보낸 것은 사실인데, 밀정이다 해서 그때 쏴 죽였어요. 그래서 그게 여기 뭐 일부 장기표가 하는 사회당에서는 왜 토착 공산당들을 전부 숙청했느냐 그런 얘기가 있는데, 그건 몰라서 하는 소리예요. 엄청나게 그 사람들이 죄가 많습니다, 내가 알기로는. 그거 아직도 다들 눈을 감고 복당, 복권 그런 얘기를 하는데 복권할 수 있는 상황이 아니에요, 저 나쁜 놈들이에요. 그러한 사건이 있었어요. 그리고 황해도 연백에다가 한 2,000명 정도 10지대를 만들어 가지고 거기에 유격 훈련을 하고 있었습니다. 그것이 전당적으로 대남 공작으로 전쟁 때는. 그 종로구청 종로구 당 위원장 하던 사람인데 뭐 어려운 고비들이 많았지요. 그리고 여기서 자꾸 포로 이야기하잖아요? 포로가 없는 거예요, 저쪽에는. 여기서는 포로라고 자꾸 하는데, 포로라고 하는 것은 나라와 나라 사이에 전쟁으로 생긴 포로라구요. 그런데 저쪽에서는 해방 전쟁 아닙니까? 저쪽에도 잡힌 사람들 있어요, 국군들. 포로라고 안 했어요. 이 사람들은 보니까 전부 총알받이야, 농사짓던 사람들, 장사하던 사람들. 그때 빽만 있으면 다 전방에서 빠져 나왔어. 전부 그런 사람들이야. 그래서 북한에서는 이거 안 되겠다 전부 이런 사람들이란 말이지, 전방에 그 총알받이로 앞세운 사람들이여. 어디 뭐 있다가 온 사람들 이런 사람들이야. 전부 공부도 제대로 못 하고. 그래서 몽땅 이 사람들은 교육도 시키고 인민군대 편입시키고 이렇게 한 거예요, 저게. 포로라는 말이 저쪽에선 없어. 그런데 이쪽에서는 자꾸 포로, 포로한단 말이야. 그래서 얼마 전에 여기 문익환 목사 10주기 때 첫날은 김대중씨가 연설하는 기념회가 있었고, 그다음 날 그 문익환 목사하고 가장 가까웠던 사람들 점심식사를 했습니다. 그때 평양에서 몇 사람이 왔습니다. 민화협 사람이 몇 사람이 왔습니다. 김근태가 여기 앉고 내가 여기 앉고, 북한의 대표가 있고, 그리고 이쪽에 서경원, 그리고 이쪽에 장준하 아들 이렇게 점심을 먹는데, 이라크 파병 이야기가 나왔더라구요. 그거 보내지 말아라, 그런 얘기가 나왔는데 월남전에 자기네들이 안 보냈다 이거야. 그렇지 않아도 월남에서 요구가 있고, 중국에서도 왜 안 보내느냐, 대한민국에서는 보내는데 왜 안 보내느냐, 그래서 자기네들은 만약에 월남에 보내면 남북한 다른 데에서 남북한 싸움이 된단 말이지. 그래서 우리는 절대로 안 보냈다 말이지, 그런 얘기를 하더라고. 그리고 저쪽에 전쟁 영화가 있잖아요. 여기는 전쟁 영화를 안 보는데, 이번에 그 '태극기 휘날리며'는 모르겠는데, '실미도'나 이런데, 저쪽에 전쟁 영화가 대한민국 국군하고 직접 총격하는 거 없습니다, 없어요. 그러니까 이게 그런 걸 하나 보더라도, 미군하고 싸우고 집단적으로 할 때는 더러 나오지만 개별적인 이건 없어요. 그러니까 그 정도 차이가 있는 거예요, 현재 지금. 그런 것들은 우리가 제대로 봐야 한다구요.

Q 북한에서 남한을 보면 괴뢰고 자주 국가가 아니니까 그렇게 하겠지요.

A 북한 대표가 그 얘기를 하는데, 이걸 월남에 만약에 보냈으면 남의 땅에서 우리끼리 전쟁하는 거 아니냐, 그래서 안 보냈다, 이제 그 얘기를 하길래, 우린 말 못했지. 김근태도 가만있더라고, 보니까. 그런 얘기를 들었어요. 뭐냐면 제도 이념이 어떻게 됐던 간에 그것은 떠나 가지고 우리가 민족문제를 생각할 때가 아니겠는가, 만약에 그런 것들을 역사 기록에서 한다면 북한의 기록을 보면 날짜는 이건 뭐 틀림없어요. 다만 그것이 어떻게 서설했느냐, 각도가 차이가 있고 내용에 차이가 있어서 그러지 그 흐름은 같아요. 내가 하고 싶은 것은 북한에 기록된 역사를 기준으로 해도 나는 틀림없다고 봐요. 다만 거기에다가 집어넣는 거, 또 그 당시에 그 환경, 배경과 평가 이런 것들은 집어넣더라도 그런 것들은 틀림없어요, 내가 보니까. 다만 아까 얘기한 대로 9월 전원회의는 빠져 있어요. 그런 것들은 틀림없고, 그래서 오히려 그렇게 정리하면 사실 정리가 오히려 더 쉽게 될 수 있어요. 억지로 할 거 없고 예를 들어서, 4기 15차 전원회의가 언제 열렸다고 북한이 주장 한다 그러나 이러이러한 내용들이 있었다, 그렇게 하면 풀게 되는 거죠. 기록은 틀림없잖아요. 아주 그런 것들은 잘 돼 있더라구요, 내가 보니까.

Q 그 지금 여러 가지 역사적 평가나 북한이 실질적으로 출판해서 나오는 것들을 북한 당국의 공식적인 평가라고 볼 수 있는데, 그런 부분들을 저희가 평가했을 때 많이 다른 부분들이 있을 수 있다는 거고, 저희는 이제 그런 것들을 분석을 하면서 가급적이면 선생님들을 모시고 어떻게 평가할 것인가 이런 문제인데 아까 실례로 베트남전에 참전 안 하는 문제는 저는 그렇게 해석하지 않거든요. 그니까 당시에 북한이 파견하지 못할 만한 사정이 있었고, 그 부분은 제 나름대로 정리한 게 있었는데, 물론 그런 생각도 있었겠죠. 그런데 아까 말씀드렸듯이 한 저기에서도 군부의 강경파라든가 전면적으로 66년 제2차 당 대표자 회의 이후에 군부에 실제 현역 군인들이 전면에 나서는 것 아닙니까? 어느 나라든 예를 들어서 일본의 군국주의 세력들도 군인들이 앞에 나섰을 때, 전면에 나섰을 때, 그 체제가 어떤 성격을 띠느냐는 어떤 정책적 미스를 할 거냐 하는 문제가 생길 수 있고, 그런 부분에 대해서 그건 나중에 김주석이 솔직하게 시인하는 여러 가지 지적들도 있거든요.

A 그러니까 저, 역시 지금은 유리하게 이야기 하겠지. 예를 들어서 월남전 문제도 그 당시에 월남하고 그렇게 사이가 좋은 것도 아니었고, 있긴 있는데, 또 그만한 역량도 없었고. 또 하나는 중국하고 사이가 나빴고, 중국을 생각해도 갈 수가 없는 여러 가지가 있는 거지요. 그러나 지금 그런 평가도 하는 거지요. 그러기 때문에 또 그런 생각도 있었지, 저거. 그래서 참 어려워요, 그것이 예를 들어서 북한 문제를 어떻게 정리하고 하는 문

제는 「김일성선집」만 분석을 하더라도 굉장히 큰 작업입니다. 많이 수정이 됐어요. 이런 것들도 왜 그렇게 수정했느냐고. 내가 그 작업도 많이 해 봤어요. 그래서 47년도 판, 48년도 판, 49년도 판, 63년, 4년도 판. 그 네 가지가 있었어요. 그걸 수집해 가지고 그걸 좀 분석해 봤더니 엄청나게 따지고 한 것들이 많더라구요.

Q 과거에 국토통일원 시절에 그쪽에서 70년대 해 놨던 작업에 김 선생님께서 참가를 하셨나요?

A 예, 64년도부터 이쪽보다도 경제지표가 저쪽이 더 앞섰어요. 그러기 때문에 그걸 그대로 낼 수가 없었더라고. 그래서 도표로 했어요, 도표로. 한국 화장품 도안사를 시켜 가지고 도안을 해 가지고 집어넣었습니다, 도표에다가. 숫자를 넣으면 안 될 것 같아. 또 하나는 북한의 헌법 들어가야 할 거 아니에요? 그럼 당도 들어가고 규약도 들어가고. 그거 넣었다가는 보안법에 걸릴 것 같아, 반공법에. 그래서 그 까만 줄로다가 이렇게 해서 사문화된 문헌 자료라고 걸고 문헌을 집어넣었다구요. 그만큼 그 당시는 어려웠어요. 코에 걸면 코걸이, 귀에 걸면 귀걸이란 말이야. 그래도 「북한총감」이 아주 잘 됐다고 그 때 평가를 한 거라고.

Q 74년에 그 극동문제연구소에서 나왔던 「북한전서」 상·중·하 나왔던 거 있죠?

A 아, 나는 상관없어. 제일 처음에 나온 게 79년도 「북한개요」, 그게 내가 총련 사람들 대여섯 사람 데리고 내가 작업했어요. 그것도 이제 비매품으로 한 거라고. 그리고 당원 숫자를 집어넣는데, 20일 걸려서 자료 수집을 한 거예요. 그게 기초가 되어 가지고 그때부터는 좀 수월해진 거지. 그래서 그 이후에 「북한총감」 나오고, 통일원에서 내가 한 「북한개요」가 나오고, 그다음에 「북한전서」 이런 것들이 많이 나오고. 그래도 그러한 전서를 보면, 그래도 뭔가 그래도 얘깃거리가 돼요. 재밌다구요. 그때 작업한 놈들이 재밌다구요. 그러나 이제 지금은 많이 자료들을 얻을 수 있고, 그래서 나는 김정일 국방 위원장에 대한 문제를 어떻게 볼 거냐 라는 문제에서 다른 건 몰라도 종자론, 문화 예술에 있어서의 '종자론'을 하나 읽어봤더니 도저히 내 지식 가지고서는 그러한 발상이 나올 수가 없어요. '종자론'. 그만큼 저 공부를 한 거야. 이 사회주의니 뭐니 여러 가지가 좀 있는데 사회주의 집단화 문제가 과연 자원성 문제에서 한 거냐. 1형태, 2형태, 3형태, 그 가운데에서 2형태가 처음부터 중심이 됐는데 1형태라는 것이 과연 있었느냐, 3형태는 뭐냐, 이런 것들이 실제 그런 좀. 이런 거라든가, 글쎄 사회주의 건설 문제 그건 아주 중요하지요. 그래서 이런 자료, 저런 자료 가지고 이렇다 저렇다는 걸 쭉 보면 그것도 하나의 역사 자료가 될지 모르겠는데, 그것이 결국은 무엇을 하려고 한 거였느냐. 이것이 굉장히 중요한 거라고, 그냥 과정만 나열하면 아무 허망하기 짝이 없어요. 그 살아 있는 걸로 해야지, 생명력 있는 것을 해야지.

11. 군사위원회

A 내가 잘못 말한 게 있는데, 그 금강 정치 학원이 있던 곳이 오동리야, 오동리. 오동은 그 오동이라고, 그 오동나무 오동리. 그렇게 하고 그때 그 학원 원장을 김응빈이라고 했죠? 서울시당 위원장 하던 김응빈이 맞고, 부원장이 그 송을수라고. 서울에서 그 활동도 하고 했던 분이고, 부원장이 둘인데 부원장 하나는 이인동이라고 있어요. 이인동은 서울에서 인쇄소에서 인쇄공하면서 인쇄 노동운동을 했다고. 그래서 그것을 출판 노조라고 이야기가 되지만 사실은 그게 인쇄공이었다고. 아주 그저 노동자야. 그래서 머리가 이렇게 고문당하고 그래 가지고 이렇게 기울어졌다고. 그래서 '여섯시 오 분'이라는 별명이 붙은 사람인데, 이 사람은 남로당 숙청 때에도 당하지를 않았어요, 기반 출신이고 해서. 오랫동안 있었던 사람이고. 그리고 금강정치학원이 스탈린이 53년 3월달에 죽은 다음에 당성 검토해 가지고 그 해체해 가지고 평북도로 갔다고 했죠, 그때? 그 옮길 때 장소가 그 구성군이라고 이야기 했는데, 구성군 일부와 삽주군 일부해서 천마군을 하나 만들었다고, 행정구역이. 그래서 지금은 아마 그게 천마군 일거라고. 천마군 거기가 탑동이야. 천마군 탑동. 거기에 이제 금강정치학원 수용인들이 많았기 때문에 분교로다가 1분교, 2분교 짓고. 거기서 이제 당성 검토도 받고 53년도 재판, 이런 이승엽이 재판 뭐 이런 것까지도 그쪽에서 겪고, 우리는 거기서 당성 검토도 하고 교육도 받고 그래 가지고 거기서 대학 보내놓은 사람, 탄광에 보내는

사람 전부 갈라지는 거지, 그게. 그렇게 그것이 조금 먼저번에 이야기 했던 것이 착오가 있어 가지고 그렇게 하고. 전번에 그 중앙일보에 그 연안파들 그 전원회의 기록된 그때 연안의 박일우, 박일우야 그때. 박일우가 그때 54년도 이때 당하거든. 그런 것들이 이제. 그런데 박일우가 그때 군사위원이여.

Q 그러니까 한국전쟁 50년대 나면서 군사위원회에서 바로 그 전쟁이 일어나면서 군사위원회가 설치가 되죠? 허가이도 거기 들어가고.

A 그 군사위원회가 말이지 김일성, 박헌영 그다음에 그 홍명희, 그다음에 박일우, 정준택, 김책, 최용건 그거지.

Q 예, 명단은 맞습니다. 그러다가 62년도에 그게 4대 군사 노선이 채택되면서 당 중앙 군사위원회 형식으로 생기는 거죠? 그 당시만 해도 당 기구는 아니었구요, 군사 위원회가?

A 근데 그 전쟁 때에 모든 권한이 군사위원회 쪽으로다가 비상사태니까, 군사위원회 그때 전쟁 때 조직된 군사위원회 그것은 국가, 당 모든 것들을 초월한 권력 기구란 말이야. 그다음에 당 기구 안에 군사위원회라는 것은 별개고. 이거는 전쟁 수행을 위해서 군사위원회란 말이야. 그러기 때문에 정준택 같은 사람은 경제 분야를 맡고 뭐 이렇게 나눠져 있다고. 그래서 군사위원회인

데, 그러면 이게 한국 전쟁 때 군사위원회에서 서울에 좀 와야할 거 아니야, 그런데 그 박헌영은 왔단 소리를 못 들었어요, 서울에서. 못 듣고 김일성 위원장은 왔어요, 서울에. 왔는데, 그 얘기만 들었는데. 내가 57년도인가 55년이로구나, 56년도 그렇지, 요 무렵에 평양에 가 가지고 무슨 일 때문에 이병남 보건상을 만났는데, 이병남 보건상이 원래 천안 사람이고 우리 고향의 천안 사람인데, 이병남 아들 얘기를 해 주려고 내가 갔는데 이병남 아들 이름은 내가 잊어버렸는데, 중앙당 특수부대로 나하고 대전까지 갔던 사람이라고. 그래서 그 후에 소식이 없다, 그때까지는 살아 있었다고 이런 얘기를 전해 주려고 다른 일 때문에 갔는데 그 얘기를 하고 그랬는데. 그때 자기도 서울에서 김일성 위원장 만나 가지고 올라왔다 이거야. 그러니까 이병남은 남로당, 일제 때 남로당 공산주의 운동에 대해서 돈도 내고, 원래 그 소아과 의사였기 때문에 어디야, 종로 2가에서 소아과 의사였기 때문에 돈도 냈는데, 상당히 양심적인 사람이었다고. 그래 가지고 조직에는 가담하지 않고, 그래서 남로당과는 관계가 없지. 그래서 평양에 올라가 가지고, 48년도 올라간 게 아니고 전쟁 때 올라가 가지고 보건상 지내고 그랬지요, 이병남. 그때 김일성 주석이 전쟁 때 서울에 한 번 온 것은 사실이야. 그런데 그 광주에서 지리산 빨치산 하던 분들하고 얘기를 나눴는데, 그때 그 김장군이 광주까지 왔다는 소문이 지리산에 있었단 얘기가 있어. 그래서 내가 그거는 잘못 들은 거다, 잘못 얘기한 것이다, 거기까지 갈 리가 없다. 그런데 서울까지 온 것은 사실인 것 같아요. 그리고 어떤 분은 거기서 군사 요새지가 있는데, 충청북도 그 새재, 무슨 고개 있지, 문경 그전에 수안보라는 데가 있어요. 그 옛날에 방어진이고 해서 수안보라고 했는데, 그쪽 동네 가면 수안보까지 왔다는 그런 얘기가 있어요. 그러나 나는 거기까지 지프차 타고 가기에는 좀 어려울 거 같고, 한강 다리도 끊어졌기 때문에 한강, 서울까지만 온 게 아니냐. 그러나 박헌영이 왔단 소리는 전혀 없어. 그러기 때문에 서울에 있던 사람들이 어째 그 박헌영이가 안 오느냐, 이승엽이만 왔단 말이에요. 그래서 나는 그 이상한 사람이라는 게 기분 좋아서라도 올 텐데. 그래서 모든 전권을 이승엽이한테 줬어요. 서울시 인민위원장을 하면서 남한에 대한 빨치산 조직이니 뭐니 이승엽이가 총 전권을 가졌다고. 그러면서 그때 그 남북 노동당이 합쳐서 조선 노동당이 되었다는 소리는 내가 서울에서 들어본 적이 없다고, 전쟁이 일어나기 전까지는. 그런데 전쟁이 일어나 가지고 이제 북에서 온 사람들하고 남에 갔다가 북에 온 사람들하고 만나서 조선로동당이라고 한단 말이야. 그 남로당 아니냐 남로당 충남도당 아니냐, 그러니까 무슨 소리냐 조선노동당 청년도당이다 말이야. 그러기 때문에 그러나 그 이상한 자료가 있어요. 조선로동당하고 남로당하고 북로당하고 완전히 합치된 것은 1950년 6월 아닙니까? 6월 말인데, 그러면 그 후에 나오는 「근로자」 그것이 조선로동당 기관지로 되어야 할 거 아니에요? 그런데 「근로자」 51년 몇 호가 북조선 노동당 기관지로 나와요. 그거 내가 일본에 그 아시아경제연구소 가서 사쿠라요하고 이야기 하는데, 이 자료를 보이더라고. 그 보니까 이게 51년 거야, 내가 보니까. 그런데 이게 북조선 노동당 기관지로 돼 있어. 그러기 때문에 49년 6월달에 남로당이 합쳐서 조선로동당이 되었다는 것이 전반적으로 얘기가 안 된 것도 같기도 하고. 그리고 일지가 49년도 6월달까지만 있다고. 그래서 저게 북한의 일지가 말이지, 그래서 그런 상황이기 때문에 서울에서 남로당에 있던 사람들이 북로당하고 남로당하고 합쳐 가지고 조선로동당됐다고 하면 알 리가 없지. 그러한 일이 있었다구요.

12. 남로당

Q 서울에 있는 남로당원들은?

A 그냥 남로당원이지. 그리고 이제 중요한 것이 그때 얘기 좀 더 할까요? 그런데 박헌영이가 6·25전쟁 일으키기 전에 적어도 20일 전이라고 나는 알아요. 20일 전에 내보냈다고, 이쪽으로 상당한 사람들을 내보냈어요. 어떤 사람들 얘기로는 한 200명 내보냈다고 하고 그러는데, 그걸 도별로 내보냈는데. 북한에서 내보낼 만한 역량이 있으면 도별로 내보냈고, 경상도 같은 데 내보낼 사람 없으면 안 내보내는 거 같고 그런데 충남도를 가보니까 벌써 내려와 있어. 언제 왔느냐 하니까, 그때 난 2개월로 들었는데 나중에 보니까 20일인 거 같아, 내가 보니까. 2는 틀림없는데.

Q 20일 전에요?

A 예, 내려와 가지고 임명을 받고 왔다고. 여운철은 도 인민회 위원장, 이주상은 도 당 위원장, 박해범은 논산군 당 위원장, 또 청양에 누구 하나 왔던데 그건 또 뭐로 하나 왔어요. 그런데 이게 이제 인민군이 내려올 것을 예상하고 온 거지. 그게 20일 전이야. 그러니까 6·25의 20일 전이면 어떻게 되나? 6월달이지. 그거 내보내려고 준비하고 그전에 이제 결정이 되었 겠지. 그래서 6·25를 왜 택했느냐 하는 것이 지금 미국의 학자들이니 뭐니 이것들이 자꾸 물어보는데, 왜 6·25를 택했느냐, 6월 25일날. 이런 얘기들이 나오는데 빨치산들이 이제 올라가고 뭐 하고 하는 것을 연결시켜 보면, 그런 것들이 예상이 가는데 여하튼 간에 그때 무슨 일이 있었냐 하면 그때 그 교환 문제가 있었다고. 그 누구하고, 안 누구지? 왜 그 북한에서 민주당 당수 조만식이 하고, 이쪽에 그 김삼룡이 이주하하고 교환하는 문제 있지 않았어, 교환하는 문제? 그런 것들이 이제 얘기가 되면서 또 일부 그 그거 가지고 그쪽에서 이쪽으로 파견해 와요, 사람이. 그 사람이 잡히지, 결국. 잡히는데 그런 것들이 이제 저쪽에서는 준비를 하는 거지. 그런 건데 20일 전에 왔으니까 벌써 어디 내보내겠다 하는 게 며칠 걸릴 거 아니여, 그러기 때문에? 한 달 전부터 내보내려고 했던 거지, 저거 6·25가 곧 일어나니까. 그래서 왔는데, 왜 내보냈느냐가 문젠데 인민군대가 오면 호응 작전을 하는 거지, 결국은. 첫째는 호응 작전이고 또 인민군대가 내려와 가지고 해방 구역이 생기면 거기서 바로 그 사람들이 중심이 되어 가지고 치안도 잡고, 당도 수습도 하고 인민위원회도 만들고 그러기 위해서 내보내는 거

지. 그러기 때문에 이것은 1차적으로 호응 작전이고, 두 번째는 해방되면 그 지역에서 뭐 하는 거고 이렇게 했는데. 아무것도 안 했어, 이 사람들이. 그리고 그 민간인 학살이라는 것이 그래서 많이 나왔다고. 그 사람들이 나와 가지고 있는 건데, 곧 내려오니까 숨어라, 옛날에 좀 활동했던 사람들 뭐, 전향하고 좀 한 사람들 위험하니까 이렇게 한 마디만 귀띔만 했어도 괜찮았을 텐데 아무 얘기도 안 하고 숨어 있었단 말이에요. 그만큼 이제 그 지지 기반이 숨겨줄 만한 지지 기반이 없다는 거지, 하도 탄압이 심하고 하니까. 그래서 이제 민간인들이 많이 학살이 된 걸로 아는데, 이제 그 사람들이 그러면 인민군대가 와 가지고 그 사람들이 도당 위원장, 도 인민위원회 위원장, 군사 위원장을 그 자리에 앉아 가지고 오래 했느냐, 그게 아니라 이거야. 북에서 도당 위원장이 따로 내려오고 도 인민위원장이 또 내려와요. 그래 가지고 도당 위원장하고 도 인민 위원회 위원장은 북으로 올라가요. 그래 가지고 일주일인가 열흘 있다 오니까 대령급 달고 여단장으로 내려오더라고. 하나는 충남 여단장, 여운철은 전단 여단장으로 가더라고. 그리고 도 인민회 위원장은 윤가현이라고 북에 있던 원래 광주 사람인데, 윤가현이 내려왔고. 도당 위원장은 박원희라고 함경북도 조직부장 한 사람이에요. 아주 그 러시아 공산당 학교도 다니고 그랬는데, 그러기 때문에 남로당 출신으로서는 당을 수습하고 당을 재건하고 합법적인 당 활동하는 능력이 모자라다, 그래서 북한에서 훈련된 사람을 내보낸 거지. 좋게 보면 그렇게 봐야 하고. 그게 이제 후퇴할 때는 이 사람들이 산으로 다 들어가는 거야. 그래서 그 박원희도 산에서 죽고, 윤가현이는 계룡산에서 죽고. 그리고 다 그거지. 51년도인가 52년도에 그 죽은 소식이 와. 그래 가지고 그 사람들은 지금 열사능에 다 있지. 그리고 저 조직부 부부장을 맡은 핵심부서, 내무 서장 이런 사람들은 대게 북에서 오더라고. 그러기 때문에 북쪽과 같이 이쪽은 이 체제니 뭐니 갖추려고, 보니까. 그리고 군 인민 위원회 부위원장 급으로 내려온 사람도 많이 있고, 그래서 상당히 많이 내려왔어요, 이쪽에. 그래 가지고 토지개혁도 하고, 노동법령 발표도 하고, 남녀노소 동등권 발표도 하고. 그런 것들이 좀 있었는데, 그건 남로당하고 다른 얘기지만 그 정도로 얘기하고. 전번에 그 연안 아니 갑산파 67년, 60년대 중반에 제거된 거 있잖아요? 그런데 거기에 가만히 생각해 보니까 그 갑산파가 갑산 공장 위원회파가 남로당 또는 연안파, 소련파를 제거하는 제거하면서 중요한 포지션에 갑산파들이 들어가. 그렇게 봐야 해. 빨치산 계열이 들어온 게 아니야. 갑산 계열이야. 그래서 이제 57년 58년에 박금철이가 부위원장으로 올라간단 말이야. 이효순이가 자강도 인민위원장, 자강도인가? 어디 인민 위원장 하다가 대남 공작으로 올라가고. 거기에 허학송이가 개성시 당 위원장으로 오고, 김왈룡이가 직총 위원장으로 오고, 그다음에 이송운이라고 있지? 이송운이가 평양시 당 위원장인가 그런 식으로 그렇게 올라가는 거야.

Q 이송운이 저기 그 재판했던 박헌영. 이송운이가 검찰?

A 이송운이가 그 갑산 공장원에서 그때 나이가 스물두 살이야.

이송운이 그런 식으로 올라와 인적 자원이 그거지 그런데 박금철이가 서대문 형무소, 함흥 형무소에서 일단 구속이 되었다가 서대문 형무소로 오거든요. 사형, 무기 이런 사람들이 중형받은 사람들이 서대문 형무소로 와요. 거기서 6개월이다 7년이다, 1~2년이다 하면 함흥 형무소에서 견디고. 중형받은 사람들은 서대문 형무소에 와서 해방이 되자 나오게 되는데 박문상, 박달은 본명이 박문상이라 그랬지. 그 갑산 공장 위원회 때문에 업고 갔다 이거야. 허리도 아프고 그래서 바로 업고 가고. 박금철은 청량리에 있었어요. 서울에 있었어요, 그때. 건강한 모습으로 있었다구요. 그래 가지고 후에 올라갔는데, 그때 갑산 공장 위원회에 있던 사람들이 다 올라간 거야, 다 올라갔는데 그것이 국내 공산주의자들이 형무소에서 많이 있었거든. 그 사람들과는 전혀 별개야. 그러기 때문에 전혀 알지도 못 하고, 그때 이미 8·15에 8월 16일이면 벌써 장안 빌딩에서 이승엽이가 조선공산당 만들 때고, 그때 한참 뭐 20년대 공산주의 활동했던 사람들이 전부 뭉치고 그저 전부다 그럴 때란 말이야. 그런데 이 사람들은 완전히 전혀 그 사람들하고서 연계가 없고, 또 형무소에서 왜 그러느냐 뻔히 알면서도 서로 연계 없이 이 사람들은 간 거야. 그러니까 그때 국내 공산주의 운동한 사람들도 30년대는 거의 활동한 게 없기 때문에, 그래서 그 30년대 빨치산 투쟁하고 35년 조국 광복회, 그다음에 갑산, 보천보 전투 뭐 이런 것들은 국내 공산주의자들은 모르는 거지, 저거. 그래서 그 세력이 연안파, 국내파 다 쫓아낸 다음에 그 세력이 이제 들어서는데 그것이 이제 60년대 중반에 와서 갑산 공장위원회는 빠지고 주로 그 장백현 동만 빨치산 세력들이 주로 잡는 거지. 동만 세력이 잡는 거지, 동만. 장백현 12도구, 13도구, 14도구 이런데. 그 순서가 있더라고 보니까. 그래서 그 중앙당 집중 지도 때, 그때 그 김영주가 조직 부장이라고 얘기하지 않았어요? 그런데 그때 선전 부장이 김도만이고 국제 부장이 박영국이라고. 그런데 이게 삼두체제인데, 이 사람들이 핵심부서는 다 차지하고 있는 거란 말이야. 이게 모스크바에서 유학한 동기 동창들이라고.

Q 김도만, 박영국, 김영주가요?

A 그렇지, 세 사람이. 그래서 중앙당 집중지도 때도 이 사람들이 있었어요. 있었는데, 그것이 상당히 신임을 받고 김도만이도 똑똑하고 김영주하고 같은 동기고, 박영국이란 게 원래 그 김일인가 김일의 아들인가 누구 아들이지? 하여튼 뭐 아들인가 그래요.

Q 예, 누구하고 관련됐습니다. 제가 지금 정확하게 기억은 안 나는데.

A 예. 그러한 상황인데도 이게 다 제거가 된다고. 그러기 때문에 최용건은 저건 원래 북만 계통이고, 그다음에 원래 해방부터 그 꾸준히 전쟁 때부터 이렇게 또 잘해 왔고, 무난하게. 원래 말 없는 사람이고 하니까 간판 내준 거지, 최고인민회의 의장도 지키고 말이지. 또 부인이 중국여자니까 중국과의 관계를 통해서 연

안파는 전혀 관계가 없는 거고. 이제 그렇게 해서 했지만, 사실
은 그 밑에 모든 것은 동만 계통의 빨치산 세력들, 그러니까 주
로 그 장백현 12독, 13도구 그 사람들이 결국은 60년대 중반에
그 김일성 유일사상 체계 확립과 더불어 그 사람들이 이제 다
들어가는 거지. 그 사람들이 1세대가 되는 거지. 그래서 북한의
항일 빨치산 혁명 전통이라고 할 때는 만주에서 빨치산 한 사람
전체의 혁명운동이 아니라 동만, 장백현 중심으로 한 빨치산 투
쟁 그것이 혁명의 주가 되는 거지. 그렇게 되는 걸로 봐야지.

Q 그 항일 저기, 동북 항일 연구한 그게 저기는 최용건은 1로군
출신이잖아요? 동만 계열의 1로군.

A 그렇지. 그러니까 1로 2군 6사, 그것이 그 장백현 중심이지.

Q 김광협하고 최용건은 다?

A 다 그건 다른 데야. 그래서 그 간에 무난하게 충실하게 했기 때
문에 연안파니 소련파니 직접 관계가 없기 때문에 그런 건데, 그
렇게 해서 이 투쟁의 갑산파, 갑산 공장 위원회의 투쟁이라는 것
이 참, 이 전통을 북한에서는 국내 공산주의 버팀목은 다 이렇게
한 거기 때문에 이 전통을 북한에서는 살려야 하는데 이 사람들
이 다 제거가 됐단 말이에요. 보천보에다가는 하나의 그 영웅상
이나 이런 걸 만들어 놓고.

Q 67년에 그게.

A 그렇게 했지만, 사실 거기에 참가한 사람들이 남았어야 하는데, 그게 오늘날 북한에서는 없어요. 허학송이도 없고, 이송운이도 없고, 김왈룡이도 없고. 여기 그때 140명 정도 돼요, 그 잡힌 사람들이.

Q 그 갑산 공장 위원회?

A 갑산 공장 위원회. 대단해요, 저게.

Q 그 유일사상 체계의 확립에 있어서 이렇게 갑산 계열 숙청의 사건이 계기가 되어서 그게 큰 계기로 작용을 하게 된 거예요? 유일사상 체계 확립을 해 가는 과정이요, 그 갑산계 사건을 계기로 해서 유일사상 체계의 확립이 좀 확고해 진 거예요?

A 그런데 그것은 저 또 하나 몸만 이렇게 볼 수는 없어요. 그것만 볼 수 없는 것이 뭐냐면, 북한의 그 집단주의의 심화 과정, 그러니까 그 사회주의 건설에서도 이야기가 되겠지만 완전히 계급적 차가 그리 없는 하나의 집단 사회, 그것은 사회주의 개혁과 건설 과정에서 그렇게 형성된단 말이에요. 그 계급이 계층

과의 차이가 없고 적대적 모순이 없고 이런 상황하에서 중심이 있어야 된다는 것이 그 사람들의 논리거든. 그러니까 시장경제 원리라든가 뭐 이런 것들은 서로 경제 논리가 이루어지지만 그러한 상황이 형성될 수 없는 하나의 집단, 집단은 그 집단을 끌고 가는 중심이 있어야 된다. 그래서 북한의 수령이라는 개념이 외적 개념이 아니야. 내적 개념의 중심으로 봐요, 그 사람들은. 그러기 때문에 그 중심이 있어야 그 통합이 되지 않느냐, 이거야. 그 과정에 이제 50년대 60년대 가면서 이렇게 되서, 그러한 측면에서 사상이 하나일 수밖에 없는 그와 같은 사회적 기반이 형성이 되거든. 다른 사상이 나올 수가 없어요, 그 사회주의 심화 과정이라는 게. 그러니까 유일사상 체계라는 것은 다른 사상이 나올 수 있는 사회적 기반이 있는데, 경제적 기반이 있는데 억지로 이 사람을 만드는 거다, 그렇게 이해를 해서는 정확한 이해가 안 돼요. 나올 수가 있는 사회적 기반이 없는 상황이라구요, 저쪽에서는. 예를 들어서 1958년에 그 사회주의 건설이 다 끝나잖아요. 그러기 때문에 조직 전선이라는 것이 지방조직이 없어져요. 그 58년까지 각 도마다 그 조국 전선 자강도 위원회, 조국 전선 황해도 위원회 그런 게 있었다고. 조국 전선이란 것은 천도교 청우당도 있고 다 여러 가지가 있잖아요. 개인 상공업이 있고 종교가 있고 이런 상황에서는 조국 전선이 필요하지만, 그러한 통일 전선체란 것이 이제는 필요 없다 이거지. 그러기 때문에 하나로다가 사회주의가 체제가 되고, 생산 수단에 대한 사적 저기가 없어지고 이러니까 그것이 60년대 거쳐서 더 심화되고 그러니까. 당적 사상 체계가 유일사상 체제로 발전해 가는 거지. 그래서 그것은 꼭 김일성 중심의 사상 체계를 억지로 강요한다는 측면으로 우리가 생각을 하지만 그렇게밖에 될 수 없는 사회적 기반이 형성되고 있다 이거지.

Q 그런 기반 속에서 이제 갑산계 사건을 계기로 해서?

A 자연스럽게 넘어가는 거지. 자연스럽게 넘어가는 거예요.

Q 선생님 말씀을 들어보면 제가 의문이 나는 게 하나가 있는데, 갑자기 이렇게 확 이동을 하지는 않았을 거고 사회적 저항이나 이런 것들이 받아들일 수 있는 저항도 있겠고 한데, 갑자기.

A 그것이 이제 전쟁 과정에서 많이 이쪽으로 넘어오잖아요. 전쟁에서 이쪽으로 내려오는 것은 남쪽의 반공이 강화되는 방향, 북쪽은 그런 세력이 약화되는 거라고. 이게 아주 엄청나요. 그때 아주 많이 넘어왔다구요. 그 사람들이 전쟁이 아니고 거기 있었으면 다른 상황이 아마 벌어졌을 거라고. 이게 다 넘어왔어. 예수 믿던 사람들, 목사들 뭐 전부 다 그쪽에서 넘어온 사람이에요. 강원용 목사니 뭐니 해서 심지어 양호민 씨도 그랬는데, 원래 양호민 씨가 일본에서 사회주의 교육을 받은 사람이에요. 그 사회주의 때 나오고 한 사람인데, 이 사람이 사회주의의 그때 지금은 뭐 붕괴되었지만, 그때는 일본에서 공부할 때 아주 사회주의 신봉자였다구요. 그런데 해방 후에 보니까

자기 땅 많이 가지고 있는 거 이거 다 뺏겼단 말이에요. 화가 나는 거지 저거. 그래 가지고 넘어 온 거여. 그래 가지고 사회주의 이론을 정리하면서도 반공이야. 그런 사람들이 많아요. 심지어 그 양한모라는 분이 있어요. 여기 성균관대학 지금 교수인데 그 사람 돌아가셨나 어쩌나, 중앙일보 논설위원도 하고 그랬는데. 양한모라고 왜 논설위원도 하고 성균관대학 교수도 하고 나이는 우리 나이쯤 되고, 굉장히 반공의 이론가지. 그런데 그 사람 형님이 누구냐면 양한모(*모두 동명을 언급하셨고, 선생님이 착각하신 것 같음.)라고. 양한모가 누구냐 하면 여기 남로당 서울시 당 위원장해 가지고 뭐 대단했지요, 양한모라고. 그래서 이게 저 해방에, 내가 그거 오늘 참고로, 이런 자료는 앞으로 얼마든지 구할 거예요. 46년도 5월달이면 미·소 공동위원회가 깨지고 그때 인민부가 탄압당하고 해 가지고 3당 합당이 시작이 되면서 탄압이 심할 때예요. 박헌영이 그때 조금 서울 중앙에서 탄압 심할 때예요. 그때 군정청에서 여론조사를 했어요. 두 번 했는데, 여론 조사를 했는데 그 여론 조사에서 '귀하가 찬성하는 것은 어느 것입니까', 자본주의 14%, 사회주의 70%, 공산주의 7%, 모릅니다가 8%. 이게요, 군정청에서 나온 거예요. 동아일보에 나온 건데 그래서 이건 뭐냐면, 그 당시에 사회주의고 뭐고 모르는 거예요. 다만 일제 때 하도 탄압당하고 그러니까 자본주의도 좋은 것 같지만 그래도 서로서로 고루고루 살아야 하지 않냐 해서 이것이 이제 그 당시에 워낙 농촌 피해당하고 노동자 탄압당하고 그거라고. 그러기 때문에 해방 후에 인민위원회니 뭐니 이런 것들이 싹 조직이 되고 그냥 70~80%가 전부 그거야. 그때 동아일보 김성수니 뭐니 한민당 계열 쪽을 못 썼어 그냥, 그때 나타나지도 못하고 말이지. 그게 미군이 들어오니까 기세가 올라간 거지, 저거. 그래서 친일파 문제가 그래서 나오고 친일 사전 문제가 나오는데.

Q 반미 특위만 제대로 돌아갔어도 그 사람들, 그 명단에도 있었으니까요.

A 그래서 그때 이게 70~80%야, 나오면. 그런데 그때 박헌영보다도 여운형, 민족주의자지. 나도 그때 여운형 좋아했지, 난 박헌영은 전혀. 여운형 이 사람은 참. 여운형은 참 연설을 잘해요. 없는 사람을 잘 살게 만드는 것이 사회주의, 공산주의자란 말이야, '나는 기꺼이 사회주의자가 되고, 공산주의자가 되겠습니다.', 대중들이 말이야 그대로 쏠려 오는 거지. 그래서 해방 후에 지금 뭐라고 하냐면 민족 對 반민족과의 싸움이야, 해방 후는. 거기에 미군이 들어와 가지고 그냥 이게 통치하기가 좋으니까 도청 그대로 두고 일본말 그대로 하고, 그대로 그냥 간 거지. 그래서 제주도 4·3사건이니 그런 일들이 일어난 거라고. 그래서 이게 단추 잘못 끼웠다고 하는 게 그런 데서 나오는 거고 하는데. 역사라는 것은 우리가 정확히 봐야 해요. 그런데 그 얘긴 그렇게 하고, 그런 상황이고. 전쟁 때는 이쪽으로 저쪽에서 많이 넘어왔어요. 그러기 때문에 저쪽이 거의 그냥. 그리고 전쟁 때 어떤 일이 있었냐 하면, 그걸 알아야 해요. 한번 여기서 들어갔단 말이야, 들어갔기 때문에 거기에서 북한 사회는 싫지만 할 수 없이 끌려갔던 사람들 있잖아요? 그전에

내몬 사람들 말고. 그 사람들이 거기서 이제 호응한단 말이야. 그러니까 이 사람들이 UN군 나오니까 또 나오는 거야. 그러니까 더 깨끗해 진 거지, 저쪽에서는. 그거예요, 그게 핵심이라고 저게 지금. 그러한 상황이기 때문에 옛날에 일제 때 관리한 사람, 일제 때 뭐 한 사람 다 넘어 온 거여, 이쪽으로. 그래서 그 안에 왜 이런 사상이 나올 수 있느냐, 없느냐 이런 얘기는 충분히 우리가 객관적으로 보면 할 수 있는 요소가 있는 거지. 그와 같은 과정을 밟았다고. 그러기 때문에 다만 문제가 있다면, 이데올로기 문제가 있다면 이데올로기 문제가 아니라 종교 문제야, 종교 문제. 예수 믿는 사람도 있고 다 있잖아요? 그래서 천도교 천우당이라든가 뭐 이런 것들, 기독교 민주당 이런 것들은 그대로 지금도 있는 거지, 저게 지금. 그 세력이 있는데, 그것도 워낙 그 주모자들은 다 이쪽으로 넘어왔기 때문에 그것도 거기서 세력화될 수 있는 상황이 안 된다고. 그런 것이 있고 또 해방 후 사회주의 개혁 과정에서 계급투쟁이라는 명분을 내세워 가지고 사회주의를 계도했기 때문에 거기에 조금 반대하는 사람들, 뭐 이런 사람들. 그리고 또 연안파 숙청이다 뭐다 이런 과정들. 이런 과정을 통해서 엄청나게 정치권에서 제거가 되는 거지. 그래서 왜 북한에서 저렇게 고생스럽고 한데 안 일어나느냐, 이상하지 않느냐, 그것은 북한의 과정 역사를 잘 보면 이해가 가요.

13. 북한 사회주의 체제의 형성

Q 저희가 궁금증을 갖고 있는 거는 북한이 지금 예를 들어서 평가의 문제가 아니고 당시의 선택의 문제인데, 사회적 기반이 형성이 됐으니까 밑으로부터 지지 기반은 형성이 됐을 거고, 그런데 67년이란 상황에서 꼭 이런 선택만이 있을 수밖에 없었는지, 그러니까 유일사상 체계라는 거는 수정주의 안 되고 교조주의 안 되고, 이런 문혁의 영향을 받고 60년대 중반부터인데. 66년 상황에 가면 북한의 경제가 굉장히 어려워 지거든요. 그런 상황 속에서 4월이면 김광협이 당 대표자 회의를 열겠다고 해서 10월에 열리고, 거기서 국방 경제 병진 노선을 재확인하는데. 이런 과정이 선생님이 경험하신 것대로 본다면 56년 8월부터 이 당시까지 무엇이 변했고, 꼭 그런 선택을 할 수 밖에 없었는지?

A 그런데 사회주의를 얘기해야 이 문제가 좀 풀리는 건데, 흔히들 요새 여기도 마찬가지지만 사회주의는 러시아 세력들이 들어와서 소련파가 들어와 가지고 이식한 것이다, 러시아 소비에트식으로 이식한 것이다, 그렇게들 하지요? 이 식으로들 봐요. 물론 그 사람들은 맑스·레닌주의자들이니까 결국은 하나의 목표로 삼은 건 사실이에요. 한편 우리가 무엇을 봐야 하느냐, 그 당시에 사회경제적 상황이 어땠는가, 그것을 봐야 한단 말이야. 일제 30년 동안 식민지 통치하에서 산업 구조가 93%가 일본인 소유라고, 저게 93%가 모든 산업 소유의. 그러기 때문

에 항만, 은행, 철도 그다음에 무슨 개인 무슨 공장 이게 전부 북한이 또 공장이 많잖아요, 비료 공장. 그게 전부다 일본인 소유였다 이거지. 땅도 이제 척식회사다 뭐다 해 가지고 땅도 많이 일본 놈들이 가지고 있었어요. 그러면 해방이 되어서 일본인들이 나갔다, 그러면 93%의 산업 시설을 어떻게 하겠어요? 어떻게 해야 해요, 저걸?

Q 국가가 관리해야지요.

A 그렇지요? 그러기 때문에 산업 국유화가 나오는 거예요. 그럼 생산 수단에 대한, 특히 농촌은 그렇다 하더라도 공업의 93% 생산 수단이 사회주의화됐다 국유화됐다 그러면 그 제도는 무얼로 가는 거예요? 사회주의의 기본 징표가 생산 수단에 대한 사회접속이란 말이에요, 기본 징표가. 그런 측면이 있다고. 그리고 남쪽도, 남쪽은 북한에 비해서 93%까지 안 가요. 남쪽도 그거란 말이에요. 그러면 남쪽은 어떻게 했느냐, 그게 이제 적산 관리청에서 관리를 했다고. 그래서 불하를 했다고, 불하. 불하하는데, 그것이 불하받을 돈들이 없잖아? 그러기 때문에 원조, 미국에서 원조들이 많이 왔거든. 그것도 특혜 주고 뭐 해 가지고 해서 불하여, 불하. 그래서 오늘날 한국 자본주의가 이렇게 삐뚤어지고, 천민 자본주의화되고 이렇게 된 것이 그와 같은 순탄한 자본주의를 걷지 않아서 그런 거예요. 그래서 지금 따지고 보면, 70년대 박정희와 가지고는 일본에서 돈받고 한 거 전부 특혜받아 가지고 하

고 말이지. 그래서 위로부터 자본주의 제도가 이제 만들어 지는 거지, 불하로 해 가지고. 이러한 상황이기 때문에 북쪽에 사회주의가 이식된 것이 아니라 맑스주의자들이 했기 때문에 사회주의로 넘어갈 수 있는 사회경제적 기반을 가지고 있었다, 그건 우리가 인정해야 하는 거다 그거죠. 다만 그것이 왜 급진적으로 가느냐 하는 것이 문제고. 또 남쪽도 그것을 해 가지고 진보적 사회제도로 가 가지고 그것이 발전하는 과정에서 문제가 있고 여러 가지 비효율적인 뭐 그런 것이 있잖아요, 사회주의. 그런 것이 있어서 보완해 나가고 했더라면, 한국 자본주의도 이렇게 삐뚤어지지는 않았을 거라고.

Q 그런데요, 선생님. 제가 관심을 갖는 거는요, 그 사회주의가 불가피 했었고 그 산업 구조라든가 이런 것들이 60년대 와서.

A 잠깐, 그건 서둘지 말어. 그건 과정이 있으니까. 이제 그렇게 되는데 그 당시에 그 국제 사회 진영이라고 했어요. 그런데 그걸 알아야 해요. 사회주의라는 말이 53년 휴전 후 54년부터 나옵니다. 54년부터 나와요. 북한의 어느 문헌을 보더라도 54년 전에는 나오지를 않아요, 사회주의란 말이. 그래 54년도에 사회주의란 말이 나오고 과도기 문제가 나오고 이런 얘기가 나오는데, 그것은 뭐냐 해방 후 북한에 들어온 소련파들 있지요? 그거 뭐 이론가가 별로 없어요. 이론가가 없다고. 허가이 하나가 뭐 어쩌고저쩌고, 박창옥이다 뭐다 뭐 이론가가 없어요. 그래서 혁명의 성격을 어떻게 할 건가, 사회주의 과도기가 뭐냐 이

런 이론이 없다구요. 그것이 이제 49년도 모스크바 유학도 가고 유학파들이 들어오기 시작한단 말이에요, 53년, 54년도 때. 거기서 이제 러시아에서 책들도 나오고 어쩌고 그래서 사회주의 이론이 체계화되는 겁니다, 저게. 모스크바 유학 갔다 온 황장엽이도 54~55년에 들어올 겁니다. 그때부터 체계화되는 거예요. 그래서 무슨 과도기도 어떻고, 프롤레타리아 독재가 어떻고 이런 얘기들이 그때 나오는 것이지, 그전에는 이런 것이 없었단 말이에요. 이게 서울에서 진보적 활동을 하는 사람들도 책 한권 읽었다 하면 뭘 알았어야지. 우리도 뭐 일제 때 나는 원래 여운형이를 지지를 했는데, 우리 집안이 또 철저한 양반의 집안이라 나서. 어디 오씨요? 해주 오씨요? 해주 오씨가 오달재가 아주 유명한 사람이 있지요? 오달재라고 그 병자호란 때 청나라에 잡혀가 가지고. 오달재 다음에 오준이라고 있어요. 오준이란 사람이 병자호란 때 저기 지금 송파구 가면 있을 거예요. 청태종이 공덕비 세워라 해서 공덕비 세우지 않았어요? 그 이경석이란 사람이 문장을 썼는데, 그 문장 가지고 글씨를 썼어. 워낙 오준 씨가 글씨를 잘 써요. 그 찬양하는 거를 썼는데 오준이가 거기에 대해서 양심에 가책이 되어 가지고 손가락을 잘랐어. 그래서 평생 글을 안 써, 오준이가. 해주 오씨가.

Q 오준이란 사람이 누구를 찬양하는 글을 썼어요?

A 청태종, 병자호란 때 청나라 와 가지고 공덕비가 있어요, 지금도. 그 오준 후손에 오경석이라고 있는데, 갑신정변이 일어났

을 때 그 바깥에서 개화사상 집어넣은 사람이 오경석이 아닙니까? 그 후손들이 오화영이 이런 사람들이에요. 그래서 해주 오씨 집안들이 상당히 애국자들이에요. 그 흐름을 잘 잡으라구요. 애국 운동을 하라구요. 그런데 54년까지는 전혀 없었어요. 그래서 54년에 비로소 혁명의 성격이라든가 혁명의 동력이라든가 이런 것들이 54년도에 나옵니다, 저게 지금. 그때부터 사회주의란 얘기가 나오고 사회주의 공부도 하고 뭐 많이 그렇게 나와요. 그리고 북한의 당사도요 54년도 판이 처음 나옵니다. 54년도 판에 비로소 1947년부터 과도기로 들어갔단 얘기가 처음 나와요. 그러니까 과도기니 뭐니 그런 얘기가 없었거든. 그러니까 46년도 뭐 과도기로 넘어 간다 그런 얘긴데, 그와 같은 그 과도기다 이런 용어들이 54년도에 들어서 나옵니다. 그때 이론가들이 오거든요. 그런데 하나 중요한 것이 뭐가 있냐면 사회주의 진영, 사회주의 시장, 그것을 굉장히 강조하기 시작하거든요. 왜 그러느냐, 그것은 상대방의, 미국의 마샬플랜으로 인해서 서구라파가 이제 자본주의가 발전하지 않습니까? 거기에 사회주의 진영으로 맞부딪히고 있단 말이야, 구라파가. 그러니까 이것은 동·서 냉전 체제로 들어가면서 자본주의와 사회주의와의 대결이란 말이야, 구라파가. 그러기 때문에 사회주의 진영을 확고하게 다져야 되겠다, 그래서 서로 협력하자 그래 가지고 분동화됐어요. 그래서 루마니아는 기름과 뭐다, 체코는 금속공업이다 뭐다 이런 식으로다가. 그래 가지고 그것을 코메콘이라고 하나. 뭐냐, 이런 식으로 해요. 그런데 북한은 어딘가 들어가야 할 거 아니냐, 그래 들어가자고 한 파가 있었다고. 그런데 북한에서 들어가야 큰 뭐 할 게 없단 말이야. 들어가지를 않고 옵서버로 참가하면서 그 교역, 사회주의진영 교역밖에 없는 거야. 그래서 55년 56년 제3세계가 생기면서 반둥회의가 일어나고 어쩌고 하면서 중국이 이제 길을 열어주는 거지, 중국이. 중국이 길을 열어 줘 가지고 그쪽하고 이제 문을 열고 경제 교류도 하려고 하지만 아직도 그런 상태가 아니야, 그쪽은. 이 동서의 이념도 강하고. 그러기 때문에 북한경제라는 거는 철저하게 사회주의진영 경제였다, 그 일부였다. 중국에서도 그 당시 도와줄 수 있는 형편도 안 되는 거고. 그런 상황이었다고. 그러다가 3차 당 대회 끝나 가지고 김일성이가 이제 동구라파 가 가지고. 그것도 참 이상한 놈들이야. 전쟁 때 '동방초소'라는 얘기가 나와요. '사회주의 동방초소'라고. 그래서 그때에 전쟁을 왜 이렇게 하느냐 뭐 이렇게 여러 가지 자료들이 있고 해서, 여러 가지 방향으로 정리가 되지만, 그 당시 나는 어떤 입장이 있었고 얘기 들었냐면, 마샬플랜에 의해서 워낙 그 동구라파 쪽으로다가 위협을 주니까, 또 미국이 하는 것이 2차 대전 끝난 후 산업 구조가 새로운 평화 구조로다가 바꾼 상태가 아니고 계속 2차 대전 수행을 위한 군사 공업 체제가 지속되고 있는 상황이었단 말이야. 거기다 이제 잉여 상품들이 마샬플랜으로 이제 소화가 됐지. 그러나 계속 미국은 생산을 한단 말이야. 그러니까 이것은 터트리지 않으면 안 되겠다 그래서. 그러면 구라파 터트릴 거냐, 아니다. 중국도 그때 뭐가 좀 잘됐고, 뭐 잘되고 하니까 아시아에서는 미국 빼려고 그러고. 그러니까 여기서 터트려라 그래서 미국에 그 자꾸 확대 재생산되는 군수공업이니 뭐니 2차 대전 때 계속 이것이 어딘가 퍼부어야 하는데, 그것이 이제 한반도에서 퍼부었다 이거지. 그래서 동구라파가 계속 유지가 되고 계속 자기 안정된 사회주의 재건 건설을 할 수 있었는데. 그래서 전쟁 때 어떤 얘기들이 있었냐면 사회주의 동방초소다, 북한은 말이지요. 그래 가지고 전쟁만 잘해라. 전쟁이 끝나서 복구 건설은 걱정 말아라. 함흥은 뭐 체코가 맡는다, 어디는 뭐가 맡는다 이런 식으로 됐다구요. 그래서 전쟁 딱 끝내 가지고. 스탈린이 있었으면 또 몰라. 53년 3월달에 죽고, 불로투쟁 통해서 말렌코프가 등단해, 말렌코프 또 밀려나 가지고 흐루시초프 등단해, 20차 당 대회 여니까 또 이게 달라지잖아. 그러니까 옛날 분위기하고는 전혀 달라요. 그러니까 약속한 대로 북한에다가 뭐가 좀 있어야 되는데, 동방초소로다가 돌격대라고 그렇게 얘기까지 했는데 없다 이거야. 그래 가지고 3차 당 대회 끝나 가지고 '안 되겠다, 전후 복구 건설을 끝났지만 뭔가 사회주의 건설을 제대로 하려면 지원을 좀 받아야 되겠다.', 그래 가지고 많은 사람을 끌고 간 거예요. 갔는데 그때 20차 당 대회에서 이데올로기 문제, 스탈린 격하 문제가 김일성한테 비화가 되고 어쩌고 이런 상황에 이제 갔는데. 어느 나라도 흔쾌하게 지원해주겠다는 얘기를 들어본 일이 없다 이거야. 그리고 이렇게 딱 되니까 '그건 너무 무리한 거 아니냐?' 응? 그래서 물론 그 연안파가 뭔가 '쿠데타 일으키기 전에 빨리 오십시오.', 그것도 있지만 돌아봐야 별 성과가 없다 이거야. 계획만 바꿔라 이거야. '야, 이놈의 새끼야, 전쟁 때 그 약속한 거 뭐이고?' 그 얘기도 못하고 그리고 그냥 돌아온 거야, 저게. 그래 가지고 56년도 12월 전원회의를 보면 알아요. '최대한의 증산과 절약'이라는 게 나와요, 저게 12월 전원회의가. 그때 뭘 어떻게 했냐 면요, 우리가 잉크가 있잖아요? 잉크가 뭐로 하냐면 미국 놈들이 폭탄 터트리고 불발탄 있잖아? 그걸로 만들었어요. '최대한의 증산과 절약' 이것이 56년도 그겁니다. 그래서 내가 그건 시간을 시점을 잡아 준 건데. '사상에서의 주체'는 55년도 선동 대회에서 얘기한 거고, 경제 분야에서 그 '자립 경제'는 56년 12월로 내가 기록한 게 있습니다. 그것이 일반화되고 말았는데, 56년도 12월 그때부터 '자력갱생'이 나오는 거예요. 그래 가지고 1차 5개년 계획을 58년도에 결정해요, 58년도에. 그래 가지고 1년 만인가 2년 만에 끝난 걸로 나옵니다. 그러기 때문에 이것은 실패한 거예요. 그러니까 전쟁 때 엄청나게, 삽자루 하나 없는 데에서 소련 놈들 저희들이 지원해 주겠다고 해놓고 딱 원조 끊어 놓고 말이지, 그러니까 어떻게 하느냐, 그래서 1차 5개년 계획, 사회주의 기초 건설이라고 하지만 사실상 저거는 실패한 거다. 평양시 건설만 하고 도시건설만 했다 뿐이지. 그래서 정치에서 그 57년도 모스크바 대표, 당 대표 모임에서 모스크바 선언, 그때부터 '정치에서의 자주' 입니다. 그리고 '군사에서의 자위'는 62년도 12월달, 4기 5차 전원회의 12월달. 그리고 '외교에서의 자위'는 그전부터 했지만 정확하게는 65년도 '자주성을 실현할 데 대하여' 뭐 그게 나오는 건데. 그래서 '사상에서의 주체', '정치에서 자주', '경제에서 자립', '국방에서 자위'는 그 과정이에요, 그런 과정인데. 그러면 저쪽에서 '자위', '자주' 뭐 이런 얘기가 안 나왔으면 어떻게 되느냐, 안 나왔으면 사회주의 건설이 제대로 되는 거예요. 사회주의 건설이 안 되니까 저런 게 나오는 거라고. 게다가 흐루시초프 계속 집권해서 64년도 비로소 흐루시초프 3두 트로이카한테 내줍니다.

흐루시초프 그 수정주의자거든, 저게 원래 지금. 그래 가지고 북한하고 사이가 나빠 가지고, 또 소련파 놈들이 워낙 그렇게 해 가지고 그 중·소 분쟁 속에서 북한이 소련편 안 들고 이러니까 딱 끊은 거지. 그래서 흐루시초프 죽은 다음에 3두 트로이카 됐을 적에 그때 조금 코시긴, 코시긴이 60년대 와 가지고 부수상. 코시킨이 한 번 왔는데.

Q 65년 2월달에.

A 맞지요? 코시긴이 와 가지고. 코시긴하고 김일성하고 좀 가깝단 말이에요. 그래 가지고 소련하고 사이가 좀 좋아지는 겁니다. 그래서 바로 군사 문제로 가요. 군사 문제 해결하고 그래서 소련하고 조금 좋아지는 판국인데, 이제 중국에서 또 이제 문화혁명 일어난단 말이에요. 그런데 중국도 때려야 되겠고 말이지. 그래서 60년대 말까지는 하여튼 그와 같은 과정이란 말이지. 그와 같은 과정 속에서 아까 얘기한 대로 정치권력은 그런 상황으로 이렇게 발전해 왔단 말이지요. 그러기 때문에 정치권력은 당의 질서 체계 확립, 김일성 중심의 동만 항일 혁명 전통, 이렇게 가지만 그 밖의 문제는 굉장히 어려운 문제였다 이거지. 굉장히 어려운 상황이었다고. 거기에다가 하나 곁들일 것이 남쪽에서 군사 혁명을 일으켰다고. 56년도, 61년도. 군사 혁명을 일으키니까 북쪽에서는 이 군사 정권들이 잡았단 말이지, 군인들이. 그러기 때문에 굉장히 위협을 느끼는 거지. 그래서 러시아 쫓아가 가지고 뭐 군사 동맹 체제 하자 하지만, 마지

못해 그 사람들이 한 것이지. 그러나 북쪽에서는 군사 문제가 굉장히 어려웠지. 그래서 땅 파라, 4대 군사 노선이 나오는 거지. 흐루시초프의 카리브에서의 그 후퇴가 굉장히 충격을 줬고, 그래서 그 북한이 어려운 형편이지만 그 쿠바의 설탕을 사 줬다고, 쿠바의 설탕을 2만 톤인가를 사 줬다고. 쿠바가 설탕 많이 나오거든. 그래서 흐루시초프 퇴각하고, 케네디가 해 주고. 또 하나 중요한 것이 월남전이야. 월남전을 가만히 북한에서 보니까 단계적으로 쳐들어 가더라 이거야. 단계적으로 말이야, 통킹만 그저 단계적으로 들어가더라고.

Q 계단식?

A 응. 그러니까 이게 월남전을 가만히 있을 수가 없잖아. 그런 부담이 있다고. 그 월남하고 또 중국하고 사이가 나쁘고, 중국하고 소련하고 사이가 나쁘고, 그러기 때문에 소련 지원도 제대로 못 받고 중국 지원도 제대로 못 받았어요, 월남이라는 게 말이지요. 그러나 호치민이하고 김일성이하고 가까워요, 전화통화 많이 하고. 그래서 남쪽에서는 또 가는 거지. 그래서 이쪽에서 68년 푸에블로호, 격추 이것이 단순히 북한의 내부 결정에 의해서 한 건 사실인데, 역시 월남을 의식한 거라구요. 그래 가지고 그 1249군부대, 그것도 월남을 의식한 거. 68년도 11월달에 동해안에 124명인가 특공대 있잖아요? 그것도 월남을 의식한 거라구요. 그 엔터프라이즈호가 그때 북쪽으로 원산까지 가려다가 되돌아 왔다구요, 엔터프라이즈호가. 자, 그러니까

북한에서는 죽을 지경이지. 안 할 수도 없는 거고 그런 상황이 60년대에. 그러기 때문에 남쪽의 군사 혁명, 그 월남전, 또한·일 국교 수립을 통한 일본의 가세, 그다음에 중·소 분쟁, 인도와 중국과의 싸움에서 러시아가 인도를 또 들어줘. 그러니까 중국에서 사회 제국주의란 말이 나오고, 또 중국의 문화혁명 말이지. 그러니까 북쪽에서 통치자 입장에서도, 이걸 어떻게 할 건가 말이지, 이 상황을. 그 50년대도 그랬지만 가장 그 60년대 대외관계가 그래 가지고 참 힘들었을 거예요, 내가 보기에는. 그래서 아까 얘기로 다시 돌아가 가지고, 54년도 이론적인 정립이 사회주의적인 이론에 입각해서 북한의 문제가 나오는 거라고. 사회주의 기초 건설이란 말도 역시 그 맑스주의자들이 와서 한 거고. 또 과도기란 문제도 거기서 나오는 거고, 프롤레타리아 독재에 대한 해석도, 철학 변증법 유물론 그것도 50년대 교육 받았지, 그전엔 교육 못 받았어요. 맑스주의니 뭐니 이런 것들도 제대로 원전 가지고 공부한 게 50년대 중반 이후라구요. 그다음에 특히 그 사상에서의 주체 문제 나오고 하니까 '창조적 적용'이다 뭐이다 그런 것들은 황장엽 씨가 많이 역할 했지, 그 당시에. 김일성대학 철학 강좌장 하면서, 그 사람은 철학 교과서까지 만든 사람이기 때문에 맑스주의에서는 아주 대단한 사람이라구요. 그때 김일성 주석한테 총애를 받은 거지. 이데올로기 분야는 제일 나으니까. 양형섭하고 황장엽인데, 그 당시에 둘인데. 겉으로는 양형섭이 직책이 좀 알려지고 있는데 실지 총애를 받은 것은, 김일성 주석한테 총애를 받은 것은 황장엽이라고. 그 황장엽이란 사람이 어디 뭐 진안 황씨라 그런지 좀 순한 편이라구요, 사람이 말이지요. 그런데 지금은 어떤지 내 모르겠는데, 그 사람의 논리가 정연하고 그다음에 항일 빨치산에 대한 것들을 굉장히 그 높이 평가를 했고. 가장 중요한 것은 그 창조적 적용, 이런 것들을 많이 했어요. 그 사람들은 문장에 그런 걸 한다구요. 그래서 40세에 벌써 김일성대학 총장으로 가고 그런 건데. 그래서 사회주의 기초 건설을 일단 끝냈는데, 이 기초 건설을 일단 끝냈는데, 기초 건설이 1차 5개년 계획이 이제 기초 건설인데. 아까도 얘기했지마는 원래 계획경제라는 것은 법이라구요. 법이기 때문에 계획경제를 지키지 않으면 법적 책임을 지게 돼 있다구요. 계획경제에서 나오는 통계 숫자라는 것이 법적 구속력이 있는 거라구요. 그래서 최고인민회의에서 그것을 법령으로 채택하는 거예요, 계획경제를. 그런데 그것이 언제 채택이 됐느냐, 역시 저 소련이라든가 사회주의 진영과의 그 경제적 교류 관계 이런 것들을 전망, 연계 이런 것들을 기초해서 계획경제를 세울 수밖에 없잖아요. 아까 얘기했지만 사회주의 진영이 그 모양이기 때문에 도저히 못하는 거지, 계획경제가. 그래서 못하는 건데, 북한에서 지금 계획경제를 못하는 것도 지금도 그나마. 계획경제라는 것은 장기적인 어떤 전망이 있어야 돼요. 월로도 장기적으로 계획이 되고 이렇게 계약 조건대로 이런 것들이 돼야 장기 계획을 세울 수 있는 거라구요. 그걸 못하고 있는 거 아니에요, 지금. 그래서 1차 5개년 계획이 그렇게 그냥 끝나 버렸는데, 1차 5개년 계획이 끝나는 도중이라는 것은 아까도 얘기했지마는 그야말로 계급투쟁, 반혁명 분자와의 투쟁, 중앙 뭐 집중 지도 이런 게 함께 벌어져서 사실상 자기 마음껏 창조성을 발휘해 가면서도 일하고 어쩌고 할 상황이 아니라구요.

그 마지못해 하는 거고. 그런 상황이었는데. 그러면 사회주의 경제 건설을 아까도 얘기했지만, 사회경제적 조건이 사회주의로 넘어갈 수밖에 없는 그와 같은 그 물적 기반, 그런 것들은 사실이에요. 그러나 그렇다고 해서 그것이 그대로 사회주의로 갈 수는 없는 거라구요. 왜냐면, 사람이 하는 거기 때문에. 사람의 의식 변화 없이는 안 되는 거란 말이에요. 그 반대할 수도 있는 거고 그래서 57년이 아주 사회주의 개조를 크라이막스화한, '반혁명 분자와의 투쟁을 전개할 데 대하여' 57년도 5·30결정이 나오는 거예요. 그러기 때문에 '반혁명 분자와의 투쟁을 전개할 데 대하여' 라는 것은 사회주의 개조를 반대하는 사람을 지칭할 수밖에 없는 거라고, 그 당시에는 말이지요. 그래서 이제 그것이 전당적으로 전개되는 것이지. 그것이 이제 반종파 투쟁과 연계가 되는 거고. 종파 분자들도 반동분자라고 이렇게 연결시키고. 그와 같이 그래서 박정애가 분명히 얘기했어요. 농촌의 사회주의화라든가 이런 것들은 치열한 계급투쟁을 동반할 수밖에 없다 라는 얘기들이 나와 가지고, 계급투쟁 차원에서 그것이 전개된 것이지. 그러나 우리가 사회주의 개혁을 역시 하나의 혁명이기 때문에 그것도. 역시 그 강력한 그 투쟁, 그런 것들로다가 우리가 얘기를 할 수가 있어요. 그러나 아까 얘기한 대로 또, 사회주의 제도 개혁으로 갈 수밖에 없는 경제적 상황 그것도 우리가 인정해야 되는 거지. 그리고 여기에다 특히 가세할 것이 뭐냐 하면 전쟁 때 너무나 피해가 컸어요. 전쟁 때 너무나 피해가 컸기 때문에, 농사지으려고 해도 삽자루 하나 있나, 소 한 마리가 있나, 쟁기 하나 있나 말이지, 그런 상황이었다고. 그러기 때문에 품앗이반을 만들지 않으면 안 되고, 공동 노력을 하지 않으면 안 되는 상황이었다고. 완전히 농촌이 파괴가 됐다고. 그러기 때문에 품앗이반, 공동 노력을 하지 않고서는 한 평의 땅도 지을 수가 없는 상황이었다고. 그러기 때문에 이런 것들이 또 집단화할 수밖에 없다. 삽자루, 괭이 하나 만들 수가 없으니까. 그래서 1형태하고 2형태하고 3형태라는 것을 내놨어요. 1형태라는 것은 땅을 내놓으면 그만큼 공동분배받고 어쩌고, 1형태는 사회주의적인 집단농장을 할 수 없는 건데. 2형태가 있어요. 땅을 많이 내놓으면, 그건 분배할 적에 노동의 양과 동시에 땅을 많이 내놓은 비율에 따라서 조금 주거든 그게 2형태고, 땅을 많이 냈기 때문에 노동력은 대가와 동시에 땅 낸 만큼 비율을 탈 수 있다 그게 2형태고. 3형태라는 것은 완전히 땅을 적게 냈든 많이 냈든 다 통합하고, 그래 가지고 노동의 양과 질에 의해서 분배받는다, 그것이 3형태인데. 처음부터 개성 지역은 2형태가 많았고, 그건 신 해방지구라고 해서 개성지역은 특별하게 거시기 했다고. 그리고 황해도 같은 땅 농사 많이 짓고 하는 데는 2형태하고 3형태가 병행해서 있었다고. 1형태는 처음부터 없었어, 저건. 그러다가 거의 3형태로 넘어가는 거지. 1년 농사짓고 다 3형태로 넘어가는 거지. 그래서 지금은 3형태라고. 그래서 처음에 농촌 사회주의 개조에서 1형태, 2형태, 3형태라고 이렇게 나왔지만 1형태는 사실은 처음부터 없었고, 개성 지구라든가 황해도 농사 많이 짓고 하는 데는 땅에 대한 애착도 있고 그래서 땅에 대한 분배도 어느 정도 받아야 되겠다는 그런 것이 있어서 3형태하고 병행해서 있었는데, 결국은 거기서 1~2년 농사 진 다음에 3형태로 넘어 왔어. 그런데 한 가지 재미있는 것은 황해도라구요. 황해도가 원래 농사를 짓기 좋은 데 아닙니까? 신천, 재령 땅 좋다고 해요. 그런데 황해도가 이상하게 6·25 때 많은 사람들이 치안대에 가담하고 북한 체제에 반대한 사람이 많았다고. 농촌이 좀 보수적인 게 좀 많다구요. 그래서 여기 그 중앙정보부장 누구였지, 제일 처음에? 김형욱이. 그게 원래 황해도라구요. 아주 철저하게 반공이지. 황해도 사람들이 그리고 신천이란 데가 있는데, 거기 나도 가 봤지만. 신천이 한 해 동안 군에서 2만 명이 죽었어요.

Q 그게 신천군 대량 학살 사건?

A 응. 원래 인구도 몇 명 안 되는데 2만이 죽었다구요. 거기 지금 어머니 묘가 있다구요. 어머니들, 애들하고 어머니하고 따로 분리 시켰더라구요. 그리고 애들 보는 데서 어머니가 감금돼 있고, 그래서 어머니 죽은 데서 어머니 묘를 만들고, 애들 묘를 만들고. 여기 민간인 학살 이상해. 그것이 여기 와서 그대로 한 거야. 여기 했던 사람들이 거기 가서 한 거고. 엄청나게 죽었는데.

Q 대량 학살 사건을 이렇게 배경이나 정도에 대해서 조금 더 구체적으로 말씀해 주세요.

A 황해도가 제일 많은데, 이리저리 해서 치안대 가담도 많이 하고, 또 여기서 가깝게 들어가는 데가 신천하고 황해도 아니에요? 그

러기 때문에 거기는 국군들이 많이 들어가고, 치안대도 많이 들고 해 가지고 6·25 때 많이 넘어와요, 황해도 사람들이. 원래 북한에서는 황해도를 충청도로 봐요. 여기 충청도를 멍청도라고 하지 않습니까? 황해도 사람들이 그 순하다구요. 그래서 이렇게 끌려가는데 죽으러 가면서도 치안 대장에게, '대장님, 이 새끼가 풀렸어요. 새끼 좀 묶어 주세요.' 이러고 갔다는 거야. 그래 가지고 죽은 거여. 그만큼 순진한 거야, 황해도 사람들이. 그래 가지고 황해도가 그런대로 넘어왔는데. 51년도부터 농사지을래도 농사지을 수가 없잖아요? 그래 가지고 신계, 곡산 등 산골 그런 데에서 수천 명을 황해도로 보낸 거야. 신계 곡산, 51년도 3월달부터 7월에. 그러니까 소 한 마리 끌고, 신계, 곡산은 산골인데 소는 그래도 전쟁 때 남았던 모양이지, 아마. 소 한 마리 끌고 그 황해도 땅에 와서 그 빈집들, 월남한 사람 빈집들. 이런 것들 전부 그 사람들이 농사지었는데, 이게 밭농사 지었던 사람들이 논농사를 지을 줄 아나 그래 가지고. 지금 황해도가 그와 같은 물갈이를 했다구요, 전쟁 때. 그리고 개성 지구는 신 해방 지구로 해 가지고 상당한 기간 개성에서 근무하는 사람들은 특별 수당을 줬어요. 그래서 예를 들어서 교사가 개성에 파견되잖아요, 그러면 북한 내부에서 월급을 예를 들어서 80원 줬다면 10원을 보태 준다든가. 그때 허학송이가 57년도 그때 개성시 당 위원장으로 갑산파. 개성이 신 해방 지구로 해서 그와 같은 특별한 우대를 하고 그래서 사회주의 건설에서 농업 집단화에 있어서 개성은 상당히 조금 부드럽게 했어요. 거기는 토지에 대한 애착심도 있고 그래서 무지막지하게 하지 않았습니다. 이제 그런 것이 있고 그리고 또 개인 상공업이 좀 있긴 있었는데, 나는 그게 문서들이 많이 나오기는 하지만 개인 상공업이 무슨 협동화, 평양이라든가 도시 얘기지 거의 지방에는 그런 거 없습니다. 개성이라든가 몇 군데만 있다 뿐이지. 그러나 이제 문장에는 개인 상공업을 협동화했다, 그런 것이 있긴 있는데. 물론 개성 같은 데는 있을 수 있지만, 그게 거의 뭐. 바늘 공장 하나 만들 데가 없었는데 뭐. 얼마나 폭탄이 떨어졌냐면 1평방 km에 1톤짜리 폭탄 여덟 개가 떨어졌어요. 그러니 뭐가 남겠어요. 그래 이런 것들이 이제 좀 어려운 고생들을 겪으면서 했는데, 그래서 예를 들어서 북쪽에서는 반감이 있을 거예요. 기초 건설을 하면 좀 나아질 걸로 봤는데, 소련에서도 흐루시초프, 또 사회주의 진영이라고 하는 동구라파에서도 그다지 원조도 안 주고. 그래서 최대한 뭐. 그러기 때문에 소련, 중공에 영합해 가지고 뭐 이러쿵저러쿵 하는 놈들 아예 모조리 그냥 없애 버리라고 그랬고. 그래서 이게 사회주의 건설이 이렇게 가다가 60년대 들어서면서 어떤 게 있냐면, 1차 5개년 계획 끝나고 그다음엔 뭐가 있냐면 사회주의 공업화 과정으로 들어간다 그러는데, 사실 그 사회주의 공업화라는 게 말이 공업화지 그렇게 나는 크게 공업화라고는. 다만 농촌에다가 주력한 것은 사실인데, 농촌에다가. 그래서 그때 그 1차 5개년 계획이 연장이 됐죠?

Q 1차 7개년 계획이.

A 1차 7개년 계획이 연장이 되고, 하여튼 그래서 저쪽에 엄청난 그. 1차 5개년 계획은 일단 끝나고, 그다음에 1차 7개년 계획이

연장이 되는 거지요. 그다음부터는 7개년 계획으로 연장이 되는데, 농촌에다가 굉장히 주력했지요. 그래서 그 뭐.

Q 농촌에 주력한 이유가 있습니까?

A 그것이 역시 식량문제지요. 식량문제인데 집단화하다 보니까 역시 개인농보다도 뒤떨어지는 건 사실이란 말이에요. 그러기 때문에 결국 농촌에다가 이제 사상 혁명, 기술 혁명이 농촌부터 나오기 시작한 건데, 농촌 사상 혁명. 농촌 사상 혁명이 뒤떨어졌다 해 가지고 농촌에 많이.

Q 농촌의 유휴 인력을 이용한다는 건가요?

A 아니지. 농촌이 집단화 과정에서 그다지 생산성이 안 올라가고. 그쪽에서도 그걸 알아요. 그래서 사상 혁명을 통해서 해야 되겠다 해서 농촌 사상 혁명을 굉장히 강조했지. 농촌 사상 혁명이 아마 굉장히 60년대 들어서면서 굉장히 아마 강조됐을 거야.

Q 농촌테제, 3대혁명 강조하면서 64년에. 그 공장 설립하는 거는 사실은 그 협동농장 하고는 관련이 없고, 이제 공장을 설립하더라도 또 인구가 그쪽에 필요한 거 아니겠습니까? 그래 이제 사상 혁명을 강조하다 보니까 같은 지역에 있으면 뭐 그런.

A 그런데 저, 그런 게 있어요. 군대를 전쟁 때 많이 가 가지고 군대를 좀 줄였습니다, 50년. 8만 명인가 10만 명인가 줄이고, 중공군이 58년도 10월에 완전히 철수가 되고, 그 후에 중공군이 철수를 하면서 이쪽에다가 중공군 철수한 후부터는 미군 나가라고 나옵니다. 중공군 있을 때까지는 '모든 외국 군대는 철수 한다.'라고 나와요, 북한에서 주장이 그렇게 나와요. '한반도에 있는 모든 외국 군대는 철수해야 한다.', 통일 방안 같은 거. 그러나 58년도 중공군이 철수한 후부터는 '미군이 나가야 한다.' 그렇게 됩니다. 나오는데 중공군 나가면서 58년도에 나가면서 58년도 말에 노농적위대가 조직이 됩니다, 저쪽에서. 중공군이 나가는 그 군사력 공백을 노농적위대가 때우는 거지요. 노농적위대를 만들 때 처음에는 아주 건실한 사람들, 제대 군인들로 만들고 그랬다고. 그 노농적위대가 철저하게 중공군 나간 그 공백을 맡아서 한 건데. 그래 가지고 4대 군사 노선 나오면서 노농적위대 말고 청년 뭐다 이런 것들이 나오고 그러지요. 그것은 러시아하고 중국의 군사 지원이 없어지고 그랬는데. 그래서 그 사회주의 건설이 저쪽에서 주장하는 것처럼 그렇게 순탄한 건 아니에요, 내가 보기에는. 다만 그 과정에서 사회주의 건설을 해 가지고 사회주의 건설의 기반이라든가 경제 성장이라든가 이런 거 보다는 사회주의 건설하면서 사람들에 대한 사상 교양, 그것은 상당히 그 강조되는 그런 방향으로 된 것이 아니겠느냐, 이렇게 보여지는데. 좀 어려운 과정을 겪는 거지요. 거기에서 이제, 그러니까 60년대 이게 뭐냐, 사회주의 건설이라는 것이 경제 성장을 계속 이렇게 지속할 수 있

는 것은 아니겠느냐, 한계가 있지 않느냐, 그래 가지고 경제성장에 대한 비판들 뭔가 새롭게 바뀌어야 하겠다, 이런 것들이 나오는 거지. 수정주의 이론이 이제 나오는 거지. 동구라파에서도 일부 나오고, 소련에서도 일부 나오고, 북한에서도 나오고. 과도기를 그럼 끝난 걸로 봐야지, 뭘 그렇게 길게 잡느냐 말이지. 프롤레타리아 독재라는 것도 이미 다 끝난 거 아니냐 말이지. 이러한 수정주의 이론이 나오는 거지, 맑스주의 공부한 사람들이. 이런 것들은 결국은 김일성 체제 확립에는 저해 요인이 되는 거지. 그러기 때문에 이런 문제까지. 독창적인 이론을 내놨다 하지만 과도기를 이렇게, 사회주의 완전 승리를 과도기로 잡으니. 그건 뭐 북한식이지 다른 데서는 그렇게 보는 데가 또 없는 거라고, 사회주의 이론에서도. 그 황장엽 같은 사람은 반대할 거라고, 저게 지금. 또 프롤레타리아 독재라는 것도 그 정권을 잡으면 프롤레타리아 독재를 해야 한다. 그것은 과도기에 프롤레타리아 독재가 맡는 것이지 과도기가 끝나면 프롤레타리아 독재는 사그라져야 되는 거라고. 과도기라는 것은 치열한 계급투쟁이 벌어지기 때문에 프롤레타리아 독재를 해야 하는 거고, 사회주의 개조할 때 해야 하는 거고. 또 일정하게 과도기 끝나면 프롤레타리아 독재는 계급투쟁 방식은 아니지 않느냐. 중국은 벌써 그렇게 나가고 있는데. 그런 것들이 하나의 의문점이 나오는 거지, 이론가들이요. 그렇게 되면 문제가 있다 그래 가지고 김일성 주석이 그런 얘기가 나오는 거지. 그럼 그 얘기가 나오면 거기에 대해서 반대 얘기를 할 이론가들이 또 있느냐, 없지. 또, 일반 민중들이 그거 반대하나 마나 그게 무슨 뭐가 필요가 있어? 그대로 가는 거지.

14. 중공업 우선주의

Q 그러면 지금 말씀하신 것 중에서 경제 성장에 대한 수정주의적 견해나 이런 것들이 북한에 계셨을 때 어땠는지 더 좀 말씀을 해 주세요.

A 그런데 이제 56년도에 말이지요, 민족 공산주의 이론이 나왔다고. 저기 동구라파에서 민족 공산주의가. 그 민족 공산주의 이론이라는 것이 북한에서도 그게 먹혀들어 갔어요, 일부.

Q 주로 누가 이런?

A 그게 저, 북한에서 그게 나와요. 「근로자」 말고, 또 하나 외국 것을 번역하는 그 당시 유인물이 있어요, 월간지가. 그 뭐가 있던가. 거기 민족 공산주의 같은 게 나와요. 우리가 그런 것들을 많이 읽어보고 그랬는데, 그 민족 공산주의가 동구라파에 나오고 그런 것들이 잘못된 것이라는 걸로 비판하면서 민족 공산주의가 동구라파에 퍼지고 있다는 것을 알게 됐다구요. 그러니까 동구라파에서 이미 상당한 변화들이 있었어요. 특히 그, 사회주의 건설에서. 그다음에 사회주의 건설에서 소련에서 나오는 얘기들인데 중국 것이 그 함경도 일부 지역이라든가 중국의 연변이라든가 중국에서 들어오는 그 유인물 이런 것들을 많이 봐요, 국경 지대 같은 데는. 그러기 때문에 그런 데에서 나오는

논조를 지방 당에서는 그걸 또 퍼뜨리는 게 있었다고. 그러기 때문에 뭐야 그, 농사짓는 데에도 축산 부분이라든가 그런 뭔가 중국 것이 그대로 해야 된다는 게 나오고. 중요한 것은 '중공업 우선주의'인데, 중공업을 우선적으로 발전시키는 53년도 전원회의에서 나온 노선인데. 이게 중공업 노선이라는 것이 주민생활과는 거리가 참 먼 거란 말이에요. 그래서 원래 경제발전을 하려면 경공업을 발전시키면서 경공업에서 이런 것들이 필요하다 하면 거기에 맞는 중공업을 발전시키고 그래야 하는데, 중공업을 우선적으로 발전시켜서 경공업을 발전시킨다, 그러기 때문에 주민 생활은 위에서부터 이렇게 하향식으로 해보겠다는 건데. 원래 주민 생활이라는 것은 밑에서 요구로부터 나와서 거기에 걸맞는 경공업품들이 나오고 그래서 상향성 요구로부터 모든 물건이 나와야 하고 창조되고 그래야 하는 것인데. 중공업 우선주의란 말이야. 중공업 우선주의가 사실상 그 8월 종파들 중에서는 비판이 나왔소. 비판이 나온 거는 사실이고, 특히 내각에서 최창익이 뭐 이런 사람들은 주민 생활이 중요한 게 아니냐, 이런 중공업에 어떻게 희생시키느냐, 전쟁 때 고생한 사람들인데. 그래 가지고 특히 지방도 인민위원회에다 뭐다 그 상업부라는 게 있어요. 상업 부장 자리라는 것이 그게 이제 주민들 생활과 관계되는 거란 말이야. 그게 아주 권리가 없어요, 권한이 없어요. 그래 가지고 상업 부장으로 간다 하면 제일 싫어하는 거지. 이런 것들이 그 당시에 있었는데.

Q 60년대 들어와서는요?

A 그것이 그 영향이 계속, 중공업 우선주의라는 것이 북한을 경직하는 그런 거란 말이야. 그러기 때문에 이것은 계속 잠재된 하나의 불만 요소로 되는 거지. 그런데 강성대국 건설에서 좀 선군 정치에 있어서도 중공업 우선주의가 나오고 이런데, 글쎄 이게 과연 옳은 거냐. 선군 정치라는 건 이해가 가는데 중공업 우선주의라는 것이 과연 그런지 검토해 볼 필요가 있는데. 더군다나 이게 전쟁 끝나면 이게 생활이 좀 나아져야 된다, 그렇게 함으로써 통합을 하는 거고, 지지 기반을 만들고 그런데. 계속 중공업 우선주의를 밀어붙이니까 그게 불만이고. 그래서 중공업 우선주의 때문에 경공업은 희생될 수밖에 없고, 또 경공업 문제를 들고 나오면 '무슨 소리냐, 중공업 우선해야 하지 않느냐?' 그런 논리에도 말려 들어가고. 그런데 그게 있어요. 사람 집단이란 게 어디나 마찬가지입니다. 해방 후 여기서 이제 우리가 어떤 그 예를 들어서 투쟁을 하자, 뭘 하자 이런 게 있잖아요, 지금 그런 시기가 아니다, 이건 이렇게 해야 한다 하면 그건 수정주의자, 개량주의자로 몰려요. 어떤 회의 같은 거를 하게 되면 강한 놈이 이긴다구요. 강한 놈이 이겨요. 그게 참 문제라구요. 그러니까 이 반공도 마찬가지야. 반공도 강한 놈이 이기게 돼 있어. 조금 중화적인 얘기하는 놈은 이렇게 원격적으로 해결할 수 있는 방법이 있으면 그 얘기하면 그건 수정주의자다, 개량주의자다, 그렇게 몰려요. 그래서 나도 이제 수정주의자로, 개량주의자로 몇 번 몰렸습니다. 그게 아닌데. 더군다나 냉전 시대에는 중립이란 것은 있을 수가 없습니다, 북한 사회에서. 이거 아니면 이거라구요. 그건 여기도 마찬가지예요. 그러기 때문에 거기에서 중립 노

선을 택한다? 그것은 굉장히 개량주의로 보고, 그건 숙청이 돼요. 그러기 때문에 연안파들이 남쪽을, 흐루시초프도 미 제국주의라고 하지 않으니까, 우리도 '미 제국주의' 라는 말은 빼자, 그런 얘기는 충분히 나올 수 있는 얘기라구요. 그런 얘기하면 이건 '수정주의자'. 영어 콘사이스 같은 거 가지고 있으면 이건 '숭미주의자'. 여기도 마찬가지야. 여기 그 저 대공 수사국이 뭐 하나 가지고 있으면 저놈 저, 마찬가지야. 그러기 때문에 이런 것들이 어떻게 극복이 되어야 하는데. 그러기 때문에 그런 것들도 우리가 전제로 해서 좀 봐야 하는데. 그러나 중국은요, 어떤 거에 대해서 마약이다 이런 것들은 엄청 하지만, 어떠한 이론 투쟁에 있어서는 여유가 있어요. 내가 깜짝 놀랜 것이 전쟁 때 끝나면, 저녁 때 끝나면 휴식해야 할 거 아니냐? 다 모여. 모여 가지고 계속 토론을 하는 거야. 여기는 모여서 토론하면 안 하려고 하지요? '누구 좀 해봐, 누구 좀 해봐.' 그러지요? 그러나 중국은 그게 아니야. 서로 손 들어. 그래서 막 얘기하는 거야. 이건 잘했다, 이건 못 했다. 그래서 이것은 야, 이건 토론 문화가 이렇게까지 전쟁 때 발달했을까 말이지. 그러기 때문에 그쪽에서는 오류가 별로 없어요. 대중적인 토론을 거쳐서 했기 때문에 대게 틀림이 별로 없습니다. 그래 가지고 여유 있는 것을 택해요. 극단을 택하지 않고. 그러나 우리는 토론 문화가 안 되어 있기 때문에 그냥 말려들어 가는 거야.

15. 사상결정론

Q 선생님이 생각하시기에요, 이 중공업 우선 노선으로 불만 요소들이 쌓이고 지속되어 가는 과정들이 이제 위로 봤을 때, 66년에 그 당 대표자 하면서 다시 한 번 국방 병진노선 하자고 했을 때 분명히 이제 일부에서는 반대가 있었을 거구요. 했을 때, '야, 이거 안 되겠다.' 하니까 통일 단결, 아까 대외적인 환경도 있고 하니까 거기서 북한은 지도부에서 선택할 수 있었던 게 유일사상 체계 확립이라는 이런 것들이 아닌가, 그런 것들이 영향을 또 주었지 않았을까요?

A 그런 것들을 하나의 외적 요인으로 잡을 수 있겠지. 그래서 그것은 저 북쪽에 시각은 그거예요. 동구라파에서 망한 요인이 사상전선이 깨졌다는 겁니다. 그러기 때문에 맑스이론을 보면 사회주의 제도가 혹은 사회주의 건설은, 사회주의 경제는 자본주의 경제에 앞지른 경제이기 때문에 사회주의 경제가 확립되면 생산성이라든가 이런 것들은 자본주의보다도 낫다, 그것이 이제 맑스의 이론입니다. 그러기 때문에 사회주의 제도를 수립만 하고 사회주의 건설만 하게 되면 계급투쟁 없이도 자본주의 경제를 이길 수 있다. 이것이 이제 레닌의 평화공존 노선이거든요. 단순한 공존이 아니라 이길 수 있다는 전제하에서 평화공존하는 거라고. 그래 가지고, 왜냐면 자본주의 경제의 모순은 극복에서 나오는 사회주의 경제이기 때문에 봉건 경제가 모순을 극복하고 나온 것이 자본주의 경제고, 자본주의 경제의

모순을 극복한 것이 사회주의 경제이기 때문에 사회주의 경제는 반드시 자본주의 경제보다도 바로 올 수 있다는 원칙이 깔려 있는 게 맑스주의다. 그래서 동구라파 같은 데에서는 사람에 대한 사상 교양이니 뭐니를 그렇게 강조하지 않았습니다. 북한처럼 말이지요. 그래서 사회주의권의 붕괴는 사상 전선의 와해로부터 체제화된 걸로 봐요. 다른 걸로 보지 않습니다, 그 사람들은 사상으로 봅니다. 그것이 밑에 깔려 있어서 그런 거예요. 그러기 때문에 '사상이 모든 것을 결정한다.' 이렇게 된단 말이에요. 그런데 이제 그것이 '사상 사업의 발전 단계' 그것을 있다 이야기하려고 하는데, 저쪽은 그래서 사상 결정론입니다. 사상 결정론이라고 할 적에 유물 철학인데 어떻게 저렇게 사상 결정론을 주장할까, 이렇게 나오지만 북한은 지금 사상 결정론이야. 의지 결정론이야. 그렇게 가 있다고, 저게 지금. 그래서 유물론자라는 것은 물질이 1차냐, 의식이 1차냐라는 데에서 물질이 1차라는 전제로 했을 때 그게 유물론자라는 입장이지, 사상 의식을 물질보다도 뒤로 봐야 한다는 측면은 아닙니다. 물질을 1차적으로 인정하면서 동시에 사상이 모든 것을 결정한다는 사상 결정론입니다. 그러면 이 사상 결정론이라고 할 적에 사상이 분열되면 어떻게 되느냐, 안 된다는 거지요. 안 되면 망친다는 걸로 보는 거예요, 저 사람들은. 이제 그런 것들이 이제 있는 거지요. 철학적 바탕에 그런 것이 깔려 있는 거고, 아까 얘기한 대로 당적 사상체계, 그다음에 이제 유일사상 체계, 이렇게 발전해 오는데. 그것은 하나의 김일성 중심의 1인 지배체제를 확립하는 하나의 이데올로기적 측면이라고 보면서도 북한의 그 집단화 과정이 그것을 또 뒷받침 하고 있다. 예를 들어서 50년대라 하더라도, 완전한 집단사회라고 하지만 계급과 계층 간 격차가 있는 거고, 종교의 차이가 있는 거고 뭐 이런 것들이 있었지만. 이런 것들이 50년대에 청산이 되면서 완전히 농업협동조합도 3형태가 되면서 말이지요, 완전히 하나의 그 사회주의적인 대가정, 집단이 된단 말이에요. 집단이 됐을 때 그러면 어떻게 되느냐, 중심이 있어야 된다. 중심이 끌고 가야 된다, 거기서 이제 수령론이 나오는 거고. 다원적으로 가서는 안 되지 않느냐, 하나로 되어야 된다, 이런 것이죠. 그러기 때문에 북한이 왜 이렇게 유일사상만 강조하고 다른 사상이 안 나오느냐라는 것은 우리가 여러 가지로 보겠지만, 그들의 그 흐름은 그겁니다. 집단주의의 심화도 기본적인 바탕이 되는 것이다. 다른 생각을 할 수 없게 되겠다 이거지요. 이제 그런 것이 이제 유일사상 체계로서 그렇게 잡으면 포괄이 되는 거지. 사회경제적 기반까지, 집단화 과정까지 연결시켜 가면서. 그 김일성의 1인 지배 체제 형성을 위해서도 다 집어넣으면 되는 거고.

Q 그러면 계속 아까 그 영향을 줬다고 말씀하셨는데, 이게 이제 관료라든가 상층부에요. 그 56년에 이제 헝가리 사태가 일어나고 동구권에 변화가 일어나고, 경제 차라는 것도 좀. 좀 쉬시면서 좀. 나온 김에 하나만 더 여쭙겠습니다. 56년 그런 영향들이 60년대 오면 그 4차 당 대회 때 어쩌면 그 승리의 당 대회고, 다 정리가 됐는데 그럼에도 불구하고 어느 정도 이견을 사람들이 가지고 있었고, 그런 얘기는 다시 말해서 어떤 경제 문제에 대해서

그 이론적 권위들이 현재 김주석이 가지고 있는 권위라든가 이런 거만큼은 아니었지 않았습니까?

A 그리고 또 하나 우리가 그 교육 문제를 뒷받침하라구요. 저쪽에서 유아교육 때부터의 집단생활 교육, 그것은 굉장히 발전했습니다. 어린 애 낳으면 맡기는 거야. 그러면 보모가 다 가르켜주는데, 어린 애 가르키는 보모가 그냥 부업으로 하는 보모가 아니라 그건 전문교육을 가진 보모들이야. 그리고 몇 사람에 하나씩 배당한다고. 그걸 굉장히 중요시해요. 왜냐면 어렸을 때부터의 교육이 결정하는 것이다. 파블로브 학설인지 뭔지, 조건반사인지 뭔지 모르지만 그러기 때문에 그것이 벌써 50년대부터 본격적으로 집단화되면서 애들 교육도 그렇게 하고. 의무교육이 생기면서 무슨 뭐 어린애 보육이 굉장히 강조된 다구요. 가르치는 것이 그때부터 집에서 가르치는 것보다도 거기서 가르치는 것이 커져요. 가정 혁명가가 또 나와요, 박정애가 주장한 가정 혁명가가. 이래 가지고 그게 이제 큰단 말이에요. 크면 다른 생각을 가질 수가 없어요. 이게 굉장히 중요한 거라구요, 교육이라는 게. 그래서 내가 어렸을 적에 봉건적인 교육을 받은 것이 지금도 영향이 있어요. 아이, 내가 양반노릇 하느라고 말이지 어렸을 적에 국민학교, 그때는 그 보통학교 다닐 땐데 백정 있죠? 백정. '해라' 라는 거여, 날 보고 반말 써라. '아니, 아버지 무슨 소립니까, 어떻게 어른보고 그럽니까?' 그러니까 '아니, 해. 양반의 집안인데 무슨 소리야.' 그때부터 뭔가 그 양반이라는 자부심을 가지고 말이야 그렇게 컸어요. 지금도 그 상당히. 그런 걸 피하려고 무척 노력하지만 봉건적인 게 있

어요. 벌써 인사하면 '어디 김씨야?', 아까 물어본 대로 '해주 오씨야?' 이것부터 따진다구요. 우리 집안이 위정 척사한 집안인데, 위정이라는 것은 옳은 것을 지키고 하는 건데, 그게 이제 중국의 명나라에도 도덕과 학문을 지키고. 그 집안인데 그게 이제 최익현으로 연결이 되서 이제 하는데. 그게 또 외세는 반대한다고. 외세는 서학이니까. 그때 그 갑오농민전쟁 때 우리 선조는 눌렀어요, 폭동민들을. 그런 집안이야, 우리가. 그런 얘기 쭉 하는데 그때 들은 것들이 지금도 머릿속에서 사라지지를 않아. 그래서 어렸을 적에 교육이란 게 굉장히 중요한 거라고. 그러기 때문에 어려서부터 교육한 애들이 지금 성장하고 있다는 말이지요. 그런 것들이 결국은 어떤 교육이냐, 연안파 교육은 아니거든. 김일성 중심의 교육이기 때문에 그건 어떤 중심 역할하는 거고. 문제는 그거예요. 행동을 하도록 하느냐, 어떻게 창조력을 발휘케 하느냐. 그것이 사상만 가졌다고 해서 되는 게 아니거든, 저게. 그러니까 행동에 옮길 때는 뭔가 옮기지 않으면 안 되는 사상 감정이 있어야 하는 거라구요. 그것이 저쪽에서는 지금까지 사상론이다, 수령론이다 이런 걸로 안 되니까 물질 자극을 한다, 이런 걸로다가 7·1발표다 뭐다 나오고 있는데. 그것이 잘 안 되는 거예요. 움직여도 되고 안 움직여도 될 상황에서는 안 움직인단 말이에요, 지금. 그런데 여기는 아주 극단적이지만, 이거 안 하면 나는 죽는다, 그런 데에서부터 그냥 막 창조가 나오고 그냥 이런 것이 나오고 그래서 패자에 대한 부활전이 없지, 여기서는. 그러기 때문에 아주 곤란한데, 패자도 살길을 좀 마련해 줘야 하는데, 패자만 그냥 거꾸러지는 거야. 약육강식이기 때문에. 그래서 이쪽에 장점이 있어요.

그런데 저쪽은 그걸 뭘로써 하느냐, 그게 안 된단 말이에요. 그래서 요즘 이제 7·1발표다 뭐다 이런 걸로 움직이고 있는데, 그래서 저쪽에서는 지금 사회주의 얘기를 그렇게 내부에서 강조를 하는 것 같지 않습디다, 내가 보니까 요즘. 그래서 처음에 사회주의가 처음부터 북한에서는 첫 단추가 잘못 끼워졌고, 그 외부적인 연계 속에서 성장할 줄 알았는데 그것이 잘 안 되고 국제 정세가 달라지고 이래 가지고 자체적으로 어떻게 하려고 보니까 또 외적 요인, 또 내적 요인 이런 것들이 이래 가지고. 그래서 지금 고생하는 거지, 지금. 게다가 동구라파 공산주의가 깨지니까 체제 위협이 1차적으로 강조되는 거고, 그러기 위해서는 돈 버는 거 전부 미사일 만들어야 하고, 핵개발하는 거고, 지금 그렇게 하고 있는 거죠, 현재 지금.

16. 경제관리체계

Q 그 아까 연장선상에서 지금 뭐 잘못된 것 중에 하나가 수정주의 이런 것들을 차단하는 방식 중에 그 지배인 관리체제에서 그 대안의 사업체계로 넘어가는 과정들이 당 위원회를 앞세우는 그런 것들인데, 하여튼 그게 60년대 초반부터 가는 그 부분을 한 번 설명해 주세요.

A 그런데 저쪽에서 관리제도라는 것은 수시로 바뀌져야 할 수밖에 없어요, 저쪽에서는. 초기의 경제관계를 잘 관리하기 위해

서는 이러이러한 것이 합당했는데, 그것이 안 될 때는 뭐 한다. 그런데 문제는 그거예요. 제도적인 거 하고, 또 하나는 사상이나 행동을 그 움직이게끔 하는 원천력, 이 두 가지 방법이 있어요. 그러기 때문에 이 50년대에는 그 천리마 운동이라는 거 하다가 하나의 사람을 움직였다고. 그 사회주의 천리마운동, 천리마운동이 이제 작업반 운동으로다 되고, 천리마 가정 운동도 되고. 제일 처음엔 천리마 작업반으로 시작했다고. 천리마 작업반이라는 것이 하나의 작업 단위인데 거기서부터 천리마 운동이 벌어지는데, 그것은 하나의 그 동원적인 자극적인 거지요. 그러다가 아니다, 이것은 제도적인 문제다 그래서 제도적인 문제가 가미되지 않고서는 안 되겠다, 그것이 청산리 방식과 대안의 사업체계라구요, 저게 지금. 그 청산리는 주로 농촌 분야고, 농촌 분야지만 일반에도 그 정신을 따라라 하고 그랬는데, 그것은 쉽게 말해서 한 마디로 말해서 관료들 식으로 위에서 지배만 하지 말고, 아래 내려가서 아래 실정을 보고 도와줘라 그겁니다, 청산리 방법이라는 것은. 도와줘라, 사회적 명령식으로만 하지 말고 도와줘라. 그러다 보니까 위원장이니 이런 사람들이 1년 내내 밑에 내려가서 움직이다 보니까 다른 게 어디 뭐, 이 군에서 내려와 보더라도 누구 만나러 가도 '지금 내려갔습니다.', 내려가서만 되는 게 아니거든, 저게 지금. 위가 아래를 도우라고 해 가지고. 그래서 몽땅 내려가만 되는지 알고서는 내려만 간단 말이에요. 이게 지금 문제가 생긴 거고. 그래도 위가 아래를 도와준다는 입장에서 많이 나아졌어요. 청산리 정신은 이제 지금 강조는 하지 않아요. 그다음에 그 대안의 사업 체계라는 것은 이것은 경제의 계획 관리 일원화하고 연결되어 있어요, 대안의 사업 체계라고 하는 것은. 그니까 원래 그 경제 개혁을 일원화한다 이거예요, 중앙집권적으로다가. 그리고 세분화해야 된다고, 일원화하고 세분화하고. 이것은 굉장한 통제입니다. 엄청난 통제입니다. 또 이 계획 경제라고 하는 것은 아까도 얘기했지만 이것은 법에 해당되는 거예요. 그러기 때문에 계획을 달성하지 못하면 법을 어긴 거나 마찬가지예요. 그러기 때문에 이런 것들이 제대로 움직이게 하려면 옛날에 그 지배인 체제 가지고서는 안 된다, 당 위원회 체제로 바꾸자. 그래서 이제 공장 당 위원회라는 것이 공장의 주인이 되는 거지요. 그리고 지배인은 당 위원회 부위원장으로 들어가는 거지요. 그래 당 위원회 결정대로 지배인이 움직이는 거지, 지금. 그래서 당 간부가 들어가는 거고, 당에서 이제 통제해서 하면 안 된다, 그런 것이 이제 대안의 사업 체계인데, 이것은 뭐와 이제 연결이 되냐면 당의 유일적 지도와도 연결이 됩니다. 옛날에는 당의 유일적 지도가 주로 그 군당이다 뭐 당 세포다 그렇게 했는데, 경제 생산 분야에 있어서는 역시 그 당 위원회에 맡겼지, 그게 안 됐거든, 유일적 지도라는 게. 그렇기 때문에 공장 당 위원회가 딱 생기게 되면 당적으로 지도가 되는 거란 말이야, 그러기 때문에 그 공장 당 위원회를 뭐 가지고 당 중심적 지도가 전 생산 경제 분야까지 꽉 들어가는 거지. 들어가는 건데, 그러다 보니까 3급 기업소 이상은 중앙당에 속한다, 2급 기업소 이상은 중앙당에 속한다, 중앙당에서 직접 그 당 위원회를 지도한다, 도당에서는 뭐 3급 기업소 당 위원회만 한다, 그 규정이 나왔을 거라구요.

Q 예, 나왔습니다.

A 그렇게 되면 중앙당에서 지도하는 그 2급 기업소, 1급 기업소 당 위원회는 말이지, 해당 지역의 당 위원회는 지시를 아마 안 받는 걸로 된단 말이야, 저게. 그 이것도 문제가 있다구요, 현재 지금 저게. 그 내가 군당에 있는 거보다도 사실상 중앙당 직접하는 게 무슨 상관이냐 이거야. 이러한 문제점이 있어요. 그래서 대안의 사업 체계라고 하는 것은 당 위원회가 중심이 되는 하나의 사업 체계이면서 동시에 경제 분야까지 당의 유일적 지도를 실시하기 위한 하나의 제도적 개편이라고 보는데, 글쎄 이 대안의 사업 체계를 지금도 지금 저게 바뀌어진 게 아닌가 보는데.

Q 예, 지금은 변하고 있습니다.

A 그거 가지고서는 나는 안 되리라고 봐요. 지금 그렇지 않아요? '내가 도당 위원장하고 같은 격인데'라고 생각할 거 아니에요? 또 당 사업이라는 것이 저쪽은요, 사회주의적 지방자치입니다. 우리는 자본주의적 지방자치제이지만 저쪽은 사회주의적 지방자치제로 되어 있어요. 지방예산이 있어요, 저쪽에. 그러기 때문에 지방자치를 하면서 큰 기업소다 뭐다 이런 것들이 지방자치를 떠나서 말이지 중앙회에서 한다는 것은 저것들도 문제가 있는 거지. 그래서 저쪽은 이렇게도 바꾸고 저렇게도 바꾸고

말이지요. 뭔가 그 열심히 그 구조개혁을 하고 있어요. 그러나 항상 이쪽의 사회주의 경제관리라는 것은 고정불변은 아니다, 상황에 따라서 불합리하면 항상 바뀌어 나가야 된다, 그런 걸로다가 주장하고 있고. 또 그런 걸로다가 바꾸는 문제에 대해서 합리화시키고 있는 거지요. 고정 불변하는 것은 아니다, 관리 제도는 바꾸어 나가야 된다, 그런 걸로다가 지금 주장하고 있고 또 그런 걸로다가 바꾸는 문제에 대해서 합리화 시키고 있는 거지요. 그래서 대안의 사업 체계도 하나의 관리 제도의 하나로 본단 말이에요. 그래서 이 7·1발표가 어떻게 되었는지 난 전혀 거기에 대해서는.

Q 최근 거보다 '대안의 사업 체계' 하고 아까 '당의 유일사상 체계 확립', 이런 거하고의 관련성이라든가 그런 거를 보기 위해서 선생님이 그 66년 들어가면서 이제 경제가 어렵고 최초로, 발표한 건 없지만 마이너스 성장을 한 걸로 돼 있는데, 이제 그런 부분들을 돌파하기 위해서 정치권력의 강화가 필요하고 통일 단결이 필요했었을 거구요. 그랬을 때 대안의 사업 체계를 더욱 강조할 수밖에 없고, 이런 것들이 북한의 경제를 지속적으로 어려움에 처하게 한 것들이 아닐까요?

A 그것도 있지만 외부와의 단절 그것이 역시 물적 문제이기 때문에 외부의 단절 이런 것이 뭐냐면, 그 당시만 하더라도 제3세계와의 무역거래라는 것은 극히 작구요, 또 하나는 소련이다, 동부, 그다음에 사회주의 진영, 가깝게는 중국 이런 데와의 관

계가 원활했을 적에는 외국으로부터 물자가 좀 들어오고, 또 여기서도 만들어서 내보내고 그러한 측면이 좀 있었어야 하는데 워낙 그 중·소한테 눌리다 보고 또 이쪽 눈치보고 저쪽 눈치보고. 또 월남전이 저렇게 되고, 4대 군사 노선을 하지 않으면 안 되고, 또 뭐 이런 등등. 국내에서 갑산파 숙청하지 않으면 안 되고, 이런 등등으로 인해서. 그러더라도 외부와의 관계가 원활하게만 이루어졌으면 괜찮았을 거고. 특히 그 북한에서 98년도, 아, 1989년도 천안문 사태가 벌어지고 몰타에서 그 냉전 체제 해체 선언하고 특히 그 천안문 사태, 중국을 그렇게 믿었는데 중국도 천안문 사태가 벌어지고 동구라파가 무너지면서 말이지요. 그 후 모든 달러가 아니고서는 그 사람들의 결재가 어렵다는 그때 그런 상황이 있었어요, 그게 90년대에. 그런데 90년대에 저쪽에서 실제 고백을 합니다. 그런 거를 보더라도 60년대가 월남전 문제, 중·소가 나빠, 북한하고 사이가 나빠, 이런 등등 또 코메콘과의 관계도 그래 가지고 내부에서 이러저러한 일이 있더라도 장사하고 들어오고 조금 그러면 나아질 텐데 그러한 것들이 전혀 이루어질 수 있는 상황이 아니었던 게 그것이 큰 요인이라고 보는 것이 맞다고 봐요. 특별하게 이제 뭐.

Q 그쯤하면 뭐, 이제 이런저런 모든 여건들이 그런 방향으로 갈 수밖에 없도록.

A 그렇죠. 내재적 논리로서 보지 않으면요, 그것이 왜 그렇게 갈

수밖에 없었느냐를 다른 요인으로 찾아 가지고. 천상 지금은 북한 연구할 적에 냉전 논리 가지고 하는 것도 아니고, 어떻게 북한이 걸어왔느냐를 봐야 하기 때문에 내재적 접근 방법이 주가 되면서 다른 가치관도 배합이 되어야지.

Q 북한이 그러면 사회주의 건설하는 60년대에 남한에 대해서는, 남한과의 경쟁의식이라든지 그런 거는 가졌습니까?

A 현재 저쪽에서는 내가 보기에는 계획을 할 겁니다. 그거는 뭐 스웨덴식으로 가건, 중국식으로 가건 뭐 그건 갈 거예요. 또 베트남식으로 가건 뭔가 그 방향이 있을 겁니다. 그래서 지금 도덕적으로 우선 생각하는 것이 분단이 되어서는 안 된다, 저렇게 가서는. 그래서 남북한 연계를 맺으면서 수교하면서 어떻게든지 연계시키려고 하는 그러한 측면이 있을 겁니다. 있고, 또 중국에서 해안선에서 경제특구 이런 데에서 자본주의 경제로서 기술 이런 것들이 내륙으로 들어가는 거, 일단 여과된 것을 중국으로부터 북한이 받아들여 가지고 경제성장하려고 하는 그러한 측면이 있을 거예요. 그래서 나는 신의주 경제특구를 중국이 설득한 걸로 봐요. 그러지 말고 우리가 알아서 할 테니까, 경제 특구를 만들어서 선전을 해라, 같이 해라 이건데. 예컨대 그건 사람이 하는 건데, 후진타오하고 김정일 국방위원장하고 가깝습니다. 또 강택민은 자기가 있을 때에 김주석하고 가장 가까웠는데, 김주석 사망하고 강택민이 있을 때 북한하고 사이가 나빠졌단 말이야, 그러기 때문에 자기가 무슨 일이 있

더라도 좋은 관계를 맺고 물러서야겠다고 해서 김정일 국방 위원장을 초청한 거고. 그래 가지고 노선 문제에 대해서 합의를 봤는데, 그 후에 후진타오가 들어서 가지고 6자회담을 이끌어 가는데, 중국 사람들의 생각이라는 거는 아주 그 항일투쟁도 같이 했고 어려울 때 북한이 도와줬고, 문화혁명 때도 많이 도와줬고. 그런 것을 중국 사람들은 잊는 사람들이 아니에요. 예를 들어서 북한이 어느 부분에 가면 중국시장을 이용할 가능성이 있습니다. 예를 들어서 평양의 자동차 공장 있지 않습니까? 자동차 공장을 비유에 맞게 해서 몇 만대 보내라, 중국으로. 그래서 중국과의 관계가 어느 정도 만약에 되면 중국 시장을 통해서 북한은 그렇게 체제 위협을 받지 않으면서도 경제 성장합니다. 그래서 상당히 저쪽은 조심스럽게 하면서 뭔가 변하고 있는 거는 사실입니다. 또 우리나라가 벌써 개성 공단까지 거의 들어가지 않았습니까? 그다음에 장전항이라는 게 저게, 저쪽의 해군기지, 동방 기지인데 거기까지 내줬고 금강산까지 내줬다 이거야. 저건 북한에서는 엄청난 군사분계에 대한 양보죠. 그러기 때문에 이건 우리는 퍼줬다고 하는데, 우리가 만약에 속초항에 저쪽이 들어오고 해봐요, 어떻게 되겠는가. 그래서 우리는 그걸 해야 합니다, 무슨 일이 있더라도 해 가지고 장점을 보여주고 개성공단 같은 데 가서. 그런 식으로 가지 절대로 폐쇄적이고 아주 그냥 그런 것은 나는 안 하리라고 봐요. 그 사람들도 상당히 그 젊은 사람들로 바꿔지고 그랬기 때문에, 그리고 남쪽에 대해서도 이해를 하게 돼 있고 또 여기 와서 많이 그러기 때문에 그 사람들에게 공장 같은 데를 보여줘야 합니다. 경제시찰단 보여주듯이 자꾸 보여주고 기술. 그러나 현재 가장 중요한 것은 저쪽이 굉장히 위협을 느끼고 있기 때문에 그 위협을 어떻게든지 가시게 해 줘야 하는데, 그리고 저쪽이 벌써 개성공단까지 개방했다는 것은 군사적 이런 것들은 생각할 수가 없는 거지요. 우리는 그런 거를 생각할 필요가 없는 거고. 그러나 지금까지 내려오는 것들을 급격히 바꿀 수가 없잖아요? 그래서 이데올로기적인 변화가 있어야 하는 거예요. 그래서 이데올로기적 변화가 민족주의입니다. 있다가 시기적으로 이야기 하려고 하는데, 저쪽은 지금 민족주의예요. 주체사상을 바탕으로 한 민족 제일주의입니다. 그놈으로 가고 있어요. 그래서 작년 1월달에 김정일 국방 위원장은 위대한 민족주의자, 참된 민족주의자라고 나왔어요. 또 중국 공산당 대회 때 호지명이 허금도한테 축전 보낼 때 중화 민족의 앞날을 위한 전방 계획을 말했다. 완전히 민족주의다. 그 민족주의가 북한에서 개발되고 있고, 민족주의를 저쪽에서는 나쁘게 보지 않아요. 민족을 사랑하고 하는 건데 그게 뭐가 나쁘냐는 이런 식이에요. 민족 제일주의, 금년에 남쪽의 그 통일 운동 단체들이 민족 제일주의 정신으로 해서 남북간 민족공조하자, 그런단 말이에요. 그래서 쭉 내가 이런 측면으로 생각해보면, 현재 김정일 시대인데, 김정일 시대에 김정일에 대한 연구가 그렇게 안 되어 있어요. 그냥 김정일이 개인이 어떻고, 성질이 어떻고 뭐 이런 거라고. 또 이찬행이란 사람이 「김정일」얘기를 썼는데, 그걸 두껍게 써 놔서 너무 방대하게 써 놔서 중심을 못 잡겠어요. 뭐가 중심이냐, 그러면. 김정일의 대남철학은 뭐고 분명하게 나와야 할 텐데 그게 안 나와 있어요. 그건 전문가가 참고하기 위해서 보는 거지, 도저히 나는 그 놈 가지고, 그 한권 줘서 나한테 추천서를 써 달라고 그러더라구요. 그래서 나는 '못 쓴다, 그걸 읽어보고 써야 하는데 어떻게 추천서를 쓰느냐.', 그래 내가 안 써줬어요. 그걸 읽어보니까 고생은 많이 했어요. 그러나 이래서 어떻다는 거냐가 뚜렷이 나타나지를 않아요. 그리고 그 정창현이란 사람이 쓴 「곁에서 본 김정일」이 나오는데, 김정일이가 뭐 권력을 따기 위한 미친 사람처럼 권력 중심으로만 써 놔서 그것도 안 되겠고. 그래서 내가 폼을 하나 잡아 준다면 말이지요, 5기로 나누면 돼요. 5기로 잡는데, 다섯 개 기간으로 62년 6월달부터 정치활동 한 게 아닙니까? 62년 6월부터 정치 입문한 중앙당에 들어갈 때부터 74년 2월 4기 8차 전원회의, 그러니까 후계자로 지목하기까지의 그걸 1기로 잡아요. 그걸 1기로 잡고, 그다음에 이 74년 2월 8일 후계자로 지목된 후 80년 6차 당 대회까지 2기로 잡아. 80년서부터 그 김일성 사망, 94년 7월 8일 거기까지를 하나의 기로 잡고, 그다음에 그 후 오늘날까지 잡아요.

Q 5기로 나누신다 그랬는데?

A 가만있어 봐, 그러니까 62년 6월달부터 74년까지를 1기로 잡고, 74년서부터 80년까지 2기로 잡고, 80년서부터 94년까지 3기로 잡고, 그 후 오늘날까지 4기로 잡고, 그럼 4기네. 그렇게 잡아 놓고 거기에서 이데올로기 분야라든가 사회주의 건설 분야라든가, 정치분야, 군사분야, 예술분야 이런 것들을 거기다가 꿰어 맞춰. 꿰어 맞추면 그 흐름이 나옵니다. 흐름이 나

와요. 그렇게 흐름이 나와 가지고, 거기에다가 이제 몇 가지 항목을 잡아요. 김정일의 사상관, 김정일의 사회주의관, 김정일의 문화관 뭐 이렇게. 그렇게 하면 이게 김정일에 대한 것이 제대로 풀려요, 저게. 그걸 누구 하나 잡아 가지고 그건 열심히 하면 됩니다, 박사논문이 돼요, 충분히 돼요. 그래 가지고 주를 달고 말이지요. 그런 것이 나오면 분명해요. 김정일의 민족관, 사상관하면 주체사상이 나오고 말이지요. 사회주의관은 어떻게 하고 통일관은 뭐고, 그렇게 나오면 되는 거예요, 저게. 그래서 저 2기는 완전히 비밀로 했지요. 3기는 공개적으로 나오는 거고, 4기도 공개적으로 나오는 거고. 그렇게 잡아서 정리를 하고 마지막에 결론에 이와 같은 흐름을 봐서 김정일의 사상은 이렇다, 김정일의 사회주의관은 이렇고, 김정일의 민족은 이렇고, 김정일의 군사관은 이렇다, 그렇게 하면 김정일에 대한 것이 완전히 정리가 되고 박사 논문이 충분히 됩니다. 나는 그 북한 문제 가지고 박사논문 지도를 내가 많이 했어요. 석사논문도 많이 했지만 말이지요. 그런데 이건 뭐. 그거 하나 잡아 봐요. 그렇게 하면 아주 분명한 거예요. 그렇게 맞추면 되는 거예요. 그러니까 지위가, 김정일이 지위가 90년대 들어서부터는 김일성 대신 인민군 총사령관도 되고, 국방 위원장도 되고. 이런 식으로 가다가 죽은 다음에는 3년상도 한다는데, 어떻게 내가 하느냐, 이런 얘기도 있고 그러다가 98년도 국방위원장 되잖아요. 이런 과정, 그런데 주체사상은 결국은 60년대부터 유일사상 체제에서 김정일이가 지도하다가 70년대 본격적으로 김정일 중심으로 주체사상이 정리가 됐다, 그리고 86년도 3월 30일날 '주체사상에 대하여'가 나오고, 그다음에 86년도에 '우리 민족 제일주의'가 나오고, 그런 것들이 많이 나와요. 그 흐름이 있다구요. 그 흐름을 쭉 잡으면 좋은 논문이 나오고, 또 북한을 이해하기 위해서 북한 책을 찾는 사람들도 '이걸 보니까 북한의 역사가 제대로 이해가 되는구나.' 이렇게.

Q 아까 그냥 생각이 나서, 잠깐 지난 시기지만 55년도에 그 비동맹권, 김일성도 당시 비동맹에 참석하지 않습니까? 그래서 김일성이 외교를 강화하게 되는데, 그 비동맹 외교인데 대외적인 측면에서 비동맹적으로 해서 그렇게 외교하는 거 하고 그 다음에 사회주의 건설에 기여한 바가 있습니까?

A 그건 역시 세계의 냉전시대 때, 중국이 결국 길을 터 줬어요. 또 북한도 따지고 보면 동구라파하고 다르니까, 결국 그 사람들하고 같이 해야 되겠다, 비동맹 권에서 해야 되겠다. 비동맹이라는 게 사실상 냉전시대에서 있을 수가 없는 얘기죠. 그러면서 사실은 김일성이 65년도 3월달에 인도네시아 방문해 가지고 연설하면서 수카르노, 자카르타하고 하노이, 평양 이 흐름을 하나의 그 축으로 만들려고 했다구요. 축을 만들려고 했는데 수카르노가 쿠데타로 들어가요. 그래서 깨지고 말았는데, 그래서 지금 그때에 인도네시아의 대통령, 수카르노 딸 있지 않습니까? 그걸 알아요. 그걸 알아서 평양 방문해 가지고, 지금 인도네시아 대통령이 수카르노 딸이거든. 그걸 알고 평양 방문해 가지고, 또 서울도 방문해 가지고 한반도 문제는 평화적으로 해결해야 되겠다, 뭐 이런 얘기를 하고. 지금도 북한하고는

아버지를 생각해서 상당히 뭐. 그래서 이러한 역사성을 가지고 우리가 오늘날 정치도 봐야지, 정치라는 건 사람이 하는 거란 말이에요. 그런데 우리는 전혀 무시 한다구요. 중국에서는 그걸 해요. 예를 들어서 부시가 대통령 출마했을 적에 중국을 굉장히 비판 했다구요. 그 중공 패권주의 가만 안 두겠다는 그런 말도 있다고. 그러니까 중국에서는 화가 났는데, 그 부시 애비를 초청했다고, 중국으로다. 그런데 부시가 왜냐면, 미 대사 노릇 했거든, 북경에서. 그래서 굉장히 가깝게 지냈어요. 그러니까 그 중국 관리들, 지도자들이 당신 아들 왜 대통령 후보 나와서 왜 우리를 욕하느냐, 어떻게 할 거냐니까 걱정 말라고, 대통령만 되면 절대 그러지 않을 거니까 걱정 마라는 얘기를 했어요. 그런데 그 얘기를 사회과학원 사람이 여기 와서 국제학술 세미나 할 적에 그런 얘기를 해요. 그래서 중국은 절대로 부시 애비가 있는 한 부시는 중국을 적으로 안 합니다. MD체제가 사실은 중국을 겨냥하는 건데, 지금 그걸 굉장히 경계하고 있어요. 부시 애비 때문에 그런 거고. 그러니까 부시가 강택민이 데려다가 목장에서 하루 쉬었지요. 그런 일이 있을 수가 없는 거예요, 저게 지금. 부시 애비 때문에 그런 거예요. 그래서 이번에 후진타오가 부시한테 전화해서 6자회담을 어떻게든지 성사시키자고 하는 것은 그와 같은 배경이 있는 겁니다. 그러기 때문에 한반도 문제는 다르다, 이라크 문제는 다르다, 평화적으로 이 문제를 강조하는 것이 중국 때문에 그런 거예요. 그러기 때문에 이런 과정들을 알고 정치 상황을 보는 사람들하고, 이런 상황을 전혀 모르고 보는 사람하고 또 다르거든요. 그래서 후진타오가 부시한테 전화를 한다는 것은 있을 수 없는 일인데, 전화도 걸고 6자회담도 하는 것은 애비가 있어서 그런 건데. 그리고 또 그 사람들은요 선거 때 돈을 쓰면 팍 써요, 씁니다. 그러기 때문에 또 현재 중국은 길게 끌지 말자, 공화당 때 이거 핵문제 해결하자, 민주당은 저 대통령 되더라도 군사문제 해결 못한다는 생각을 가질 수 있는 사람들이란 말이에요, 저 중국이. 그다음에는 이데올로기적 문제, 그게 필요해요?

Q 조금 말씀해 주십시오.

A 그것도 그 흐름으로 잡아야 되겠는데, 왜냐면 전번에 얘기했지만, 이제는 북한을 내재적 접근으로 봐야 하는데. 냉전 시대 때는 내재적 접근으로 하면 조금 의심을 할 수가 있어요. 왜냐하면, 대결 상태에 있었기 때문에. 그러나 지금은 대결 상태도 아니고 변화시킨다 하더라도 평화적으로 해야 한다는 식이기 때문에 내재적 접근을 해야 한다. 그러기 때문에 내재적 접근이 그 70년대부터 원래 그 국제정치에서 하나의 방법론으로 많이 활용이 되었는데, 내적 논리를 우리가 제대로 파악해 가지고 그 논리대로 하자는 거거든요. 그거를 역지사지 입장으로다가 한다는 건데, 그것이 어떠한 경우라도 일단은 그렇게 해 놓고 다른 가치관에서 다시 평가하든가 해야지, 그 자체를 안 하고서는 안 되게 돼 있어요, 모든 사항이. 그런 측면에서 그럼 내재적 접근에 있어서 여러 가지 방법론이 있습니다. 사회주의 건설사적인 측면에서 보는 거, 여러 가지 측면이 있는데, 권력 투쟁사적으로 보는 거라든가 있는데, 중요한 것은 저쪽에서는

목적의식성을 가지고 사회를 개혁하고 개조한다는 것이 북한의 입장이기 때문에 이데올로기적 접근을 우선해야 합니다. 이데올로기에 준해 가지고 개혁하기 때문에 사상 이데올로기적 접근을 먼저 해야 해요. 그러기 때문에 사상 이데올로기적인 문제가 오늘날 북한 땅에서 나타나지 않으면 크게 변화가 없다는 것과 마찬가지예요. 그 중국도 사회주의 초급 단계에서 변화할 적에 이데올로기적 문제가 먼저 나오는 겁니다. 많이 나왔어요. 누구야 그 유명한 사람, 지금 그만 둔 사람, 나왔어요. 등소평. 그렇기 때문에 북한도 그 이데올로기적 문제가 나와야 돼요. 그 이데올로기라는 게 아직 공개되지 않고 있는데, 이제 이데올로기적인 게 나오기 시작해요. 아직 착안들을 못하고 있는데, 그게 바로 '민족주의' 입니다. 그래서 그러면, 오늘날 민족주의, 민족 제일주의까지 나오는 과정을 우리는 정리를 하지 않고서는 정리가 안 된다 이겁니다. 왜냐면 그 바탕 위에서 이데올로기가 나왔기 때문에. 그러면 어떻게 이데올로기가 변해 왔느냐, 처음엔 그것이 맑스·레닌주의를 무조건 수용했습니다, 해방 후에 소련파들이 중심이 되어 가지고. 그리고 스탈린 죽은 다음부터는 이거 안 되겠다, 사상에서의 주체다 뭐다 해 가지고 맑스·레닌주의를 창조적으로 수용할 수밖에 없다, 이런 시각이에요. 그러면서도 주체 문제가 동시에 그 강조되기 시작하는 때입니다. 그러나 어디까지나 지배적인 이데올로기는 맑스·레닌주의의 창조적 적용이고, 그것이 쭉 오다가 그 주체 문제가 맑스·레닌주의와 함께 강조되기 시작한 게 60년대 들어오면서 함께 강조되기 시작합니다. 그러다가 70년대에 들어서면서 주체사상에 대한 이론 전개가 분명해져요. 저게 지금. 그리고 72년에 사회주의 헌법에서는 주체사상 문제가 나옵니다. 그리고 5차 당 대회에서는 주체사상과 맑스·레닌주의를 지도 사상으로 삼는다는 두 가지 이론이 나와요. 그런 식으로 이제 변하는 거죠, 저게. 그러다가 80년 6차 당 대회에서는 당 규약에서 주체사상만 나오는 거예요. 맑스·레닌주의 싹 빠집니다. 5차 당 대회 때 보고서에 보면 맑스·레닌주의라는 게 나와요, 보고서에. 주체사상도 나오지만. 그러나 80년대 6차 당 대회에서는 맑스·레닌에 대한 얘기가 한마디도 안 나옵니다. 보고서에 주체사상만 나와요. 그것이 80년대 86년에 주체사상에 이론적으로 전수가 된 다음에 사회정치적 생명체론까지 나오면서 동시에 조선민족제일주의 정신이 나옵니다. 그 당시에 86년 7월 15일날 나옵니다. 김정일에 의해서. 그리고 98년 12월 28일에 '조선 민족 제일주의 정신을 높이 발양시킬 데 대하여' 그게 나와요. 그리고 90년대 들어서면서 민족문제라든가, 민족주의 문제가 주체적 입장에서 새롭게 이론 전개 하면서 오늘날에는 민족 제일주의 정신이 나옵니다. 민족주의, 민족 제일주의가 강조돼요. 그리고 주체사상은 뭐 90년대 전반 이때까지만 강조되고, 그다음부터는 민족 이게 강조돼요. 그래서 조금 있으면 김정일 국방 위원장 이름으로다가 어떤 민족 문제가 크게 정리되는 게 아니겠는가, 그런 전망을 할 수가 있어요. 흐름이 그렇게 흘러요, 저게 지금. 이것도 굉장한 그 잘 하면 굉장히 재밌습니다. 북한의 이데올로기의 그 변화 과정, 굉장히 재밌습니다, 저게 지금. 그래서 이러한 그 큰 흐름들, 틀들, 그런 것들이 북한 연구에서 중요한 것이지, 그 뭐 미시적인 문제 있을 수도 있고 없을 수도 있는 문제를 파헤치는 것은 나는 조금 시간 낭비 아닌가.

17. 민족제일주의

Q 그렇게 말씀하시는 분들도 계신데, 그거는 지금 이제 우리가 남북관계의 진전, 통일이라든지, 그런 측면에서 보면 그게 중요하긴 한데, 저희들이 지금 하고 있는 작업은 애초에 지금 하고 있는 프로젝트의 성격은 큰 흐름 그것 보다는, 우리가 잘못 알고 있는 건 보완하고 이런 식의. 그러니까 경우에 따라서는 좀 자세한 상황 이런 것들이 필요합니다.

A 내가 하나 경험한 것이 있는데, 그건 하나 잡읍시다. 굉장히 좋은 거예요. 잡아 봅시다. 아마 기록이 있을 거예요. 아마 58년 여름인가, 그쯤 되는데, 57년은 아닌 것 같고 58년 같은데. 김일성이 그 자강도에 전천이라는 데가 있습니다. 자강도 전천군. 자강도가 그 군수공장이 많은데, 전천도 군수공장이에요. 그게 이제 전천을 93호 공장이라고 하고, 그리고 시에 있는 것이 26호 공장이고, 그리고 성간이라는 데가 있는데 박격포 만드는 데가 있는데 거기는 81호 공장이고. 93호 공장이 전천에 있습니다. 독로강을 여기서 보면 왼쪽이고, 독로강 끄트머리가 남포진이란 말이야. 왼쪽인데, 강계에서 가려면 독로강을 건너야 해요. 독로강이란 게 그렇게 겨울에는 얼마 없어요. 그래도 강은 강이란 말이야. 거기에 이제 전천이란 데가 있는데, 전천

이란 데가 개고개란 데가 있습니다. 옛날에 그 고개를 넘을 때 개를 끌고 가는데 개가 지쳐 죽어서 개고개라고 하는데. 그리고 희천이란 데에서 개고개 넘을 때에는 기관차를 하나 더 달아야 해요. 그만큼 고개가 나빠요. 그래서 그 고개를 넘어가면 서서히 넘어가서 남포로 갑니다. 중국 땅으로 가는 건데, 거기 고개 넘어가면 바로 전천군이란 게 있어요. 좀 고지대죠. 거기에 93호 공장이 있는데, 거기에 김일성 주석이 현지지도를 오는 거예요. 현지지도 올 적에 한 달 전인가 연락이 왔어요, 가겠다. 그러니까 도에서는 거기 가서 준비를 해야 할 거 아니냐, 도로 좀 정비해야 하겠고, 또 5톤짜리 자동차가 건널 수 있는 다리 그러니까 독로강을 건너야 하는데 그것이 5톤짜리 자동차가 건널 수 있느냐 없느냐, 그것도 도로도 좀 정비도 좀 하고 집안 살림도 불쑥불쑥 들어가서 보니까 살림도 좀 차리게 하고. 다들 도시도 깨끗하게 하고 이런 것 때문에 내가 책임 지도를 갔습니다. 현지지도를 내가 갔는데, 변소간도 다 저쪽 안으로 만들게 하고. 그때 변소간이 다 바깥에 있거든요. 그렇게 준비를 다 하고 93호 공장 정비도 다 하고 그랬는데, 93호 공장에는 이제 소련 군인들이 있었습니다, 그때. 그 소련 군인들은 당구장에서 당구를 치고 그런 생활을 했는데, 그렇게 하지 않으면 생활 못하고 해서 그랬는데. 현지지도를 쭉 했어요, 날짜에. 그래 가지고 93호 공장 어느 회의실에서 간부들 다 모이고, 소련 고문도 오고 김일성 현지지도 온 거 지시를 받을 거 아닙니까? 그래서 얘기를 듣잖아요. 내 거기서 처음 봤습니다. 김일성 주석에 대한 인물을 처음 봤어요. 얼굴 둥그스름하고 목이 아주 묵직해요. 귀 크고 그런데 다른 얘기 많이들 했는데, 그 가운데 하나 인상 깊게 들은 것이 계획 과제를 완수할 수 있느냐, 그 당시 계획 과제가 좀 딸릴 땝니다. 잘 안되고 그럴 때에요. 그러니까 이제 군당 위원장이니 뭐니 공장 지배인들은 고개 숙이고 있고 그런데, 저쪽 앉아 계신 아무개 분 얘기 좀 해보라고 그러니까, 이 사람이 벌떡 일어나서 러시아말로 하더라구요. 그런데 누가 이제 번역을 해 줬어요. 그런데 김일성 위원장은 러시아말도 조금 알아요. 알지만 번역을 해 줬는데, 무슨 얘기냐면 '93호 공장의 그 노동자들이 기술이라든가 기타 노동생산성 이런 것들이 소련의 노동자 기술자들하고 수준이 같다면', 그 전제를 했어요. '같다면 금년 계획은 틀림없이 달성할 수 있을 겁니다.', 그런 얘기했거든요. 그러니까 수준이 좀 낮기 때문에 좀 어렵다는 얘기나 같은 거라구요. 그러니까 화를 버쩍 내는 거예요. 깜짝 놀랐어요. 그래 가지고 그 '고문 여보시오. 우리 노동자들, 기술자들이 당신네 나라 노동자, 기술자보다도 못 하다는 게 뭐요?' 그러니까 대답 않고 가만있으니까 또 한 번 질문하더라구요. 그러니까 계속 고개 숙이고 있는 거지. 그 얘기를 들었어요, 내가. 그래서 '아, 이 사람이 우리가 순수한 그 국제주의, 순수한 것이 좀 아니로구나.', 그 생각을 좀 했어요. 그게 지금 인상이 깊어요.

Q 그러니까 사상 속에 우리 민족이 제일이라는 그런 의식이?

A 민족제일주의가 뭐냐면, 민족의 긍지와 자부심을 갖고 자존심을 갖으라는 거예요. 그것이 민족제일주의의 기본 정신인데,

그것이 바로 6·15공동선언 때 김대중 대통령 만났을 적에 그 얘기가 나왔었어요. '우리나라와 같이 민족이 작은 민족은 자존심을 가져야 됩니다.', 그게 나왔어요, 테레비에 잠깐 나왔어요. 그러니까 미국한테 쩔쩔매지 마란 그 얘기지. 그래서 그러면 그러한 생각을 왜 가졌을까 하는 것을 내 나름대로 생각하는데, 그것은 역시 집안이 그 사람이 전주 김씨거든. 전주 김씨가 원래 경주 김씨에서 퍼져나간 겁니다. 전주 김씨에서 19대 전에 전주에서 그 백봉 기록에 나와요. 그래서 전주 김씨 집안입니다. 그래서 이번에 언론인들이 가 가지고 '조상님 묘 한 번 가 보실 생각 없으십니까?' 하고 물었다고. 그게 이제 전주 김씨 시조 묘가 전주에서 조금 더 가면 모악산이라는 데가 있습니다. 모악산 기슭에 있어요. 김태서입니다. 그것이 경주 김씨 경순왕 아들의 5대손인데, 김태서가. 그게 전주 김씨 시조로 거기 묘가 잘 되어 있어요. 그것이 김영삼 시대 때 정상회담 문제가 얘기가 되고 해서 그거 만들었단 얘기가 있어요. 거기를 갔다 온 사람 얘기를 들으니까 아주 잘 해 놨다고 그래요. 그거를 언론인이 가서 얘기했거든, 오실 생각 없냐고. '때가 되면 가봐야지요.', 그렇게 했어요. 그게 좋은 거라구요. 조상 찾아오는 게 말이지요. 그래서 그런 집안이고, 그로부터 아버지, 가정 이런 거를 보면 역시 희생된 집안들인데, 또 일찍이 깬 집안이에요. 기독교 사상을 가지고 조금 보통 사람들보다도 깬 집안입니다. 그리고 가장 설움받은 거지, 만주에서. 설움받은 것이 뭘로 설움받았냐 하면 어머니도 고생해서 죽고, 거기에서 이국땅에서 사니 얼마나 설움받았겠어요? 거기에다가 항일 빨치산시대 때 민생단으로 몰렸단 말이에요, 중국공산당한테. 그래서 그 민생단에 대한 것을 저 한홍구라는 사람이 민생단에 대해서 미국에서 박사 논문을 땄어요. 그래서 김일성 주석이 민족주의 사상을 가지게 하는, 민족의 주체 문제를 주장하게 된 배경으로써 민생단 사건을 몰라서는 이해할 수 없다는 말을 해요, 한홍구 씨가. 또 하나는 연변에서 여기 온 사람이 유학을 왔는데, 박사 논문에 민생단 사건을 가지고 박사논문 썼습니다. 그래서 민생단 사건이 두 가지가 있는데, 나는 그것을 아직 입수 못했어요. 한홍구는 영문으로 쓴 거 한국말로 아직 번역은 안 했을 거란 말이에요. 그러니까 민생단 사건 때 도망 다녔습니다. 잡혔으면 죽었어요, 김일성이. 그리고 중국 공산당을 국제공산당에서 인정하고, 한국 사람들은 중국 공산당 동만 특위로다가 연결시키라고 했습니다. 그래서 박금철이니 뭐니 동만 특위로 들어간 겁니다. 중국 공산당의 하부 조직인 동만 특위에 들어가라, 그래 가지고 중국 공산당이 김일성을 비롯한 항일 빨치산들을 누르려고 한 거지요, 당적으로다가. 그러기 때문에 '우리가 하는데 니가 무슨 상관이냐?', 그런 생각을 가질 수가 있는 거라구요. 그래도 왜 우리는 민생단 사건으로 보느냐 말이지, 민생단 사건 때 엄청나게 죽었습니다, 저게 지금. 그런 것들이 결국은 김일성으로 하여금 주체 문제다 뭐다 이런 것들이 나오게 되는 하나의 과정이 아니겠는가. 그래서 그것은 그러다가 6·25전쟁 때 그때도 얘기 했지만 팽덕회가 지원군 사령관으로 왔으면, 당연히 최고사령관한테 찾아와서 전안보고도 해야 하겠고 같이 연합 전술도 해야 할 텐데, '김일성 장군, 나한테 오라고 해라.', 이런 식으로 했다구요, 팽덕회가.

Q 당시 팽덕회는 나이가 얼마나 됐습니까?

A 그 당시 팽덕회는 많았어요. 그리고 또 하나는 56년도, 그때도 얘기했지만 8월 전원회의 때 최창익이가 탈당하지 않았어요? 9월 전원회의 때 한 달 후에 미코얀하고 팽덕회가 와 가지고, 또 뒤집어엎어 버렸단 말이에요. 이게 내정 간섭이지 뭐냐 이거야. 그러기 때문에 우리 혁명 우리가 하는데 너희들이 무슨 상관이냐 그런 감정이 있는 겁니다. 그래서 자기 민족의 힘을 믿고 살아야지, 남의 힘을 믿고 살 수 없다는 그런 감정이 있어서 그런 말을 한 거 같아. 그래서 그런 것들이 결국은 주체 문제로다가 연결되고 자주 문제와 연결되고, 강대국과의 문제에 있어서는 자존심을 가져야 한다고 연결되고, 이런 것들이 아니겠는가. 그래서 그런 시각에서 오늘날 남쪽을 본다구요. 그래서 남쪽보고 자꾸 미국하고 싸워야지, 왜 자꾸 미국하고 손잡으려고 하느냐, 아니 사대하고 망했는데, 우리가 사대주의 해서 망했는데, 사대주의를 해 가지고 나라 통일을 하고 나라 발전시킨다는 건 말도 안 되는 말이잖아? 그건 맞는 얘기야, 그게. 그러기 때문에 자주로 나가야 된다, 그래서 이번에 노무현 대통령이 3·1절에 반미니 뭐 친미니 따지지 말자, 민족 자주 문제에 기준을 놓고 그것을 이해를 해야지, 그거는 내가 잘 했다고 봐요. 언젠가는 우리가 그렇게 가야지 뭐. 그래서 나는 58년 그런 걸 내가 경험했어요. 그때만 해도 국제주의를 많이 강조할 땐대. 그때 그런 생각을 했어요, 내가.

Q 장시간 동안 많이 얘기해주셔서 많이 배웠구요, 학술연구 하는데 도움이 될 것 같습니다. 감사합니다.

II 이항구

1. 해방공간
2. 한국전쟁
3. 서울정치학원
4. 22여단
5. 철도사령부
6. 소설집필
7. 기자생활
8. 종파사건
9. 세대교육
10. 작가동맹
11. 청산리 방법
12. 주체사상
13. 김정일과 북한의 변화
14. 김일성과 김정일
15. 현지지도
16. 김정일의 통치능력
17. 국방위원회의 위상
18. 민족공조
19. 서울정치학원과 금강정치학원
20. 국군포로 중심의 인민군 22여단
21. 해방전사
22. 국군포로 문제
23. 독서회
24. 북한체제의 견고성
25. 핵문제
26. 5 · 25교시

| 안녕하십니까?
| 선생님의 경험을 중심으로 북한현대사에 관한 이야기를 듣고 싶습니다.

A 개인 얘기해야겠네. 왜냐면, 공식적인 자료는 뭐 북한 저기나 뭐 어떤 거나 연구한 여러 논문들에 다 나오니까.

Q 글쎄요, 예. 그때 사실, 선생님께서 직접 활동하면서나 그런 것들을 하면서 이름이 나오고, 지명도 나오고 이제 거기에 있었던 그것도 이제 나오지 않겠습니까?

1. 해방공간

A 예, 그러니까 내가 중학교 2학년 때 그 당시 좌익 해방, 좌익에 그 학습반 독서회라는 게 있어요. 중학교 2학년 땐데. 그래서 그 독서회에 휘문중학교 2학년 그 무렵에 독서회에 들어갔더니 거기에 우리 같은 동창들이 좌익 성향을 가진 애들이 모인 거지요. 그래서 그 안에는 소설가 이태준의 아들 이유백이라고

이렇게 동창이 있고. 그다음에 그 「향수」라는 시로 유명해진 정지용의 아들 정구용, 또 북한에서는 거물로 취급하는 북한 정권 초에 서기장 한 홍증식의 아들 홍창희도 있고. 이렇게 이 독서회를 만들어 가지고. 거기서 일본의 후쿠다키 이치가 쓴 「자본주의를 해부한다」하는 책을 가지고 처음에 공부를 하고 그다음에 「공산주의의 표시」 후안이 쓴. 그런 것부터 시작해서 독서 모임을 하면서 좌익성향의 학생들끼리 뭉쳐 가지고, 그것이 이제 '민주학생연맹'으로 발전을 해 나간 거지요. 그래서 당시 그 독서회가 성북동에 사는 이태준씨 집에 가서 몇 차례 하고, 그다음에 아리랑 고개 밑에 있는 정지용씨 집에 가서도 몇 차례하고, 우리 집 와서 몇 차례하고 이렇게 해 가지고 이 좌익 운동을 했는데. 그때 46년 7년경에, 47년경이지요, 이때에 월북했단 말이에요, 이 사람들이. 인텔리 월북하고 그. 그 아들도 따라 오느라고.

Q 네, 그때 남로당하고 만들 때죠?

A 인텔리 월북하고 그 아들도 따라 오느라고 이렇게 했는데, 그것이 큰 운동은 못 됐어요. 이 학생 운동으로 중학교에 그 스트라이크, 동맹휴학을 해서 그때에 좌익 운동을 주로 삼고, 삐라 같은 거 만들어서 뿌리고, 미군 나가라든지 여러 가지 했는데, 그때 학생운동에서 좌익에서 내가 좀 역할을 했다고. 그래 가지고 주로 그 우리 학생들하고 싸우는 거지요.

Q 좌·우익이?

A 네, 좌·우익이. 근데 이게 우리 학생으로는, 지금 단국대 이사장 하는 장충식이.

Q 아, 장충식 씨. 그러면 그 주제가 주로?

A 어떤 주제 없이.

Q 이념적으로. 해방공간 내에서 어떻게 국가를 수립해 갈 것인가에 대한 방향성 가지고?

A 주로 육체적인 싸움도 있고.

Q 아, 주먹다짐도 하고?

A 주먹다짐도 많이 했고, 그 주먹다짐을 해서 그 장충식이가 지금 저 과기처 장관했던 저기 서정욱이라고 있어요. 서정욱씨라고 그 양반이 내 짝인데, 키는 조그만 하고. 그래서 학생들이 분열되어 가지고, 그러다 그 단합 멤버들이 동창회도 나오고 해서 학생 운동이 어느 정도, 좌익 운동이 그때 저희 학생들에 대한

체포 부분도 있고. 이렇게 해서 있다가 6·25동란이 났다는 거죠. 그래서 휘문중학교에서 요 동란에 제가 나가서 북한군을 맞이해 가지고, 의용군 차출서를 내보내는 사업이 시작됐지요.

2. 한국전쟁

Q 어디서 주도를 했어요?

A 그거는 관민청 동로구역민청에서 주도를 해 가지고 각 학교에 저기 해서 지도하고 그러는데, 그때에 월북했던 홍창희가 정치공작원을 했는데, 그게 홍증식이 아들인데, 김일성 종합대학에 진학해서 낮에 공부하고 이렇게 지식인으로 활동하고. 그렇게 나와서 학교를 지도하고 있다가 9·28수도수복 되면서 이 학생, 중요한 그 좌익 학생 대표들이 전부 서울 시 당에 속해 가지고 그 서울 방어전을 했단 말이지요, 총 들고 나가서. 인원이 모자라니까. 그러다가 그것이 그대로 후퇴를 해서 북으로 들어가는데, 맹산 지구에 와 가지고 그때 서울시 당 간부장 허명기라는 사람이 김일성의 지시를 받아가야 된다고 그래 가지고, 나는 그때 나이가 열일곱 살, 어리니까 나를 연락병 겸 호위병으로 데리고 갔다구. 그래서 자강도로 간 거여.

Q 자강도까지 올라가셨어요?

A 자강도 강계에 단 둘이 먼저 갔다고. 그러니까 거기 강계에 김일성이가 남아 있더라고, 나는 못 만나고.

Q 밖에 계시고?

A 허명기가 들어가서 만나니깐, 거기서 그 김일성을 비롯한 북의 노동당 주요 간부들이 '왜 고향을 사수하지 않고 뚫었느냐, 다시 그 유격대를 만들어서 나가라.' 이래 가지고 나와서 거기서 유격대를 편성을 했어요. 그래서 그것이 서울 시 당, 당시 그 시 당 위원장을 하던 그 김응빈이라고 있어요. 김응빈이라는 인물이 북의 당 중앙의 일원이고, 그런데 그 김응빈이가 제1지대 지대장, 그다음에 홍영기가, 이 세 개 여단을 만들었는데, 3여단 여단장. 이래 가지고 다시 휴전선, 군사 전선을 뚫고 들어가서 태백산에 들어왔단 말입니다.

Q 그때 정확히?

A 10월달에.

Q 50년 10월?

A 예, 50년 10월달에 다시 들어와 가지고 태백산맥에서 일월산

으로 해서 문경 그쪽으로 진격하면서 국군 후방을 지원하고 그러면서 전투도 했어요. 그래서 나는 홍영기 3여단, 나중에는 연락이 하도 많이 줄어 가지고, 그때 150명이 한 개 여단이었는데, 연락 분대장을 했지요. 해서 겨울을 거기서 났어요.

Q 50년 겨울을?

A 영월 해방전투 이후 최현이가 이 사람은 그래 연합해서.

Q 최현?

A 춘천 해방전투, 영월 해방전투를 했단 말이에요, 전투를 실지로 해가지고 그 겨울을 거기서 났는데, 겨울에 집이라곤 들어가지도 못 하고 산에서 자면서 한겨울 나고. 그래가지고 이듬해 3월달이 되었는데, 그 3월달에 열병이 돌았어요. 열병이 돌아 가지고, 이게 아주 급속히 전파되기 때문에 열병이 걸린 사람은 무조건 떼놓는 거야.

Q 격리시켜 놓고?

A 격리시켜 놓고 그냥 가는 거야. 쫒아오면 권총으로 쏘겠다 그러고 그래가지고 떼놓고. 그래서 산속에서 얼어 죽게 된 거야. 그

런데 3월달에 나도 열병에 걸렸다고. 걸려 가지고 한 11명이 열병에 걸려 가지고 부대에서 격리시키는데, 산속에 화전민이 쓰던 집이 있는데 그 집 방에다가 11명을 쫙 눕혀 놓고 그다음에 부대가 떠났다고. 그러니까 거기서 다 죽는 거지. 얼어 죽는 거지. 그리고 며칠, 그때 젊은이가 며칠 있었는지 코피를 쏟았어요. 코피를 쏟아 가지고 제정신을, 깨어났다고. 의식불명 됐다가. 깨나고 보니까 한 사람이 앉아 있더라고, 저 끝머리에. 뭐 나보다 먼저 깨 가지고, 그 사람이 '정신 나냐?' 그래서 정신 든다니까, 그럼 다행이라고. 그런데 부엌에 부대가 떠나면서 누룽지를 많이 광주리에다 해 놓고 갔어요, 산 놈들이 먹으라는 거지. 그래 가지고 물을 퍼다가 그 누룽지를 가마솥에 넣고 불을 때가지고 그 사람이 그걸 갖다 준거예요. 그래서 그걸 먹고서 한 3일 동안 거기서 꼼짝 못 하고 있다가 기운을 차려 가지고. 그 사람의 이름은 오래되어서 잊어 버렸는데, 아산 분당 기업과장이라 그래. 그래서 나는 이제, 나머지는 다 죽었어. 다 죽고 둘이 살았어. 살아 가지고 보충하고 탄알 5발을 넣고 갔어요. 그런데 거기서 가는데 어디를 가느냐, 부대를 못 따라간다. 산속에서 부대가 어디에 있는지 어떻게 아냐. 그러니까 '이제 북으로 들어가자, 북으로 방향을 무작정 들어가면 북으로 갈 거 아니냐.' 그래 가지고 둘이 산속을 걷기 시작했어요.

Q 태백산맥 줄기 따라서?

A 일월산 뭐. 영월에서 시작한 거예요. 정선에서 시작해서 거기

서 걸어가는 거야. 근데 뭐 그게 며칠 가요? 그래서 산에서 먹을 것도, 이제 눈이 녹기 시작하는데 아직 많이 녹지 않고 산에는. 그래서 농가에 들어가면 마늘을 이렇게 매달아 놓은 게 있다고. 그래서 그 마늘을 따다가 그것을 주머니에다가 그냥 쑤셔 넣고 다니면서 많이 먹었어요. 그러니까 화천강이 나오더라구요. 어떻게 가다 보니까 화천강이 나와서 화천강을 건너서 이제 철원이지, 이쪽 철원. 철원에 들어가니까 거기에 서울 지도부 사령사부, 지도부지. 서울 지도부가 거기 나와 있더라구. 그래서 거기서 말리러 들어갔어요. 그러니까 한 대여섯 달 동안 머리 못 깎으니까 머리는 어깨를 치고, 수염은 원래도 많이 안 났지만 그 사람은 수염이 많이 나고, 그다음에 옷은 전부 이 소케(솜)를 해 가지고 전부 완전히 거지꼴로 들어간 거예요. 그런데 들어갔는데, 그전에 사건이 있었는데 복잡하니까 빼고. 중공군이 벌써 나왔어요. 51년 3월달에.

Q 50년 10월달부터요?

A 중공군한테 잡혀 가지고 부대 들어가기 전에 둘이 이제 '토구'야. '토구' 가 뭐냐면 간첩이지. 그 얘기는 우리가 간첩이다 이거야. 그래서 중간에 있는데, 우리 어머니가 서울 떠날 때 부적을 해서 넣어 준 게 있다고. 부적을 꺼내보더니 이게 지도다하는 거야. 그래서 죽이라는 거야, 둘을. 그래서 언덕에 올라가라 그러더라고. 그래 내가 옆에서 기업과장 보고 '아무래도 이거 이왕 죽을 거 도망이나 쳐보자구, 뛰자!' 그래서 뛴 거야 거기서. 그

래서 총 막 쏘더라고. 막 날아오는데 뭐 하나 뭐, 쏜살같이 달려 가지고 언덕을 딱 넘어가니까 이 기업과장은 좀 쉬었다 가자고 멈추더라고. 그러다 멀어졌지. 그런데 그 양반이 바지를 벗더라고. 그래서 보니까 피똥이야. 그 사람은 나이 먹으니까 아니까, 나는 젊으니까 모르고. 보니까 피 똥을 쌌더라고. 그 정도로.

Q 죽기 직전이니까?

A 죽기 직전이니까 다급해가지고. 그래가지고 다시 갈아입고서 들어가는데, 화천 거기에. 들어갔더니 이인동이라고 당 중앙위원회 서울 지도부 재정 부장을 하던 사람이 있어요. 이 사람이 서울 살았는데, 내가 지하운동할 때 지도자라 그래가지고 우리한테 얘기한 적이 한 번 있어요. 근데 그 사람은 모르더라고. 그래서 내가 그 얘기를 했어요. 했더니 그 양반이 '그러냐' 그러면서 말이지 반가워하고 신임을 하는 거야. 기업과장은 거기서 좀 아는 사람들이고. 거기서 목욕을 시키고 싹 갈아입히고. 그리고 쎄라, 쎄루? 뭐 고급 모직을 해서 곤색을 해서 딱 갈아입고 나왔더니 이인동이가 그 사람이 3차 당 대회에서도 중앙당 위원으로 선출이 된 사람이야, 옛날에.

Q 이인동?

A 이인동. 그래가지고 이승엽이하고 동서지간이야. 근데 그 이인

동이가 같이 있자 그러더라고. 그래 말하자면 이인동의 연락병이지. 호위병으로 갔지. 중앙당 서울 지도부에 같이 있었다구. 같이 있으면서 1군단 좀 뭐. 거기서 그게 철원에 후퇴해가지고 황해도 봉산군 봉산리로 이동했어요, 도 지도부가. 그래가지고 거기서 1군단장 군단장을 만나가지고 지원하고 그런데, 거기에 이승엽이 배철이, 그런 남로당계 동무들이 다 나오더라고. 그러니까 서울 지도부에서 그 본부지역에서. 그래서 나이가 젊고 한 사람들을 공부를 시켜야 된다 그래가지고, 전쟁 와중이지요. 서울정치학원이라는 걸 만들었어요.

3. 서울정치학원

Q 어디다 만들었어요?

A 그 봉산리에.

Q 봉산리에 서울정치학원?

A 정치학원. 그게 금강학원의 전신이야.

Q 아, 금강학원 전신입니까? 그럼 그 서울정치학원이라는 건 많

이 알려졌습니까?

A 그건 많이 알려지지 않았지. 그러나 서울정치학원이 금강학원의 본체야. 서울정치학원에 이제 거기서 공부하러 들어갔어요. 그런데 그때 학장이, 학원 원장이 송을수라고 그 사람도 유명한 사람이야. 그 사람도 남로당 숙청이 다 된 다음에 당 중앙위원으로 남은 사람이야.

Q 아, 송을수도 남았습니까?

A 응, 당 중앙위원으로. 그래 송을수하고 학원 원장도 하고, 그래 거기서 여섯 달 공부를 했다고. 맑스·레닌주의의 기초로부터 시작해 가지고 군사론부터 시작해 가지고 남한의 유격 활동하는 사연, 전술해서 배웠어요. 배웠는데, 그때에 무력부 쪽, 인민군 쪽에서 국군 포로들을, 남한에 있는 국군 포로들을 가지고 인민군대에 편입시켜서 한 개 여단을 만들게 된다는 거예요, 나중에 알려지지만. 그래서 여단에 국군 포로들을 관리할 초급 지휘관들이 필요했다고. 그게 이제 51년 10월달이야. 그 중에서 서울정치학원생 중에서, 졸업한 인원들 중에서 젊은 사람들, 군대의 연령에 해당되는 사람들을 그 여단의 초급 지휘관으로 편입시켰단 말이야. 분대장, 부소대장 뭐, 특무장 이름으로 편입시켰어요. 그래가지고 내가 거기서 훈육학당을, 인민군 제22여단, 여단장이 송호성이 여단장이고. 여단 참모장이, 정화룡이라고 대장. 그 사람 해 가지고 22여단이 영변에 지금

핵문제가 나오는 곳에 만들었어요.

4. 22여단

Q 아, 영변에? 국군 포로 중심의 22여단이?

A 그런데 그 22여단에 그러니까 강태무하고 표무원이가 대대를 끌고 들어왔잖아요.

Q 네, 네. 그랬지요.

A 그리고 그때 들어가는 게 젊은 친구들이 그 군단으로 들어왔어요. 중대장, 소대장 해서. 돌아가는 게 완전히 남한 출신들로 여단이 만들어진 거예요.

Q 그렇지요. 병력 수는 얼마나 됐을까요? 대충 뭐. 여단도 규모가 하도 여러 가지니까.

A 한 4~5천명 될 거예요. 하여튼 영변 일대 다 하고 군의소까지 있고. 군의소라면 지금 거기 절간 있어요, 영변에. 절간에 군의소가 설치되고, 군의소장이 상좌. 그래서 그걸 만들어서 22여

단이 되고. 22여단에서 훈련시켜서 인민군 각 부대에 투입시켰다. 그런데 그 국군 포로들을 전부 계급장을 달아주고 인민군 편전에서 훈련시킨 거지. 그런데 거기 가 보니까 218 부대라고, 국군 포로들을 잡아 가지고 일부는 벽동에 있는 포로수용소에 보내고, 나머지는 다수를 비행장 복구 건설하는 데 투입했다. 황주 비행장, 이런 온천 비행장 그래가지고 신의주 비행장 해서 포로를 투입해 가지고 인민군 복장을 입혀 놨다고. 투입해서 포로들이 비행장 복구 사업을 한 거지요. 그러니까 미국 폭격의 대상이 포로가 된 거예요.

Q 국군 포로. 국군이죠?

A 국군 포로들이 미군 폭격을. 그래 가지고 이제 다 죽었어요. 거기에서 살아남은 친구들이 없더라고. 그니깐 국군 포로들이 흔히 부하야. 군대는 전부 군대원들만 저쪽에서 온 친구고.

Q 간부들은 공산당원이고? 골수?

A 그렇지, 골수. 그런데 그 22여단 존재도 잘 몰라요. 22여단 조직이. 정화룡이라는 북괴군 대좌가 총 지휘해서 인민군 식으로 전부 훈련을 했어요. 훈련을 했는데 그게 52년도인가? 51년 10월에 거기 가서 한인들 훈련을 받고 배치했다. 거기서 훈련받은 인원들은 인민군 정규 부대에 배치한다든지 해. 여단이 나

아서 좋다는 게 아니고, 그것도 훈련을 시키기 위한 조직이고, 거기서 훈련이 끝난 다음에 그중에 인원들을 배치하고. 해방 전사들이지 말하자면. 해방 전사들을 완전히 인민군화해서 각 부대에 배치해야 돼요. 그래서 나도 할 수 없이 배치되어 가지고 난 어디로 갔냐면, 북한군 철도병 사령부, 철도병 사령부 1여단에 배치했다. 그래서 가보니까 전부 중국 사람들이야. 중국에서 나온 한인들. 그게 뭐냐면 그 사람들의 얘기를 뒤에 들었지만은 중국에 있는 철도 병탄에 한인들을 전부 모아서 그 부대를 만들어 가지고 여단이 있던 그대로 만들어서, 6·25 직전인 6월 10일경 전후해서 열차 편으로 38선 군수품 공장으로 내보낸 거야. 그것도 안 잡히는 거야.

Q 그 상당히 중요한 사실이네요?

A 중요한 사실이지요? 중국 팔로군 철도 병탄에 있는 한인들이 전부 설립되어가지고 여단장은 거기서 연대장하거나 간부했던 사람, 여단장을 해 가지고 그 김기환이라는 사람이 여단장을 해 가지고서 나왔다. 나와서 그것이 한강도하작전의 다리 놓고 그래 가지고 이제 그래서 그 뭐하는가 하는데, 철도 복구 사업을 가는데 그 부대가 한강도하를 다했데요. 그래 거기는 병사가 없어. 왜 병사가 없냐 하면은, 46년도 중공 팔로군에 46년도 입대한 사람은 상사, 47년도 입대한 사람은 중사, 48년 49년도에 입대한 사람은 다 하사. 이래 하사가 없는 거야.

Q 전부 다 하사관 이상들의?

A 예, 부대 자체가. 근데 거기에 국군 포로로 22여단 훈련소에 있던 사람들을 지목으로 비로소 병들이 생긴 거야.

5. 철도사령부

Q 그래서 이제 완전 편대가?

A 그래 가지고 이제 철도 사령부라고 그랬어. '북한군 철도 사령부' 라는 게 만들어 졌다고. 우리 저쪽 편대에 없어, 군에도 아직 철도 사령부가. 그래서 김주봉이란 사람이 투 스타로 철도 사령관이 되고, 거기에 세 개의 여단을 구성해서 원 스타들이 여단장이 되가지고 국군 포로들을 집어넣어 가지고 철도병을 만든 거야. 근데 이 철도병이라는 게 뭐하는고 하니 하면, 열차 수송을 해서 철길 파괴된 거를 복구하는 거거든. 그러니까 여기에 뭐 시한탄도 떨어져서 묻혀 있고, 계속 밤에 복구하면 낮에는 일본 폭격기가 와서 폭격하고 한다고. 그러니까 거기가 굉장히 위험한 지대란 말이에요. 그리고 시한탄을 파는 거는 땅속에 파 놓은 시한탄이 거기에 떨어져서 철길에 놓여 있는 게 아니고 이게 땅을 파고 들어가요. 3m, 4m씩 들어간다고, 큰 거는. 그러면 그걸 대게 이렇게 들어가서 겨냥을 한 걸 파 들어간다고. 파

들어가서 시한탄이 나오면 거기다 이만한 나무장을 메 가지고 그것을 도로꼬를 달아가지고 그것을 묶어 가지고 끌어올립니다. 올리면 논판에 갖다가 놓는 거예요. 놓고서 거기에 술을 쳐 놓으면 이제 끝난 거예요, 제거한 거라고. 그래야 거기에 철길을 파야 할 거 아니야. 그런데 그게 시한폭탄이 되서 땅을 파다가도 터져 죽고, 또 운반하다가도 터져 죽고, 언제 터질지 모르는 거예요, 시한폭탄이니까. 그래서 국군 포로들이 거기서 많이 죽었어요. 그래 나도 거기서 시한폭탄을 여러 개 팠어요.

Q 아, 직접?

A 직접. 내가 분대장이니까. 그때만 해도 분대장이거든. 나중에 특무장을 했지만, 그때는 분대장이니까 직접 막 캐는 거야. 그럼 아주 뭐 목숨 걸어 놓는 거야. 매캐한 연기가 살살 올라오는데 땅을 파가지고 말이지 한 시간 파가지고 거기 들어가서 폭탄이 나오면 그걸 들어 가지고 말이지, 보통 50~60kg정도 된다고. 그 시한폭탄 들어다 밭에다 갖다 놓으면 말이야, 빨리 와야지, 뛰어 와야지. 그래 두 세 개 캐다가 죽은 사람도 있고, 한 두어 개 캐다가. 그래서 실지 나가서 전투하는 것 보다 그게 더 위험한 거야. 이게 언제 터질지 모르는 거니까. 그래 가지고 그것을 서른일곱 개를 캐 가지고 공화국 영웅이 된 사람이 있어요.

Q 서른 몇 개를?

A 서른일곱 개. 최고 기록이야. 그 사람이 최고 기록을 세웠어. 그렇게 해 가지고.

Q 선생님은 몇 개 캐셨어요?

A 난 한 서너 개 캐고 했는데 그게 철도 복구하는 거예요. 그래서 내가 철도에 대해서는 아주 환하지. 괴관이 말이지 143에다 1m43쯤 둥치의 관 사이가 이것이 7mm만 벗어나면 탈선하고, 안으로 4mm만 들어와도 탈선한다. 그리고 이 양로작이나 보드정리를 하는 거야. 이런데 폭격한 자리에 땅을 메우고 날마다 이거 철길을 놓고 기차가 통과될 때 새 땅은 내려앉을 거 아니에요. 그래 가지고 파도 사람들이 귀찮아가지고, 그런데 그것을 하는데 국군 포로들이 많았지. 그런데 그렇게 포로들이 많았는데 내가 같이 생활했는데도, 여기서 같이 학교 다닌 놈들 한 놈 한 놈 없더라고. 그렇게 했는데 56년도 '8만 명 제대다.' 한 거요. 걔들은 건축 설계에서 8만 명 제대시킬 때에 철도 병사는 그대로 두고 거기서 제대시킨 거요, 축소해 가지고. 그런데 그전에 그 52년도에 남로당 계열을 숙청했었어요. 53년 8월달에 평양 모란봉 극장에서 최용건이가 집결 재판장이 되어 가지고, 재판장이 되서 이승엽이 배철이, 이렇게 연락된 조일명이라든지 설정식이라든지 이런 인물이 이렇게 해서 11명이 처리되고. 8월달에 모란봉에서. 그래 이 남로당 계열 아니에요. 그게 오면서 탄압을 받기 시작한 거야, 남로당 계열이,

남로당 계열이고 남로당 출신이고.

Q 처음 오서서 52년 10월 그 전에 남로당에 대해서?

A 내가 계속 그 철도 담당만 하니까 그땐 몰랐지.

Q 그전엔 잘 몰랐고요?

A 어, 박헌영이가 서울 지도부가 그때 그 평양시 외곽에 청계산 골짜기에 있었다구, 이승엽이가. 그래서 내가 군대에서 벗어나려고 내가 그 출장, 군대 양식 지도원 됐어요, 나중에 그 부대에. 양식 공급, 대대 양식공급 지도원 했는데, 그래서 보고하러 간다 하고 거길 찾아 갔다고. 왜냐면 벗어날라고.

Q 이승엽이 만났어요?

A 이승엽이 안 만나고. 이인동이를 만나서, 이승엽이하고 동서지간인 이인동이를 만나서 어쨌든 벗어나려고 말이지 거기를 찾아갔는데, 거기 있더라구. 그런데 북한에서 이승엽이 칠 때에 재판에 칠 때에 미군이 평양이고 다 폭격했는데 그 청계는 여전히 폭격 안 했더라구. 그것이 미국이 갖고 있는 한 개의 조건이라고. 결국엔 그 사람이 못 했다가 이 56년도에 그 인민군 감

축, 20만 병력을 감축했다구. 그때에 이제 나온 거야. 나오니까 분류가 남로당 계열로 분류된 거야. 분류가 되어 가지고 흥남비료공장 보수직장 영공, 거기선 중공이라고 그러는데 영공이 뭐냐면 도배야. 그 영공. 영공이면 높은 데 올라가서 이제 날라야 하는 게 영공이야. 그 영공으로 갔을 땐데 그런데 이건 뭐 철도업을 할 때보다 더 중노동이야. 그 이제 노동자를 대는데 그게 남로당 계열은 다 붙들려 오는 거야.

Q 북한이 남로당 계열의 사람은 다 그렇게?

A 그래 가지고, 그 교관을 만났어요. 평양에서 봤는데 단동벽돌공장 노동자로. 단동벽돌공장 노동자로, 아오지 탄광, 그쪽에 광산이거나 이런 데로 전부 양강도로 전부 숙청에 따라서 전부 배치된 거야. 그니깐 그 후에 몇 년이 지났는데도 제대하니깐 흥남비료공장에 집어넣은 거야. 그런데 흥남비료공장에서 노동을 했는데 그냥 그 가스가 위산가스가 바로 댕겨야 되니까. 그러니까 그렇게 하는데 가스가 어느 정도 심하냐면, 마스크를 끼고 일하면 저녁에 합숙소에 가서 물로 씻으면 흐물해서 없어져요.

Q 녹아 버려요?

A 그렇게 위해 해요. 그러니까 가래침을 뱉는데, 거기 가래침을

뱉는데 그냥 피도 토하고, 피도 나고. 그러니까 거기에서 노동을 하는데 이 노동이 철도 복구할 때 노동을 많이 했거든요. 또 침목 지고.

Q 노동이 얼마나 힘든데요?

A 그러니까 노동하고 그러니까, 지금도 이만한 혹이 나 있어요, 등허리에.

Q 노동해 가지고?

A 노동해 가지고, 안 없어져 죽을 때까지. 그러니까 철도 공장할 때부터 계속한 거예요. 그러니까 철도 공장할 때 노동한 것이 흥남비료공장에서는 그게 또 하고. 그러니까 이제 하는데, 그 흥남비료공장에서 노동하면서 이제 합장, 유산재 같은 거는 합장이에요. 천정에 보수하러 올라가면 거기 노랗게 유산 가루가 묻어 있다고. 스치면 삭아서 없어져요. 그니까 거지처럼 되는 거야, 옷이. 그러니까 작업복은 모직이야. 작업복은 모직이고, 평상복은 면직이고. 작업할 때 모직은 떨어져도 떨어져 내는 것이 일이라구. 그러니까 다들 노동자들이 작업할 때 이 모직 옷이 그때 모직을 안 입고 그것을 외출복으로 보관하고. 그 면직 가지고 작업을 하는 거야. 그래 가지고 거기서 노동을 55년에 하고 나왔어요.

Q 그러면 선생님, 흥남비료공장이요 일단 일제 때 만든 거잖아요? 전쟁때 다 파괴된 것을 복구 건설한거 잖아요? 그 지원을 어디서 했습니까? 재정적인 지원?

A 러시아, 러시아에서. 지단비료공장에서, 요안비료공장에 만 명이 일해요, 만 명이 일 하는데 그것이 60만 톤이에요, 생산 능력이. 그런데 지단비료공장이 한 50명 일한다고. 근데 거기 50명 일하는데 30만 톤이야 생산이. 그러니까 몇 분지 일 가지고 하도록 한다고, 러시아 애들이 해 준거. 일본 사람이 지은 거는 아주 구닥다리 옛날 30년대에 쓴 거라구. 그러니까 거기는 말이지 전부 유해 직장이라구. 그래 가지고 어디 가든지 다 가스야. 그래서 그 근처는 가로수가 못 살아요. 가로수가 잎이 없어요. 그다음에 토끼 같은 거 갖다 기르면 죽어. 그때 걔들이 토끼 지키기 운동이라고 그 인민 학교에다가 전부 장을 했는데, 흥남은 제외야. 왜냐면 토끼가 죽으니까, 못 사니까. 그리고 보수직장이 어느 정도냐 하면 다 녹아 버렸어. 그런 아주 비참한 노동 현장이었다구. 지금은 말로 다 못한다고. 그니까 그 속에서 그 철도 노동을 했다는 경험이 있어 가지고 모범으로. 그래서 이렇게 됐는데, 그때에 우리 작업반에서 45명, 45명 작업반 중에 내가 2년 동안 일 하는 동안에 여러 명이 떨어져 죽었어요. 그냥 막 죽는 거야, 떨어지면 죽고. 그러니까 어떤 사람은 일제 때 삐죽하게 철이 서 있거든, 철 기둥이. 거기 철 기둥에 앉아 가지고 다 끝내고. 철 기둥이 넘어지는 바람에, 땅 바닥에 내리쳐 가지고 죽는 사람도 있고, 뭐. 내 거기서 2년 동안 그렇

게 하면서 내가 느낀 게 뭐냐면, '아, 이게 안 되겠다.' 처음에는 정치 지망생으로 로동당 그쪽 남로당 계열로 들어가서 정치 시작했는데,

Q 하하하.

6. 소설집필

A 남한 출신이 되어 가지고. 그러니까 이제 문화 방향을 틀어야 하지 않겠느냐, 이렇게 정신적인 저기를 해 가지고 거기서 그 안전띠, 사람들 막 떨어져 죽는 거 보고, 안전띠를 매야 된다. 시아버지는 높은 데 올라가기 귀찮으니까 안 매고 왔다갔다 하는 거야. 그러다 며느리한테 들켜요 시아버지가. 그래서 시아버지는 그 며느리가 시아버지한테 설득을 하고 비판을 하고 그런단 말이야. 그래가지고 이 안전띠라는 건 당이 준 생명줄이다. 그러니까 노동자들은 그렇게 해야 한다라는 소설을, 소설을 내가 썼거든. 단편소설을.

Q 그때? 노동자로 일 하면서?

A 내가 스물 몇이였는데.

Q 그게 몇 년도로 기억하세요? 대충?

A 그게 대충 56년도, 57년도인가? 57년도지. 그래 가지고 이제 됐는데, 그게 여기서 말하면 신춘문예. 그「청년문학」에 실렸단 말이지. 그게 실려서 그때 거기에서 작가가 내려왔었는데, 내가 그걸 써서 보여주고. 그 공장 문학 써클 지도 작가야. 그 사람이 보고. 그래 가지고 청년 문학에 딱 실리니까 이「안전띠」가 히트를 친 거야. 그래 가지고 그게 당에 어디로 나갔어요.「청춘의 일터」라는 명칭으로, 단행본으로.

Q 「청춘의 일터」?

7. 기자생활

A 응. 그래 가지고 나가는 바람에 아주 뜬 거야. 그래 나는 그렇게 노동을 계속 하고 있었지. 그런데 아직도 있을지 모르는 청년문학의 지도부 문화그룹이 '아 잘 썼다.' 그러고 뭐. 그 써클에 있는 아가씨도 따라다니는데, 이제 걷어 차 버리고. 문화회관에 갔는데, 높은 사람이 보자 해서 갔어요. 갔더니 방송위원회에서 인사 담당 부장이야. 그 사람이 내려왔어. 내려오더니 자기가 '안전띠'를 봤다 이거야. 봤는데, 기자를 할 생각이 없냐. 이게

온 거야 이게. 나야 뭐 좋지 뭐. 고등학교밖에 못 나왔지 그때는. 그렇지 않아요? 그때 학력은. 기자 생활을 하는데 내가 철도 생활을 하고 이쪽에 와서 노동을 했기 때문에 성분이 노동일군이야. 기자들 중에 노동 성분을 몇 프로를 채우라는 위에서 지도가 내려온 거야. 낡은 인텔리들을 교체하려고. 그래서 이제 하자, 하겠다. 그래 기다려 봐라. 그러더니 또 왔어. 그래 가지고 평양에 장차관급 단독 주택이 있어요. 천리마 광장 밑에.

Q 거기가 지금 현재?

A 거기가 지금 문수거리가 있나. 창광거리 쪽에. 근데 거길 찾아갔어. 공산당원이 듣고 찾아가 가지고. '보증을 서시오.' 그랬더니 이 양반이 하는 얘기가, 알았다고. 근데 그 사람은 당 중앙위원인데 보증을 못서. 당 중앙위원회 위원급 이상은 보증을 못 서게 됐으니까.

Q 그 당시에요?

A 응, 그 당시에.

Q 왜 그랬죠?

Q 중요 간부들은 보증을 안 서게 돼있다고. 그러면서 자기가 데리

고 있던 비서지, 그 사람도 아는 사람이야. 봉산리에 같이 있었어, 나 하고. 그 사람을 불러 가지고 보증을 선거야. 그러니까 중앙당 재정 경리부 그 사람이 부부장이었어. 그러니까 부부장인데, 부부장이 그 사람 지도원이고. 그 중앙당 지도원이 대우 나쁘게 하지 마라. 그렇게 쓴 거예요. 기자라 이거야. 그러니까 뭐 흥남비료공장 작업반에서는 어디서 용 났다고 난리고. 그 노동자들이 단순해. 그런데 취재하러 흥남비료공장을 내려가기만 하면 그 환영회를 하는 거야. 중앙에 있는 기자가 나왔다 그래 가지고. 그런데 흥남비료공장이 어느 정도냐면 그게, 그게 일하는 우리 연공은 2급 영양 급식을 받는다구. 2급 영양 급식이라는 게 뭐냐면 돼지고기하고 콩기름이 배당이 됐어. 그래서 그걸 가지고 점심 때 국을 끓인다구. 국을 끓이면 전부 기름이 전부 손바닥에 들러 앉고 콩기름이. 돼지고기가 붙으면 합숙에서 도시락을 곽밥에 얹어 말이 해서 먹고. 그렇게 영양을 보충하지 않으면 금방 죽는 거야. 그리고 저녁에 끝나면 어디로 가냐면 문화회관으로 가. 문화회관 식당으로. 그럼 돼지고기를 줘. 돼지고기를 손바닥에 숭숭숭 썰어서 놓고, 곱돌을 탁 놓고, 소주를 붓고 한 잔씩 쫙 마시고 돼지고기 한 점씩 먹고, 그리고 가야 돼. 그래야 이게 집에 가는 거야. 그렇게 노동자들이라는 게 개별적으로 일 하는 게 아닌데, 어느 한 일에 단체적으로 협력해서 성취시키는 일이란 말이지. 그러니까 단결 된다고. 그래서 그냥 가기만 하면 문화회관으로 가고, 돼지고기에 소주 마시고.

Q 그 인원이 엄청났을 텐데? 그 노동자 숫자가? 근데 그때 전후

복구 기간 아니겠습니까? 3개년 계획했는데, 어쨌든 거기는 물자 공급을 해줬단 거죠? 우선적으로?

A 아, 그럼. 엄청났지. 그것이 급수가 있어요. 1, 2, 3급. 근데 연 있지? 연. 그 연공이 1급이야. 연공은 그 연이 얼마나 독하냐 하면, 생산하는 데에 그 냉각관, 유산이 통과하는 그 관은 그 연으로 만들어요. 쇠 같은 걸로 만들면 금방 삭아 버리니까. 그 연공장이 있어요, 연공 직장이 있는데. 그 연을 만졌다가 소변을 보면, 이게 썩어요. 그 정도로 독해요. 그래서 그게 1급이야. 그 다음에 2급은 뭐 높은 데 올라가거나 중공업하는 사람. 3급은 용접공, 이게 3급이야. 그래가지고 이 1, 2, 3급에 해당한 그 돼지고기 하고 기름이. 그리고 그 공장에 있지 않고 집에서 출퇴근 하는 사람들은 집으로 그걸 한 번씩 배급을 줘요. 가져가서 가족하고 같이 먹으라고. 그래서 거기서 기자가 됐는데, 생활을 했는데, 그게 56년도 8월달이야, 8월달에. 53년도 8월 군사재판에서 남로당 계열을 숙청하고 이제 세 번째야 군대파 숙청하고 남로당 계열 숙청하고, 세 번째로 56년도 연안파 숙청하고. 그런데 그 회의가 열린 거예요, 거기서.

8. 종파사건

Q 8월 전원회의?

A 모란봉에서 열리는데, 거기서 학습회를 하는 거지, 거기서.

Q 정확히 평양에 올라가신 해가?

A 올라간 해가 57년 말.

Q 종파 사건이 일단은 지나고 그 후 처리 과정에서?

A 그렇지. 그리고 거기서 학습을 한 거지. 근데 김일성이가 56년 도에 러시아와 동구를 순방하고 돌아와서 1차 5개년 계획을 세 웠고, 57년도부터 착수하겠다는 계획을 세우려고 거기서 돌아 온 결과 보고를 했는데, 사실 성과는 없었다고. 결과보고는 했 는데, 윤공흠이가 그때 상업상이야. 윤공흠이가 연단에 올라갔 고, 올라가서 하는 말이 김일성이의 이번 방문 성과는 별로 없 다. 보장이 되지 않는 조건에서 3개년 계획 때 세웠던 당의 노 선을 수정해서 바꿔야 된다고 그랬어. 그 3개년 계획 때 세웠 던 당의 노선이 뭐냐 하면, 중공업을 우선적으로 발전시키면서 경공업과 농업을 동시에 발전시킨다는 노선이야. 윤공흠이는 그걸 수정해서 우선 경공업을 발전시켜 가지고 인민 생활을 안 정시켜야 경제를 발전시킬 수 있다. 현재 상태에서는 인민 생 활 안정을 위한 경공업 분야를 확대해야 된다. 중공업도 일단 해가면서, 그쪽에 좀 하고. 그렇게 나가니까 김일성이가 볼때

자기 방문 성과를 비하하지, 그다음에 당의 기본 노선을 반대해 나오지, 하는데 거기서 이필규, 건재공업국장 하던 이필규하고, 희천중앙위원장 서기가 또 맞받아 친거야. 치니까 김일성이가 이게 큰일 났거든. 그러니까 휴회를 선언 한거야. 그니깐 휴회 선언하고 딱 하니까 그 뒤에 최창익이, 부수상하던 최창익이가 앉아 있고, 그다음에 박창옥이 박인환이 약해졌다. 그를 지지하던 세력이 다. 그러니까 어떻게 하면 좋겠냐, 이렇게 최용건이 하고 하니까. 최용건이가 무력을 동원해서 회의장을 둘러싼 거야, 포위한 거야. 포위했는데 윤공흠이 하고 이필규하고 서휘가 그걸 눈치 챈 거야. 군대가 막 동원되고 하니까. 그래 튄 거야. 도망을 쳐 가지고 신의주, 용천으로 해서 배 타고 중국으로 도망친거야. 그 중국 연안파니까 중국사람 잘 알거든. 그래가지고 거기로 도망쳐 들어 간 거야. 그러면 거기서 그 나머지 인원들을 체포해 가지고 구금 한거야. 구금 했는데, 이렇게 되니까 소련하고 중국에서 그 소식이 들어 간 거야. 윤공흠이 비서 통해서. 그래 안 되겠다 이거야. 그래 가지고 소련에서 미코얀, 그때 부수상하던 미코얀하고 중국에서는 팽덕회가 비행기 타고 날아온 거야, 평양으로. 그래서 김일성이 찾아가서 '정책에 의한 대결인데, 정책 대결인데 그렇게까지 할 필요는 없지 않냐.' 그랬더니 김일성이가 알았다고 그랬대요. 그렇게 하겠다고 해서 9월 전원회의 한거야. 9월 전원회의 제목은 '인민보건사업을 발전시킬 데 대하여' 이런 제목으로 했지만, 사실은 그 사람들 다 복권시켰어. 복권시킨 거 보고 미코얀하고 팽덕회 돌아갔지, 그전에 돌아갔는데. 해 놓고, 이렇게 복권시켜 놓고 친 거야. 왜 그렇게 했냐하면, 김일성은 그때 장평산을 비롯해서 인민군 4군단 쪽에 연안파 세력이 군대에 많았 단 말이야. 김웅 대장을 비롯해서 중국에서 나온 연안계열 고 위 간부들이 군 복무하는 이들이 많았단 말이야. 그니깐 이걸 제거 하려고. 이걸 제거하지 않고 이거만 제거하면 언제 그것 이 쿠데타를 일으킬지 모른다 이거지. 그래서 4군단장 장평산, 김웅 대장 전부 잡아들였다고, 전격적으로. 잡아들이고 소련하 고 중국하고의 약속을 져 버리고, 내버리고 다시 또 잡아넣은 거야. 그래서 군대 내에 있는 중국 출신들이 전부 잡힌 거야. 소환하는데 중대장까지 전부 소환됐어. 소환되 가지고서 전부 심사를 받고, 그 직계원들은 형무소에 있고 그렇지 않으면 전 부 중국으로 보내 놓고.

Q 다시 보냈습니까?

A 보냈지. 그래가지고 김웅이랑 다 갔어, 중국에. 전부 갔어. 이 제 최창익이라든지 연안파하고 직결되어 있는 사람들만 잡아 넣고, 나머지는 전부 중국으로 돌려보낸 거야. 왜냐면 중국에 서도 지원해 준 세력이 있으니까. 상사, 중사까지 다 갔어. 그 래서 중국하고 처리가 그렇게 되어서 연안파 숙청이 56년 8월 전 후를 계기로 대대적으로 진행 됐다고. 그래서 나는 그 학습회 를 통해서 알고, 그다음에 소학에서 가는 사람 중에 나하고 같 이 근무하던 중국 철도 공장에 있던 친구 있잖아요. 그 친구들 이 가기 전에 나한테 들렀어. 어떻게 알고 연락해 가지고 들러 가지고, 내가 그때에 기자 생활을 했는데, 기자들이 전부 가정

을 가지고 있잖아. 그런데 나는 총각기자 거든. 그러니까 출장 가는 거는 전부 나한테 맡기는 거야. 출장가면 예를 들면, 총부장이 김책제철소에 출현했다 하면, 김책제철소에 가면 제일 좋은 초대소를 제공해 준다고. 그래 가지고 잘 대우해 주고, 선전부 당 선전부 부장이나 부부장이 딱 붙어 가지고 안내해 주고 그러거든. 그 공장에 대해서 잘 소개해 주고. 그다음에 이게 기자하면 정보거든요. 공장에서 자재가 낭비되거나 무슨 잘못된 것이 있으면 그걸 또 그대로 보고한다고. 그래서 그거는 '비통'이라고 비밀통신이라 그래 가지고, 따로 묶어 가지고 군당 책임 비서까지 간다고. 그게 다 지적이 된 거라고. 그게 지적되면 큰 일이 되는 거야 그건. 그러니까 기자는 특대해 주거든. 그러니까 기자들은 옷만드는 천이 나오는데, 좌우간 국장급 옷천하고 같아, 배천이. 그러니까 어디 가서 여관에 들어간다 하면, 방이 없다 그러다가 입은 천만 보고도 단독으로 넣어 주고 한다고. 북한에 여관은 남자는 남자대로 들어오는 순서대로, 여자는 여자대로 들어오는 순서대로 묵거든. 근데 이걸 탁 특별실에 넣어 준단 말이야. 대우가 그렇지. 기차도 원래 특수 업무라고 해서 표를 사야 하는데 안 산다고. 안사고 2등 칸 안에 앉아 있는 거야. 그러면 여객 전무가 와서 옷 천만 보고 종이를 탁 붙이고 간다고. 그러니까 뭐 천하에 무소불위다. 이게 기차 여기도 돈 안내, 여관 가면 특대해 줘, 양권도 이게 '백미 양권' 이거든. 그러니까 백미 잡곡이지. 백미니까 여관에 가면, 뭐 특별한 손님이라고 쌀밥에다가 가운데 계란을 탁 깨서 넣고 줬다고. 그러니까 대우가 좋으니까, 나도 총각 때니깐. 그래 원고를 써 가지고 역장에게, 이 역장이 평양 가는 첫 열차 기관사에

준다고. 기관사가 평양에 도착해서 역에 기다리고 있던 사람을 찾아간다고. 그러니까 한 달이고 두 달이고, 안에서 대우 받고 나는 맨날 취재 다니는 거야. 가정 있는 기자들은 안 나가려고 하고. 내가 라디오 기자생활할 때 그런. 그래 거기서 얻은 소득이 많아. 그러니 그렇게 해 가지고, 아무래도 안 되겠어. 공부를 해야지, 고등학교 졸업 실력 가지고는 도저히 안 된다고. 그런데 마침 그 흥남비료공장 쪽에서 한 번 만났었어. 그런데 한설야가 평양문학대학에 왔었어.

Q 그때가 언제죠?

9. 세대교육

A 그때가 57년도 말인가? 58년도. 이제 한설야가, 그때 그게 이 세대교육 시킨다는 거야. 신문기자하고 작가들하고 세대교육 시킨다고. 그래서 작가가 한 45명, 기자는 45명, 70명, 70명을 모집을 한 거야.

Q 45, 45, 90?

A 35, 35해서 70, 70명이라고. 근데 이제 그 시험을 치는데, 그

모란봉 경기장에 학교가 있어. 거기서 시험을 치는데 1,400명이 지원을 한 거야.

Q 20대 1이면 뭐.

A 그렇지. 그런데 합격 통지서가 안 오더라고. 9월 1일날 개학하는데 9월 1일날 합격 통지가 안 오더라고. 그러니까 떨어진 거지. 응? 그 뭐 거기 역사를 알아 뭐. 노어 역사를 아무것도 모르잖아. 그래서 노어 역사는 백지를 내서 떨어졌나 했는데, 한 달쯤 지난 다음에 합격 통지서가 온 거야. 신원조회 싹 하고, 이 사람들이 나중에 안 거지마는, 작가 45명을. 작가라는 게 공부시킨다고 되는 게 아니거든. 그러니까 45명을 교육시켰다가 작가가 안 나오면 책임져야 하거든. 그러니까 모집하는 교수가 작가가 될 수 있는 사람을 한 두어 서 명을 채워야 하겠더라.

Q 추가로 이제?

A 추가로. 그러니까 내가 거기에 해당된 거야. 그래 가지고 거기에 들어 간 거라고. 그래 가지고 합격 통지가 늦게 온 거지. 그래서 딱 가보니까 35명, 기자가 한 35명인데 선생들은, 교수들은 한 160명 붙어 있고. 4년 동안 작가를 만들려고 그 사람들이. 그래가지고 이제 선생이 막 붙은 거야, 그냥.

10. 작가동맹

Q 그때 이미 작가 동맹은 있는 거지요?

A 그렇지. 나는 그때는 후보위원으로 신청을 한 거지, 작품이 있으니까. 그런데 그 작품 가지고 안 된다 이거지. 몇 개가 더 있어야 되겠다 해 가지고 학교에, 대학에 들어가서 4년 동안을 스파르타식 교육을 받은 거야. 그러니까 작가들은 지들을 세대 교육시키는 것도 모르고. 기자들도 마찬가지고. 그래 가지고 거기서 교육을 받는데, 그때에 아주 곱슬머리에 예쁘장하게 생겨 가지고 맨날 댕기하고 했던 친구가 있어. 그 친구가 지금 방송위원회 위원장 하는 차승수라고.

Q 지금?

A 응, 지금 현재 위원장. 차승수가 통치한다고. 나이가 차이나지. 난 군대도 다녀오고. 거긴 고등학교 나오고 왔으니까. 근데 그 애는 지금 방송위원회 작가실에 있는 장혜선이?

Q 장혜선, 네.

A 장혜선이가 여기 와서 날 만났어. 만났는데, 자기 작가실에 있는데 거기 김승주라는 여자 작가가 있어. 그 작가하고 차승수

가 내 얘기를 많이 하더라. 그래서 '만나보고 싶었다.' 이러면서 날 찾아왔어. 그래서 얘기를 들었지. 그런데 그 김승주라는 여자는 극을 전문으로 했어요.

Q 극작가?

Q 소설이나 시, 희곡, 그 전공을 했는데. 차승수는 시고, 시 분야고 그런데, 이 김승주가 차승수가 부위원장 땐데, '야, 승수야!' 뭐 이렇게 막 반말로 부르다가 당에서 비판받았대요. 옛날에 친구지, 지금은 위원장인데 함부로 대한다고. 그런데 이 김승주란 애가 또, 이 여자가 '길주 농민폭동' 주모자의 딸이라고. '길주 농민폭동' 주모자의 딸, 일제 시대에. 그런데 '길주 농민폭동'이 그때까지는 그렇게 알려지지 않았었는데, 김일성이하고 연계된 게 나타났다네. 그래 가지고 이 여자가 하루아침에 그냥 자기 아버지가 김일성이하고 연계됐으니까 이게 어떻게 되겠어. 장관급 대우로 하루아침에 나갔어. 난 몰랐지 뭐. 김승주가 내 얘기를 많이 해 가지고 자기가 알고 있노라고. 그런데 그때에 소설반, 시 반, 희곡반 있었는데 요게 35명이기 때문에. 그런데 내가 1학년 들어가면서부터 졸업 말기까지 수석을 했다고. 공부 안 하면 죽으니까. 공부 안 하면 거기서 살아남을 수가 있나? 그러니까 난 죽으라고 공부하는 거고, 거기서 잘 하는 놈들이야 그러니까. 그래 가지고 네 명이 합숙방에서 같이 자는데, 방에 불 켜놓고 있으면 지랄을 해 가지고, 다락에 올라가서 나

무들 있잖아요? 거기다 전구를 달아 놓고 공부 했다니까. 그래서 노력으로 해서 하니까 김승주가 기억한 거야. 그래서 '나더러 뭐라 하더냐?' 물으니깐, '남한에 그 남반부에 갔는데, 자기 가족들이 다 잘못된 걸로 알고 자수해서 정착했다 그러더라.' 남한테 그런 말을 하는 거야. 김승주가 그렇게 알고 있는 거야. 그래 자기가 가서 이 양반이 살아 있는데 한 번 만나보고 싶었다 이야기하길래, 나한테 이야기하더라고. 그래서 내가 이제 알았지. 그래서 내가 4년 대학 졸업을 딱 맡았는데, 2등 3등은 중앙당에, 중앙당 문화예술부, 지도원으로 들어갔어. 그런데 나는 1등을 했는데, 남조선 출신이라고 해가지고 문예총 출판사 현대문학 편집부에 넣있어. 이게 불만이지. 그래서 문예총 출판사 현대문학에서 장편소설을 편집하는데, 김정일이 「희대의 탄생」, 「청춘의 일터」, 「청년 발전소」 뭐 그렇게 해 가지고 소설을 한 여덟 권 장편소설을 편집했어요.

Q 그때도 집체작가였습니까?

A 아니, 난 개별. 개별하고 좀 있다가 집체 다니기 시작했지. 시작했지만, 어쨌든 개별작도 쓰고 집체 작가도 하고. 그런데 이제 그렇게 해 가지고 하는데, 내가 이제 「조선문학」에다가, 「청년문학」에다가 몇 편씩 싣고 하니까 동맹원으로 실리더라고, 작가동맹.

Q 작가동맹?

A 그래서 그다음에 「조선문학」이고. 「청년문학」은 신인 작품이고. 그런데 「조선문학」은 그때에 여기서 말하면 중편 소설되는 거 싣고. 몇 편 실었어요. 그래서 작가가 됐지. 그래서 여기 소환을 65년도 소환됐는데, 소환되기 직전에 「조선문학」에 하나 투고를 해 가지고. 여기 와서 찾았어요. 그런데 나머지는 없더라고. 근데 일본에서 내 소설 「김일성」을 번역한 사람이 일본에서 65년 2월달에 이거를 찾아 왔더라고.

Q 「전사」?

A 응. 「전사」라고 소설인데, 복사해서 보내왔더라고. 그래서 몇 개 찾았어요. 이게 65년도야, 그리고 이것은 64년도. 이게 「조선문학」에 실렸지.

Q 「숯눈길」?

A 아무도 밟지 않는 길이지. 이건 「전사」라고 해 가지고.

Q 전사가 전투병을 얘기합니까, 죽는 것을 얘기합니까?

A 전투병, 병사. 이게 철도 복구하는 그 얘기를, 경험을 쓴 거야.

이래 가지고 해서 실렸다고. 그래서 그 했는데, 그니까 다니면서도. 그때는 뭐냐면 실기를 중시했기 때문에, 소설도 쓰고, 지도 작가한테 그것도 받고. 그래 가지고 이제 졸업 논문은 또 소설적인 논문이 아니고 그 논문을 써야 돼.

11. 청산리 방법

Q 논문으로 대체하고?

A 그래서 이 '반전에 대한 고찰' 이라고 해서 내가 내고. 그래서 내가 그걸 썼다고. '반전에 대한 고찰' 이라고 논문을 썼다고. 문학 분야니까. 지도 교수가 신구현이라고 유명한 사람이에요. 여기 아마 김대 교수 하다가 여든 네 살까지 교수, 명예 교수로 있더라고. 그렇게 해서 그 저기 얘기한 청산리, 청산리에 갔어, 청산리 그때. 김일성이 할 무렵에. 왜 그러냐면 그게 중요한 사건들이기 때문에 학교에서 거길 보낸 거야. 60년 2월 겨울에. 추운 겨울인데, 청산리 나가라 그래서 나갔다고. 그런데 기자 생활하던 거하고 똑같아. 나가니까 김일성이가 다녀갔다 그러더라고, 금방. 다녀갔다 그러는데 거기서 보름, 보름을 묵으면서 쉬라고. 그게 평남도 강서군 청산리, 거기에 '문정숙 작업반' 이라는 게 있어요. 문정숙이란 여자가 나중에 거기 관리하더라고. 그런데 그 여자 작업반을 김일성이가 가서 집중지도 한 거야, 문정숙 작업반을. 그래서 문정숙이가 하루아침에 뜬

거야. 그런데 김일성이가 나가서 현지에서 자면서 2월달에 추운 겨울에 나와서 농민들 자주 만나고 했는데, 문정숙이 얘기에 의하면 김일성이가 어느 농가를 방문하면 숟가락을 센다고 그래. 숟가락을 세면 몇 숟가락이 나오냐, 그리고 쌀독에는 쌀이 얼마 남았나 그걸 세고. 그렇게 하면서 참 어렵다는 그걸 알고 가고. 거기서 청산리 정신, 청산리 방법이 나온 거야. 그게 60년 2월달에. 내가 3월달에 갔다고. 갔는데, 주로 김일성이가 문정숙이 얘기하면 그 '윗사람들이 하부를 지도해 줘라. 아랫사람들이 잘 못한다.' 상급 기관이 하급 기관을 지도해 주고, 윗사람들이 아랫사람을 돌봐주고, 그다음에 모두가 자기 주인의식을 갖도록 정치 사업을 선행시켜라 그래가지고 그게 청산리 정신, 청산리 방법이야. 그리고 거기서 지도를 하고 갔다 이거야. 그래서 문정숙이 막 들떠 가지고 이야기 하고.

Q 눈물 흘리고?

A 응, 눈물 흘리고 난리 치고. 우리가 가니까 막 흥분된 상태가 아직 가시지 않았다고. 얘기를 쫙 해주는데, 뭐 김일성이 얘기한 거를 완전히 다 이야기 하더라고. 그래가지고 청산리 정신, 청산리 방법을 쭉 그렇게. 그것이 이제 북한의 현재까지 내려오는 당지도지. 그리고는 이제 그, 기자하고 편집 기자. 그래서 자기가 담당한 편집하고. 그런데 그게 그때에 거기서 축산 작업반도 가보고, 청산리에서도 하고.

Q 그래서 뭘 집중적으로 보셨어요, 15일 동안?

A 나는 소재를 찾은 거지. 주인공은 문정숙이를 주인공으로 소설 쓴다고 그 소재를 찾으면서 김일성이하고 연결시켜야 되니까, 그 지도반. 그래서 그거를 취재하는 거야. 작업반에 나가서, 축산 작업반에 나가니까 개구리 같은 걸 잡아 가지고 작업반원들이 서로 입을 벌리고 막 넣어 주고 그런다고. 그렇게 해 가지고 막 하고 그런데, 그게 북한의 농촌의 가장 모범적인, 시범적인 농촌이고.

Q 특별히 김일성이 청산리를 간 이유가 뭐 있었습니까?

A 가깝고. 평양에서 비교적 근처고.

Q 거기를 가기 전에 사전에 조사는 했겠죠? 어디 가는 게 좋겠다 해서?

A 그럼. 김일성이가 저기를 저기하게 됐냐 하면, 이 천리마 운동을 58년도 12월달, 당 중앙위원회에서 결정했거든. 그래 가지고 59년에 가서 천리마 작업반 운동을 작업반에서 복창을 하고 그게 확대된 거야. 그게 59년에 확산되니까, 이러한 운동이 농촌 지역으로 확산이 되고, 이것을 일반화해야 되겠다 해 가지고 김일성이가 농촌 지역하고 공장 기업소를 지도할 구상을 했

다고. 해 가지고 먼저 농촌이야, 그게 청산리야. 그래서 그 이듬해에 61년도 12월달에 '대안의 사업 체계'란 말이야. 완전히 여러 경쟁으로서 해 보자 이거지. 그런데 청산리에 가서 한 건 뭐냐면, '아직도 일꾼들의 수준이 낮다. 그러니까 일꾼들을 지도해 주는 게 중요하다. 그래서 한 단계 아랫사람을 지도하라.' 그 기풍을 세운 거야. 그래서 '상부는 하급기관으로, 상급 당은 하급 당, 상급 간부는 하급 간부'로 체계를 세운 거야. 그러면서부터 군당이든 도당이든 무슨 협동농장 관리위원회 안에 쇼파가 다 없어요, 쇼판데 거기 군당 책임 비서들 모두 쇼파에 여기 앉는 법이 없어졌어. 다 여기 앉는 거야. 왜? 언제든지 상부에서 지도 내려온다 이거지. 상부에서 하급기관에 있으려면 상부에서 지도 나온 사람이 앉을 자리라 이러야. 그렇게 전국적으로 쫙 확산되어 가지고 한 거야. 그것이 내가 볼 때는 그렇게 되면 아랫사람들이 윗사람만 쳐다보고 일을 안 해요. 일을 안 하고, 그것이 어떤 자기 창발력을 괴멸 시킨다고. 윗사람이 시키지 않는 일은 안 한다 이거야.

Q 따라서만 하면 되니까, 뭐 자기가 책임지겠어요?

A 그래서 그때에 그 관리위원장이, 청산리협동농장 관리위원장이, 문정숙이는 작업반장이고, 관리위원장이 있었어. 그 별명이 오토바이야. 왜냐면, 오토바이를 어디서 하나 얻어 가지고 이게 하루 종일 그냥 돌아다니면서 작업반 지도 해주고 한다고 말이야. 그래서 그 밑에 문정숙이가 작업반장 하는 거야. 그런데 이

제 그렇게 하고, 그다음에 대안에 가서는 '대안의 사업 체계'를 세운 거야. 그러니깐 지배인의 단독 지도 체제를 없애 버리고, 대안에 가서. 그래서 공장 당위원회의 집체적 지도를 원칙으로 세운거야. 그다음에 뭐 둘째 큰 거는 기술적 지도를 한 거야. 공장 기업소는 기술이 중요하기 때문에 기술을 발전시키고 직장 내에 기술적 지도를 강화해야 한다는 거 그게 두 번째라구요. 그래가지고 참모장 직위를 만든 거야. 그래 기사장이 명칭이 바뀐 거야. 그리고 참모장이 된 거야. 그래 공장과 기업소의 기사장을 참모장이라고 하고, 이런 명칭으로 기술적 지도 강화에 발전이 된 거야. 그리고 대안의 사업체계의 세 번째가 뭐냐 하면, 그 후발 공급 사업을 제 때 해줘야 된다, 그니까 자재 공구라든지 또 근로자의 노동 재생산할 수 있는 후발공급을 이걸 적시에 해 줘야 된다. 그리고 그 청산리에서 있었던 '중심 고리 논리'라고. 중심 고리, 정치 사업에서도 사람과의 사업이다, 사람과의 사업에서 중요한 것은 중심 고리 포착이라고. 이제 모든 사업에서 다 연쇄적으로 연관이 되어 있는데, 그게 변증법이지. 연관되어 있는데 연관되어 있는 것 중에 가장 중요한 고리, 그 고리를 치면 다 풀릴 수 있는 고리가 있다 이거야. 그걸 찾아내서 거기다 역량을 집중해서 그것을 해결 하면, 다른 것들이 전부 다 풀린단 말이야, 중심 고리가 나온다고. 그래 가지고 김일성이 지도 방법이 완전히 김일성이가 북한의 영도자로서 지정한 체계가 '청산리 방법' 하고 '대안의 사업 체계' 였어. 그래 그걸 가지고 그것이 대안의 사업 체계 이후에 공장에서의 일꾼들, 당위원회 책임, 간부들의 책임을 높이기 위해서 그랬다. 그래서 독립채산제를 시작한 거지요. 그래 가지고 독립

채산제가 시작되어 가지고 그걸 관리하게 된 거야. 그래서 청산리 방법하고 대안의 사업 체계 때문에 취재를 많이 했어요. 왜냐면 문학은 말이지 당에 대해서는 정책을 관찰하는 것이기 때문에 가장 핵심적인 것을 봐야 된다고. 그래서 이제 거기로 가고.

12. 주체사상

Q 그 이후에 김정일의 '종자론'이 나오지요, 이제?

A 나오지. 있다가 종자론이 나오는데.

Q 그런 의미에서 그러면, 김일성의 확실한?

A 영도 철학이 청산리 방법하고 대안의 사업 체계이고. 그게 거기에 나오더라고. 김일성이는 완전히 그 철학을 가지고 영도를 하자. 그냥 철학 없이 그게 아니고, 영도를 했고 그것을 체계화하고 정리 한다 그래서 김정일이가 주체사상을 정리한 거지.

Q 선생님, 1955년 12월 28일에 그 문건이 나오는데, 그것은 지금 그 당시 문건으로는 없단 말이에요? 예를 들면, 노동신문도 없

고. 그게 4월에 나오는 거란 말이에요. 근데 어쨌든 그런 유사한 이야기를 했겠지요? 우리가 보통 북한 보면, 전혀 근거 없는 문건은 아니잖아요? 이미 55년에 그러니까 주체 이야기를 한다고 한다면, 56년에 그런 글에 입각해서 종파를 척결을 하지요? 요즘 같으면 뭐 '자주' 구상이죠, 외교니 뭐 해서. 그런다고 한다면, 그런 자주성에 입각한 모든 농법이 됐든, 발전 방향이 됐든 뭐 그렇게 했다고 한다면, 그 두 사람에서의 '자주'라고 하는 것이 그 청산리 농법이라든가 대안의 사업 체계에서 그런 어떤 철학적인 기반이 이미 있었다고 볼 수 있습니까?

A 전쟁 시기에도 '주체 전법'을 적용을 개들이. 그리고 전후 복구 사업에서도 중공업을 우선적으로 만든 시기로 경공업과 농업을 동시에 발전시킨다는 노선은 그 주체에서, 주체사상에서 나왔어요. 왜냐면, 중공업을 우선적으로 발전시키지 않으면 외국에 예속된다는 거지. 그러니까 기계를 자체로 생산해야 되고, 모든 것을 중공업을 우선적으로 발전시키고, 경공업과 농업을 동시에 발전시켜야 된다 이거지. 그러니까 그것이, 그 노선 자체가 주체사상이지.

Q 그래서 보면, 그러니까 보통 우리가 이야기할 때, 중공업 우선주의는 소련식 방식이고 그런데 경공업, 농업 우선주의는 물론 중국식이고? 그런데 그것을 김일성이가 뭐랄까 중공업 우선주의를 하면서 농업, 경공업 병행식으로 가야 된다, 뭐 이런 이야기를 한 것이, 과연 그것이 주체인가, 예를 들면.

A 소련은 10월 혁명 이후에 그 때 중공업을 발전시키지 않으면 한 발짝도 걸어가지 못하게 되었다고.

Q 그런데 보통 우리가 이야기할 때, 일제가 북한에는 중공업 공장을 많이 지어 줬잖아요? 남한은 식량을 주고, 북한은 무기 만들기 위해서 중공업을 많이 발전시켜 놨는데, 그러니까 그런 소련식의 발전 노선을 추종하고 일제 때 남겨 놓은 유산을 접목해서 북한의 현실로 봤을 때, 그렇게 밖에 할 수 없었다. 그것을 이제 '주체'로 한 게 아닌가 하는거죠.

A 그것을 우리 전 박사가 말씀 하셨는데, 그게 주체란 말이야, 그러니까.

Q 아, 자기 실정에 맞게?

A 그렇지. 맑스·레닌주의를 북한의 실정에 맞게 창조적으로 적용한 게 주체거든. 그러니까 지금 말씀하신 소련의 경험, 중국의 경험, 이것을 북한의 그 당시 상황에 맞도록 발전시키는 게 그게 주체란 말이에요. 그것이 소련식도 아니고, 중국식도 아니고. 북한의 실정에 맞도록 그러다 보니까, 결국은 중공업 우선적으로 발전시켜서 더욱 도움이 될 수 있도록. 중공업 없이는 설 수가 없으니까. 그리고 경공업과 농업은 중국의 경우

를 봐서 동시에 발전시켜 나가자 하는 것은, 인민생활 문제도 그렇고 중공업도 발전시킬 수가 없기 때문에 그래서 걔들이 세운 것이 중공업을 우선적으로 발전시키면서 경공업과 농업을 동시에 발전시키는 그런 그게 지금 전박사가 말씀하신 그게 주체라고 바로. 그게 어디서 나온 게 아니고, 따와서 이 부분 만들고 또 저쪽에서 따와서 저 부분 만들어서 합쳐 놓은 게 아니고 그런 것들을, 모든 경험 요소들을 참작을 해서 북한 실정에 맞는 새 것을 만들어 내는 게 주체란 말이에요. 그러니까 주체적인 주체라는 문제는, 자주라는 문제는, 북한으로서는 어쩔 수 없이 할 수밖에 없는 상황이었고, 그것을 김일성이가.

Q 그때의 그 토대라는 것이 그렇다는 말씀이죠?

A 그렇지, 그렇게 할 수밖에 없었지. 지금도 마찬가지고. 언제나 그러한 제반 요인들을 북한 실정에 맞도록 어떻게 하면 효과적으로 적용 할 수 있느냐를 참작해 가지고. 그러니까 그게 주체야. 그러기 때문에 김일성이가 30년대에 벌써 주체를 세웠다는 것은 옳은 말이야, 어떤 의미에서는. 왜냐하면, 그때에 김일성이를 반대하는 투쟁에서 그렇게 밖에 거를 수가 없었다는 거야. 그다음에 그러니까 이것을 일정한 근거지를 만들어야겠다고 해서 소왕청에 근거지를 만들어서 시험해 본. 그래 그런 과정을 쭉 보면, 그 사람들에 의하면 중국을 그대로 믿지 않더래요. 이게 보면, 그런 환경에서는 그럴 수밖에 없었다는 거거든. 똑바로 못 하겠으면. 그러니까 이걸 중시하고, 모든 면에서 다

적용한단 말이야. 예를 들면, 김일성이가 해방된 다음에 자기의 파벌 세력을 강화시키고, 자기가 완전히 정권을 잡고 이렇게 하려면 만주에 있던 세력을 가지고 와야 할 거 아니에요? 같이 온 사람도 있지만. 그다음에 그것을 앞을 보게 되면 그 사람들이 전사했거나 했던 그 자제들을 데려와야 할 거 아니냐, 그래서 만주에 사람을 보내 가지고 그 자제들을 다 데리고 나온 거라고. 그래서 북한에 현재 군에 마련된 게 있었더라고. 그러니까 그것이 다 그런, 옛날에 벌써 현승일이 넘어온 다음에, 근데 현성일이 부부가 넘어왔는데 친삼촌이가 현철해란 말이에요. 총정치국 부총국장이란 말이에요. 그래 맨날 김정일이를 따라 다녀요. 그래 조카들이 다 남한에 갔는데, 근데 그걸 계속 말이지 딱 김정일이 뒤를 따라다니는 게 이상해서 말이지, 다 뒤졌다니까, 전부. 뭐가 있을 것이다, 그래서 「인민들 속에서」부터 시작해서 항일 무장투쟁에 관련된 자료를 뭐 싹 뒤지니까 그게 나오는 거야. 그래 김일성이가 37년도에 소왕청 가서 유격 전투할 때 일본군이 쳐들어온다고. 그 막기 위한 방어를 할 때에 현형택이라는 그 중대장이 있었다고. 그 중대장이 전사하고. 현형택이가 그때 애가 둘 있었는데, 해방된 후 김일성이가 걔들 데려오라 그래서 데려온 게 현철해하고 현철규인데 형제라고. 데려다가 그러니까 이 뒤에 조카가.

Q 빨치산의 후예라면 그런 것을 주장할 수 없겠지요?

A 그래서 현성일이를 만나서 물어봤어. 왜 현철해라면 작은 아버

지인데 왜 김정일이 뒤를 계속 따라다니는 원인이 뭐라고 생각 하냐 이렇게 물어봤어. 그랬더니 현성일의 대답이 '김정일이가 죽으라면 죽을 사람이야.' '그렇게 충실하니?' 그랬더니 무조건 작은 아버지는 그런 사람이라 그거야. 그래 내가 거기에 대해서 현영택이가 저기 하기 때문에 뭐. 그렇게 주체라는 거는 그런 분야에서부터 시작해서 모든 것에 다. 김일성이가 해방 직후부터 자기의 그 일인 체제, 또 앞날을 위해서. 왜 그 전부 키워 가지고 만경대하고, 2세 3세가 다 들어 가가지고 북한의 핵심을 일구는데. 그러기 때문에 김일성이 주체가 뭐 그, 「주체사상에 대하여」 보면, 김일성이가 1930년대에 회의, 그 무슨 회의에서 처음에 문제를 제기했다고 하거든.

Q 예, 원래는 그쪽으로 올라가지요.

A 그러니까 그게 결국 나오는 게 맞고. 그다음에 이게 황장엽이 주체사상에 대한 것을 정립해놨다고 하는 것은 주체사상 연구소가 있잖아요? 거기서 정립하면서 그 철학적 원리, 사회역사적인 지도 원칙에 대해서도 구상하고. 그냥 걔들이 하는 얘기지. 그것이 무슨 김일성이가 늘 하는 이야기. 나는 내가 거기서 교육을 받았고, 대학교육도 받고, 철학 교육도 받고 다 했던 나는 「주체사상에 대하여」를 읽고 나면 주체사상에 대해 다 알어. 봐도 늘 하는 이야기니까, 늘 배우던 얘기니까. 철학적으로도 사회역사적으로도. 사상에서의 주체, 정치에서의 자주, 경제에서의 자립, 이런 지도 원칙이 나오잖아. 그러니까 그 「주체사상에 대하여」가 나

온 다음에 우리는 한번 쭉 읽어 보니까 뭐 다양해.

Q 그땐 자체가 철학이었고.

A 철학이었고. 그러니까 여기 와서 누가 주체사상에 대해 물어보면 뭐, 김정일이가 정리했다는 그걸 새삼 얘기하는 거야. 북한 사람들이 다 들어. 내가 얘기한 것처럼 북한에는 중요한 얘기 중에 하나가 사상적 기초가 확립 되었다는 거거든. 자기도 모르게 전부 거기 있던 사람들이 그렇게 교육받고 생활했기 때문에. 그런데 그게 그 「주체사상에 대하여」는 강연회 강연할 수 있지요, 세 시간이든 네 시간이든. 늘 생활이니까. 그러게 이것이, 그리고 그것이 젊었을 때에 배우고 생활한 것이 상당히 오래가요. 지금 그 당시하고도 40년 가까이 됐고, 37년. 그 상이 북한 정권을 보니까 그런 것도 있겠지만. 지금도 똑같고 여기 나온 사람들 습성, 행동하는 것도 똑같고. 이제 변화는 하는 거니까, 모든 사물이 변하는 거야 변화는 있는 거지만, 뭐가 변하는지 그 골격은 이제 쭉.

13. 김정일과 북한의 변화

Q 김일성이는 뭐 청산리 농법이나 대안의 사업 체계를 했다 하면, 김정일이는 이게 '7·1경제조치' 라든가 뭐 등등해서 상당

히 좀 바꿔 보려고 그런단 말이지요. 사람의 힘만으로는 안 된다는 거죠. 돈의 힘이 어떻게 보면 있어야 된다는 거 아니겠습니까? 뭐 이미 나온 것도 있고, 앞으로 할 것도 있고, 그것이 이게 부분적 개방이라든가 '7·1조치' 같은 것을 해 보는 거 아니겠습니까? 그런 측면에서 본다면 앞으로 김정일이가 그렇다고 주체를 훼손한다는 것은 아니겠지만, 그런 주체를 훼손하지 않는 범위 내에서 할 수 있는 여러 가지 일들이 있을 거란 말이지요.

A 김일성이가 내가 볼 때 그 30년대 초반부터 이런 자기의 철학을 가지고 했잖아요? 했는데 89년에 베를린 회담에 나가고, 동구권 분쟁으로 소련이 산산 분해되고 하는 과정에, 이 전쟁이 일어났단 말이에요. 김정일이한테 맡겨 놨는데, 김일성이가 묘향산에서 94년 7월에 각료들 전체를 다 추려서 타개책을 했는데, 안 나왔다 이거야. 김일성이가 자기 일생을 가지고 그걸 관철하려는 그 철학 가지고는 도저히 타개책이 안 나온다고. 해결책이 안 나와서 충격을 받고, 해결책이 안 나와서 스트레스가 쌓인 것이 심근경색으로. 김일성이가 94년 7월 8일날 죽은 것이 자기의 일생을 털고 신봉해 오던 철학에 의해서 그와 같이 병이 났고, 그게 안 되가지고 그 타개책을 물어보고 회의를 해보고 했는데 그게 안 된거야, 김일성이 철학 가지고는. 그래 죽은 거라고. 뭐 죽었다는 게 병에 걸렸느냐, 그것도 스트레스 받아서 그렇다고.

Q 아마 충격이었을 거예요.

A 아, 그렇지 그럼. 그러니 이제 김정일이는 뭐냐면, 내가 아버지를 죽였다는 거야. 내가 정치를 잘하고 잘했으면 아버지가 죽지 않았을 건데, 자기가 잘못해서 결국은 자기 아버지가 일선에 나서서 하겠다고 나섰다가 죽었다는 거야. 그래 김정일이는 그 자책감으로 1년 동안 드문 불출하고 불효자라고 한 거지. 그러면 김정일이는 과연 김일성의 그 철학을 전승해 가지고 또 김일성이 한 거를 전승해 가지고 북한을 지도해 오다가 자기 아버지가 해결책이 없어서 죽었으면, 자기가 해결책을 찾아야 할 것 아니야? 어떻게든, 그렇지 않아? 그게 김정일이 최대의 고민이라고. 현재도 그렇고. 우리가 한 인물을 보는데 있어서 그 사람이 여자를 좋아한다, 술이나 먹고 맨날 그런다, 완전히 독재자가 되가지고 지 멋대로 하려고 그런다 이런 측면에서 볼 게 아니라 이 말이야. 그런 이야기고. 김정일이가 여기서 주체철학 가지고 해결 안 된 문제를 어떻게 처리할 수 있느냐, 철학이란 게 가장 일반적인 거거든. 진리란 말이지, 일종의. 지금 김정일이가 그것을 검증한 거야. 고민하고 그 해결책이 없어가지고 그렇게 머리를 앓고 있다고. 그렇지 않아? 그게 김정일이 현재 상태에서는 그걸 발견 했느냐, 해결책을. 거기에 아까 전 박사가 말씀하신 그 북한의 실정에 모든 걸, 그렇게 하는 상황을 결정하는 걸 찾아 가지고 거기에 출구를 찾으려고 한단 말이지. 그러니까 내가 볼 때는 출구를 찾은 것 같다 이거야. 찾아냈기 때문에 북한은 이제부터 회복한단 말이지. 그것이 그 요 몇 년 사이다 이거지. 아까 말했던 '7·1조치'도 하고 뭐, 그 과정이 그걸 찾은 과정인데 지금 뭐가 제일 힘드냐 하면, 군

수 공급을 어떻게 할 것이냐, 현재는 제2경제위원회를 만들어 놓고서 지금 내각권을 강화해서 그 분야에 투입되어 있단 말이지. 지금 여기 왔던 김달현이가 보고 가서 북한에 가서 우리도 군수공업을 발전시켜야지, 남은 공업을 발전시키지 않으면 군수공업을 발전시킬 수 없으니까, 해 가지고 군수공장에 30%를 잘랐거든. 그래 일반 공으로 돌렸다고. 그랬더니 김일성이가 이게 무슨 짓하는 거냐고, 그래서 거기서 김정일이가 지금 이렇게 발전시켜 놓으면 군수공업 분야를 어떻게 해야, 어떻게 전환시키고 일반 경제하고 어떤 분야하고 결합시켜야만 앞으로 발전할 거냐 이거란 말이지. 핵 문제 가지고도 그래. 핵문제 가지고도 일반적으로 우리가 생각할 게 아니라고. 김정일이 이런 생각이 이 핵문제가 지금 어떤 단계에 와 있느냐, 핵 동결이라는 게 중립지대라고. 미국은 핵 동결뿐만 아니라 제거 내지 폐기거든. 그런데 김정일은 핵 동결시킨다 하되 우리 이미 핵무기 돌아가고 있다. 그러니까 우리는 이것을 이 상태로 동결하고 제3국에다가 팔아먹지 않는 조건으로 현실적으로 하라는 거거든. 김정일이 아직 어디까지 와 있냐가 문제야. 가지고는 있으니까, 가지고는 있는데 핵을 우리가 보유하고 있다는 거는 시인하는 거야. 자기가 플루토늄도 보여주고 다 시인하면서도 문제는 뭐냐면, 이거를 우리가 더 이상 개발은 하지 않고 이것을 제3국에 확산하지 않겠다는 거란 말이지. 그 생각을 북미 간에 절충점을 찾아야 하는 거란 말이야. 그래 너 인정해 줄 테니까 그 상태로 꼼짝 말고 있어라, 그 상태로 있다는 투명성을 보장해라, 동시에 확인도 하게 하고 말이야. 그래야 북한 애들이 말을 들을 거거든. 그러니까 그런 것을 북한을 연구하는 사람들이 봐야 해. 그다음에 북한을 보는 역사가 중요한 거야.

Q 그와 관련해서 김정일이를 좀 더 해 주시는데, 지금 제가 보기에는 김일성은 물론 공산주의자고 그렇지만 상당히 민족주의적인 습성이 강한 사람이었다고 하면, 뭐 김정일이도 자기 아버지의 면모를 그대로 따르기 때문에 민족주의적 성향이나 소위 말하는 그런 민족공조 문제라든가 그런 건 없다는 건 아니지만, 상대적으로 봤을 때 굉장히 김정일은 실리주의자라고 봐야 하거든요. 굉장히 그런 사람이란 말이에요. 김정일이 그 어렸을 때도 직접 겪었고 했다 하면 김정일이 그 노선을 어떻게 갈 것이냐와 관련해서 김정일이를 저것만 좀.

14. 김일성과 김정일

A 김정일이는 김일성이하고 차별한다면, 구별한다면 김일성이는 고등교육을 못 받았고, 그러나 김정일이는 정규적인 교육을 받았고. 그 점에서 좀 차이가 있고. 그다음에 김정일은 김일성이에 비해서 아주 의도적이고 그러나 김일성이는 그러지 못하고. 지식, 그리고 영도력 면에서는 김정일이 뛰어나요. 김일성이보다도 오히려 앞서 나가지, 뒤 떨어지지는 않는다고. 그러니까 뭐가 문제냐면, 김일성은 아주 고생을 한 사람이거든. 김정일은 그건 아니라고. 김정일이 고생했다 하면 그것은 학생 때

열흘 동안 나가서 한 거밖에 없단 말이지. 그다음에야 뭐 고생할 게 뭐 있어. 그러니까 안하무인적인 성격이 포함되어 있다. 자기 말이 제일이라는 그런 요소가 포함되어 있지. 김일성이는 그보다는 많이 덜 해. 타파세력이 숙청 과정에서 다 겪고 말이지, 김정일이는 그건 없었거든. 근데 내가 직접 경험한 김일성이 얘기를 한다면, 체험이 중요한 거니까요. 나도 김정일은 기자할 때 봤으니까, 62년에. 62년 3년경에 김일성이가 순회를 한다.

Q 진짜 다니면서?

A 응, 다니면서. 김책 제철소로 김일성이가 갔는데, 점심시간에 식사를 하면서 김정일이가 김일성이 앞에 앉고. 그런데 얼마나 그 성격이 급하고 좀 안하무인가 하면, 그렇게 자랐기 때문에 그걸 제가 먼저 떠먹어 버린 거야. 자기 아버지 몰래 얼른. 그 옆에 사람이나 다른 사람들이 그걸 어떻게, 꼼짝 못할 거 아니요. 그런데 그게 뭐냐면, 김일성이가 '허허' 하고 웃는 거야. 왜 웃느냐, 이게 시식한 거야 이게. 우리 아버지 국에 독이 들어가 있으면 자기가 먼저 먹고 죽겠다 이거야. 그러게 이런 성격의 인물이라.

Q 부모 입장에서는 그게 정말 기특하겠네요?

A 그러니까 '허허' 웃고 김일성이는 좋아하고, 그게 김정일이는

그렇게 해서 효성도 보여주고 자기 아버지가 제일이라는 그런, 자기도 그렇게 생각한다는 것을 자꾸 과시하려는 그런 과정이었지. 나는 이제 용역으로 갔어요. 용역이 그땐 1호 2호 있을 땐데, 연 75만 톤. 굉장히 크다고. 지금도 그렇지만 우리처럼 기계로 하지 않고, 뚫는 거를, 막혔다가 뚫어야 샘물이 빨리 나오거든. 그 뚫는 것을 정을 가지고 망치로 뚫는다고, 일제시대처럼. 그래 그걸 뚫으면 처음에 불꽃이 쫙 나와요. 불꽃이 나와서 한 10m 15m 쫙 불꽃이 나가는 거 막 나간다고. 그러면 샘물이 나오기 시작하면 쫙 받아 가지고 가고 받아 가지고 가고 다 떠가면 그러면 찌꺼기가 나온다고. 그럼 앞에 20m 앞에 포가 있어요. 전투로 그걸 쏜다고. 해 가지고 정통으로 포를 딱 치고 명중시켜서 딱 나가야 돼. 포 그걸 쏘는 건 일격에 해야 해. 거기다 두 방 세 방 쏴 가지고는 안 된다고. 그래 거기 있는 용역인들은 말이야 망치로 두 번이나 세 번이나 다 까내요. 그래 거기다 뭐냐면, 거기는 소다수를 먹어야 해. 소다수 통을 갖다 그걸 먹어야 돼. 먹으면 또 땅굴에서 그냥 그게 나오면 먹어야 돼. 그러니까 거기에 김일성이 가서 지금 마시는 게 뭐냐, 물이냐 그러니까 옆에 있는 현무관이 갔다가 저기 했거든. 중공업 분야 하면서 그러니까 거기서 뭐냐고 하니까. 김일성이가 왜 소다수를 먹이냐, 용역해서 힘들어하는데, 이러더란 말이야. 그래 김일성이 간 다음에 직장장이 하는 말이 그것도 갖다 놓고, 소다수도 갖다 놓자. 응? 안 먹으면 죽으니까. 사이다에 단 것만 뺀 게 소다수 아니야? 김일성이가 모르지만 뭐 그냥 넘어 간 거지. 그다음에 광포리 목장에 갔어, 광포리.

Q 지금 방금 김일성이가 그랬다는 거예요? 김정일이는 아니고?

A 어, 김정일이는 옆에 따라 갔고. 그다음에 김정일이는 그 외엔 뭐 따로 없고. 김일성이는 몇 번 그랬는데, 광포리 목장에 가니까 맥주를, 병맥주를 내놨다고. 김일이 최현, 다 따라가서 마시는데, 마시고 나서 그 병을 호위병을 시켜서 던져요, 광포리 목장 연못에. 딱 던지면 가서 맞추는 경기 하는 거야.

Q 그 경기 있잖아요, 그 쏘는 거.

A 떨어져서 물에 가라앉기 전까지 맞추는 내기 하는데, 김일성이가 잘 쏴, 잘 쏘는데 최현이가 이겼어, 최현이가. 그래가지고 김일성이가 한 세 번 맞추면 최현은 다섯 번 다 맞춘다고.

Q 권총으로?

A 권총으로.

Q 권총이 잘 안 맞는데?

A 응. 백발백중이야. 그러니까 박정애가 옆에 있다가 김일성이

지면 그렇잖아.

Q 박정애?

A 응, 박정애. 박정애가 최현을 꾹 찌르는 거야. 수령 동지를 이기면 안 된다 이거지. 최현이가 못 맞추더라고. '맞추십시오.' 하고 말이지. 하여튼 그런 완전히 똑같은 데에 사니까 사람이 달라지는 거야. 달라지고, 김일성이가 딱 나타나면 우리 기자들이 따라가면 거기 책임자가 와서 얘기한다고. 오늘은 셔터 터트리지 말라. 오늘은 심장이 안 좋으니까 절대 수령 동지 앞에선 셔터 터트리지 말고 그냥 찍으라, 수령 놀랠 수 있으니까. 그러니까 완전히 그런 속에서 이 사람이 사니까 점점 모르는 거야.

Q 점점 정보는 차단되고?

A 차단되고 그러니까.

15. 현지지도

Q 현지지도 그런 것들을 이제 하는데, 그니까 그런 걸 보면 이제

문제가 있다는 거 아닙니까? 혁명적 노선도 그렇고. 현지지도도 좋은 것만 보여주고 이미 다.

A 김일성이가 갑자기 하고 그래서 한 번은, 황해남도 거기는 출입 기자가 없어요. 수상 관저에 기자실이 없다고. 그래서 김일성이 어디 뜬다 하면, 연락이 신문사로 바로 와서 뛴다고.

Q 얼마 전에 보통 통보 옵니까? 지금은 뭐 김정일이 같은 경우에는 보통 30분 전에도 온다고 그러는데?

A 금방 와. 30분 내로 와. 그래야 따라 붙지. 그래가지고 이제 그 통보 한다고, 통보 하면 황해남도 쪽에 겨우 따라 붙어 가지고 갔는데, 김일성이 갑자기 가다가 차를 다시 논두렁길로 들어가서 농가를 딱 찾아 갔어, 농가를. 불이 이렇게 켜지고 새벽 네 시 반인가 다섯 시밖에 안 됐는데 불이 켜져 있더라구, 부엌에. 그래 김일성이 문을 탁 열고 갔는데 아낙네가 함지박에다가 끓이는 거야, 일 하러 나갈라고. 김일성이 보니까 풀죽이야, 풀죽. 일하러 가는 아낙네가 풀 죽을 먹는 거야.

Q 춘궁기지요? 말하자면.

A 춘궁기이니까 김일성이 보니까 풀 죽을 먹는 거야. 딱 보고 '아주머니 뭘 먹소?' 하니까 아줌마가 '밥 먹지요.', '밥은 아니고

죽인 것 같은데요?' '예, 죽입니다.' 이 아주머니가 이 김일성이도 모르고, 그래도 도에 도당 위원장이나 간부나 되는가 보다 하고 대답하고. 그래 '가자' 해서 황해남도 도당위원회가 소집이 되서 소집해 가지고 말이지, 책상을 치고 말이야. 김일성이가 십 몇 년을 정치했는데 말이지 아직도 말이지 인민들이 풀죽을 먹고 하는 형편이냐?

Q 황해남도면 평야 지대인데?

A 평야 지대인데. '도대체 원인이 어디 있냐?' 말해 보라 말이야. 그래서 군당 비서가 일어나서 '수령 동지 걱정하지 마십시오. 농민들이 가을에 풍년이 오는데, 그게 봄이 오니까.', '너 그게 무슨 말이냐, 군당 비서란 놈이 저렇게 생각하니까 인민들이 굶지. 저 새끼 목 떼라.' 그랬어. 농민들이 말이야 제대로 먹게 해야지, 군당 비서 책임이지, 화가 난거야. 그 자리에서 말이지, 내가 있을 때 만해도 그 자리에서 '저 새끼 목 떼라.' 그래 가지고 그냥 그 자리에서 철직하게 하는 건 드물어, 김일성이. 김일성이가 처음이야. 즉석에서 철직한 거야. 그러니까 김일성이 저 새끼 목 떼라고 해서 뗀 거야. 그리고 김일성이하고 농담하고 말하는 건 최용건밖에 없어. 행사 갈 때 내가 따라가서 들었는데, 김일성이가 '오늘 기쁜 날인데 최용건 동지, 좀 웃소.' 그러니까 최용건이가 '안 웃소. 난 통일될 때까지 안 웃소.' 그러니까 농담이지 서로. 그러니까 김일성이랑 그 정도로 얘기하는 사람은 최용건이밖에 없었다는 거야.

Q 말대답 하는 사람은?

A 그렇지, 말대답하고 농담하는 사람은. 그래 최용건가 김일성이가 곤경에 처했을 때 즉각 호위하고. 그래 최용건이 하고는, 최용건이가 지주 아들이거든. 대지주 아들이고, 그러니까 대지주 아들이고. 그러니까 항일연군에서는 최용건이가 상위직이였다고. 그러니까 군 책임자로서의 자기 역할을 다 한 거야. 그러게 그다음에 김일성이가 거기 평안남도 도당 대회에서 군당 비서 목 잘랐지. 목 잘라서 김일성이가 한탄한 거야. 이거 큰일이란 말이야. 그렇게 한탄하는데, 그게 연극이 아니야. 실제 그렇게 가슴 아파하는 걸 나도 안다고.

Q 그때 혹시 나온 중요한 교시는 없었어요?

A 글쎄, 모르겠어. 그때에 그래가지고 김일성이가. 그냥 큰 사건만 좀 기억하고. 그렇게 해가지고 김일성이가 현지지도 하는데, 김일성이가 인의 장막에 가려지는 걸 염려해 가지고 불시에. 갑자기 가자고 쑥 들어가고 그렇게 해서 하고. 또 김정일이가 그걸 배워 가지고 계속 다녔다고. 아무도 모르게 지프차 타고 개성도 갔다 오고 농촌도 갔다 오고, 북한 실정을 자기가 파악한다고 그래 가지고.

Q 자기가 혼자? 김정일이가?

A 혼자, 옛날에. 지금 정권 권력 잡기 전에 당 지도원하고 과장하고 있잖아요? 그때. 열차 타고 갔다 오고 말이야, 지프차 타고, 번호 없는 지프차 타고 혼자 갔다 오고 말이야. 기사도 안 쓰고.

Q 그때부터 혼자 운전을 할 수 있어서, 지금도 뭐 혼자 운전해서 스피드 막 내고 차 몰고 다니는군요.

A 응? 언제 어디서 말이지, 어떻게?

Q 그게 조직차원에서 뛰어 나온 것 같아요. 어쨌든 그런 식으로 하니까, 뭐가 어떻게 될지 모르니까 긴장돼서.

16. 김정일의 통치능력

A 그런데 머리도 좋고, 그 김정일을 평가할 때 다른 데 가서 말 못할 얘기지만. 김정일을 김일성이가 키운 것도 있지만, 스스로 이제 한 거야. 그것이 김일성이가 뒤를 봐 준 것이 30%, 자기가 영도자로서 세력을 확장한 것이 70%로 봐야 돼요. 그래서 김일성이가 죽기 전에, 난 91년으로 봐요. 91년 말에 김정일이가 완전히 잡았어.

Q 그렇게 간단한 사람은 아닌 것 같고, 너무 그 간단하게 희화적으로 사람을 만들어 가지고 화나고. 좋지 않을 것 같고. 그러나 독재자라고 하는 것이, 역사적으로 봤을 때 나름대로 아주 못된 것이지만 못된 철학이 있을 수 있고. 그리고 또 관리 장악을 위한 조직력과 통합력과 그런 것이 독재적으로 한다는 자체가 그 수준이 아니고. 선생님께서는 91년 말 정도는, 91년이면 공화국 원수된 때입니까? 92년에 공화국 원수되고, 93년에 국방위원장이 되고. 최소한 그 자체가 정치적으로 완전히 군권까지 장악해 버리는? 이게 86년으로 봤단 말이예요. 김정일 고급 당 학교에서는 후대는 완전히 됐다는 걸 86년에 선언한 거 아니에요?

A 그렇지, 그 직책을 물려받았지. 직책을 최고사령관 되고.

Q 최고사령관 된 것이 중요한 거니까요.

A 그때 91년 12월 24일은 헌법적으로 최고사령관이 김일성에게 속해 있고. 그런데 헌법을 그대로 존재해 놓고, 김일성이가 헌법 개정안이 이듬해 4월에 개정 되었는데, 그 개정하기 전에 김정일이 한테 줬단 말이야. 그리고 지금 통일부에서 나온 거나 조직표에 보면, 최고사령부라는 조직이 없어요. 그런데 엄연히 존재한다고 지금. 당 기구 안에 최고사령부라는 조직이 있어요. 조직이 있고, 그것이 최고사령부 지휘조까지 조직이

되어 있다고. 그게 어디 있냐, 당 기구 안에 있다고. 응? 그것을. 그러니까 통일부에 이 표 만드는 사람들이, 이게 92년도 연감이거든. 92년의 당의 국가기구예요. 표가 쭉 나온다고. 여기에 나오는데, 여기에 조선 노동당 인민 최고사령부라고 나와 있다고. 당에 속해 있기 때문에 이게 그때 나온 거란 말이에요. 이게 92년 중앙 통신 연감이라고.

Q 이게 계속 나왔어요?

A 나왔지. 이게 최고사령관이, 이런 조직이 국가조직에서 여기로 들어 왔다고. 당 기구 안에 있다고. 조직표가 말이지 인민 무력부는 당 기구에 들어가야 한다고. 그런데 이게 그, 의논해 봐야 하지만 권력 기관이 이래. 이 그, 기구를 빼 놨다고. 그런데 국방위원회는 상설기구가 없어요.

Q 그렇지요. 하부에는 없지요.

A 그렇지. 이게 조명록이가 뭐, 이용무가 상근 위원장이지. 이게 전부 그 비상록이거든. 이런 기구는 달 수가 없는 거야. 그니까 이거는 어떻게 하냐, 여기다가 최고사령관 놓고, 그 밑에다가 인민 무력부를 놔야 맞는 거야. 그럼 이거는 어따 들어가? 이건 행정기구로서 이쯤에 달아 놔야 해, 우리 국정원처럼. 대통령 직속기관인 국정원 있잖아요? 국정원처럼 별도 기구로 달아 놔야 해.

Q 근데 일반적이진 않지만 인민보안성이나 국가안전보위부, 인민무력부. 이게 무력 기관들이지요, 호위사령부. 이런 것 들이 지금, 인민보안성이 있잖아요?

A 이건 경찰이기 때문에 행정기구거든.

17. 국방위원회의 위상

Q 실질적으로는 이것들이 전부 당 내 지시, 내지는 국방위원의 지시를 받는다는 얘긴데.

A 그러니까 다 받아야지. 당은 헌법 11조에 의해서 '조선민주주의 인민공화국은 조선 노동당의 연가하에 모든 활동을 진행 한다'고 하기 때문에 다 저기를 받아야지. 그러나 이 중에서 당이 최대 관심을 가지고 집중해서 지도하는 게 역시 인민 보안성이라든지 그런 게 그렇게 할 수 있지. 여러 가지 주장이 있을 수 있겠지만, 내 생각에는 현 상태에서 그, 국방위원회 밑으로 놓으면 맞지 않아. 그리고 국방위원회라는 건 김정일에게 헌법상 기회를 주기 위해서 국방위원장이 무력을 지휘통솔 한다는 것이 있지만, 국방위원회의 임무에서는 군대 지휘 임무는 없어.

Q 아니, 전반적인 무력을 총괄하게 되었잖아요? 지금 현재 국방위원장이.

A 그래, 그걸 헌법상 지위를 줘서 타 국가와 균형을 맞춘다는 거지. 어느 대통령이 나오면 국방위원장이 나간다고. 그러나 중국의 경우는 장쩌민 주석하고 만나게 되면, 전에. 조선노동당 총 비서이시며…….

Q 당 대 당은 또 그렇게 하고.

A 그래 이, 헌법상 지위를 준 거야. 내가 볼 때에는 국방위원장에는 그 지위를 주고, 최고사령관도 딱 그런 지위를.

Q 아니 그러니까, 지금은. 이때는 국방위원장이 그렇게까지 그, 국방위원장은 이때 92년판에는 헌법 개정 전인가 그런다 한다면 이 얘기가 가능한데. 이때는 주석이 모든 권한을 가졌을 때니까 가능한데, 지금은 사실상 국방위원장이 전권을 장악하고 있는 형국이라고 한다면, 이게 그 무력부에 관련된 아까 말한 모든 것을 , 무력에 관한 인민무력부든 인민보안성이든 최고사령관이든 이 전체가 국방위원회로 들어간 게 아니에요?

A 아니야. 그러려면 국방위원회에 그것을 지도할 수 있는 상설기

구가 있어야지. 그렇지 않아요? 당은 있는데, 이 국방위원회는 그 사무 업무라든지 그런 것은 그걸 연구할 수 있는 기구는 없다. 여러 가지 주장이 나올 수 있는데, 표에 의해서 또 조정을 할 수 있는 거고. 국방위원장의 임무는 전체 무력을 지휘 통솔한다고 되어 있지만, 국방위원회 기능에서는 무력에 대한 지휘 내용이 없어요, 거기는. 그러니까 현재와 같이 군사제국주의, 선군정치 그런 이미지 가지고 하는. 당이 우선이라는. 공산주의에서는 당의 얘기가 우선이다. 중국 같은 데에서도 정치에서는 그게 첫째는 당의 영도거든. 그다음이 사회주의 노선, 그다음이 독재, 맑스·레닌주의, 모택동 사상. 이게 정치상황적으로 중국이 암만 변해도 건재하는 게. 그래서 공산당의 주석이 최고라고. 그런데 북한도 마찬가지야. 그런데 북한은 더 하려고 해. 최고사령관이 당 기관을 변화시킨다고 말이지. 그래서 92년도 헌법 개정안에서 최고사령관이 헌법으로 빠져나갔다고. 국가기구에서 빠져나갔다고, 그래서 당에 들어간다고.

Q 그때 왜 그랬을까요? 사회주의권 붕괴되고, 체제 붕괴 위험이라 할까?

A 그건 원래 당의 영역이지만, 그전까지 없었던 전원회의에서 당에서 추대한 거라고. 최고사령관을 당에서 추대한 거라고. 12월 24일 당 중앙위 제19차 대회에서. 그래서 내가 그걸 확인 못 해서 92년도 것을 복사해서.

Q 그 뒤로도 똑같습니까, 지금까지?

A 모르지, 그건.

Q 그런데 작년 거는?

A 작년 거는 최고사령관이 헌법 기구에서 안 나오니까. 이걸 해서 뭐, 이렇게 볼 수도 있고 저렇게 볼 수도 있는 건데, 사람들이 다 생각이 다르니까. 이 기구에서 나도 말은 안 해. 말은 안 하는데, 이건. 그리고 이 사람들이 여기서 남한에 있으면 북한을 다녀오면 다 안다고 생각하고, 몇 번 갔다 오면 그런 사람들은 말이야. 북한 답사하고 되어 버렸는데, 내용을 몰라. 그러면서 아는 체 하는 거야. 아예 모르면 이걸 하는데. 그래서 이제 그런 건데, 예를 들면 '송두율이가 당 정치국 후보위원 김철수다.' 이거 아니야? 그걸 확인하는 게 왜 중요 하냐, 당 중앙위 정치국 후보위원이란 게 북한에서 어떤 직위냐 하는 거는 관료주의에요. 송두율이가 왜 들어왔고, 그 어떤 비밀을 알아야 한다고. 그걸 안 하고 있는 거라고, 못하는 거야. 당 중앙이 정치국 후보위원이라면, 북한 서열에서 정치국 위원이 외국으로 나갈 수 있느냐. 그래서 쉽게 말하면 말이지, 사람들이 무번호 차를, 번호 없는 차를 탄다고. 그러면 정리원이 말이지 딱 가만히 있다고. 그러면 사방에서 오는 차들이 다 서야 돼. 그다음에 그 무번호 차가 통과된 다음에 '이리와, 저리와' 하고 부르짖는단

말이지. 그리고 정치국 후보위원은 출장 시에도 외국 출장이든, 국내 출장이든 실비가 책정되는 게 아니야. 그리고 정치국 후보위원은 전부 김정일이부터 시작해서 주위가 전부 다 망라되어 있잖아. 그리고 후보위원은 정치국 위원이 되기 위해서 준비하고 있는 사람이 아니라고. 후보위원이라는 직책을 달은 발언권만 갖고 결정권만 없는 정치국 위원이라고. 이게 어떻게 선출되느냐, 6차 당 대회에서 3,220명의 당 대회 대표들이 참가해서, 당 중앙위원회 위원, 후보위원을 선출하잖아요, 거기서. 선출하고 나서 당중앙위원회 145명, 후보위원 103명. 이 사람들이 당 정치국 위원을 소출한다고. 그래 북한의 최고 결정 기구거든. 그럼 이런 거, 이런 게 후보위원이다. 후보위원은 북한에서 권력을 행사할 수 있는 자리지만, 송두율이가 차지한 자리, 김철수는 대남에 대한 통일 문제에 대한 자리라는 거지. 그러면 이건 대남 사업에 배당한 북한 최고 정책 결정 기구의 일원이야. 그런 사람이 여기 왔다면, 해방 후의 최고 거물이라고 이게. 그럼 이거를 국민들한테 알려줘야지. 북한의 당에서 높은 자리에 있는, 그 사람이 왜 들어 왔냔 말이지. 절대 추방 당하더라도 내가 그, 추방만 하지 말아 달라. 있게만 해 달라는 거 아니야? 그러면서 그 사람이 얘기하는 게 말이야, 응? 김일성을 아직까지 존경한다고 아직까지 얘기하잖아요? 그리고 그 사람이 어디를 가려고 하냐면 제주대학 철학 교수를 원한다는 거야. 왜 하필 제주도냐는 말이지, 얘기가 길어지는데. 걔들이 현재 대남 전선의 당면 과제가 '남한의 반미 · 친북 통일전선체를 형성 하는 것' 이란 말이지. 그래서 민족공조를 내세우는 거거든. 그러면 이 통일전선체를 만들려면, 근거지를 만들어야 해. 서울에 마련하든지 해서 확산해 나가야 하거든. 그 근거지가 제주도야, 현재. 그러기 때문에, 2000년 9월달에 그 인민무력부장 김일철이가 와서 국방회담을 어디서 했어요? 1차 회담, 제주도에서 했잖아요. 거기 김일철 따라온 놈들 제주 다 보고. 그다음에 김용순이가 왔단 말이에요, 김용순이가 어디 갔어요? 제주도 갔단 말이에요. 제주도는 말이지, 감귤을 보내 주기로 했다고 말이지. 그게 고맙다고 제주도민만 300여 명을 초청해 갔잖아. 특별 대회 해주고. 그다음에 체육대회, 통일 체육대회 제주도에서 했잖아. 안 가겠다고 버티는 거, 그 220만 달러 갖고 갔잖아. 왜 제주도냐, 왜? 제주도는 4면이 바다고 섬이기 때문에 침투가 용이해요. 과거에는 제주도에서 다 해 놨어. 또 제주도는 무비자야. 중국 여권만 가지면 얼마든지 여기 들어갔다 나갔다 할 수 있는 문제야. 그러니까 내 지금 생각은 제주도가 친북·반미 통일전선 형성에 1차 근거 대상지란 말이야. 그래서 거기에 집중하는 거야, 계속. 이것이 무슨 김정일이 나온다 어쩐다 그러는 거는, 김정일이 나올 사람도 아니고.

Q 그럼 후계자로 고영희하고 관계된 사람 이야기가 있는데?

18. 민족공조

A 그럼, 있지. 저기 쟤들이 민족공조가 지금, 실행하는데 쟤들의

당면 과제는 북조선 내에 미국의 대결 구도를 남북한 전체 조선 민족들이 감당하게. 그래서 민족공조를 성사되게 하고, 자꾸 해방 선전하고 민족공조를 자꾸 저기해야만 한미 간을 이간시킬 수 있고, 미국의 반 지도층들의 반응을 더 고취할 수도 있고. 남한이 마치 남북한 관계에서 말이지 미국을 반대하는 그 투쟁을 해 놔야 되거든. 그러니까 말끝마다, '우리가 남북이 하나지요, 통일합시다, 우리 민족이 제일이에요.' 노래도 같이 부르고 하는 게 전부 그 맥락에서지요. 그런데 그거를 우리가 그러한 북한의 의도를 인식하고, 저해하는 본질을 정확히 인식하고 걔들과 대화하고 그것을 연구하고. 우리 자연주의적 민족주의랄까. 그것을 하는 것은 좋다 이거에요. 모르고 덤비면 안 된다 이거지. 응? 그러니까 지금 이 핵 문제도 그걸 보는 거예요. 김정일이 철학이랄까. 이런 것이 변화되는 것이 대남 문제에서도 민족공조예요. 민족공조, 남조선의 파괴가 아니라. 경제를 파괴하고 사람을 암살하는 게 아니라 민족 붕괴, 친북 반미 통일이라는 전선이에요. 전부터 주장해 왔지만, 거기다가 굉장한 역량을 지금 투입하는 거예요. 그니까 육로 관광, 하여튼 민족공조는 다 받아주는 거예요, 다 해주고. 응? 저희들이 경제적으로 어려워서 물론 도움도 받기 위해서 하지만, 저것은 내가 볼 때는 적극적인 그것이기 때문에, 우리가 김정일을 잘 봐야 돼. 김정일하고 그 지도층에 벌써 변화가 왔어. 그런데 하나 있어, 뭐 있느냐. 군사전체는 해 놨어요. 왜냐면 미국이 여기 공격할 때 쟤들이 보복전을 하려면 남을 쳐야 되거든. 남을 치려면 공격 대상을 미리 다 정해 놓고, 유사시를 대비하고. 김정일 명이 떨어지면 즉각 출동할 수 있도록 준비해야 된다고. 그러니까 핵심 과제는 민족공조야.

Q 제주도에 같이 갔는데. 북한에 다녀온 상당히 많은 사람들이. 저 같은 사람은 일단은 객관적으로 보고, 어떻게든 변화시켜서 먹여야 된다는 그런 생각이기 때문에 그렇지만, 일반 사람들은 가서 예를 들면, 조금 불쌍하다. 저렇게 기계적으로 인간을 만든 김정일이 나쁘다. 보면 또 알잖아요?

A 그리고 이제 민족이란 개념은 우리와 비슷하다고. 언어라든지 문화라든지 그다음에 지역이라든지 공동으로 출발하는 공통점에서 형성된 사람들의 집단을 이제 얘기한다, 비슷하다고. 그런데 뭐가 문제냐 하면, 이 민족이 자본주의와 형성되는 초기에 형성되었기 때문에 그때 형성된 민족을 자본주의 민족이라고 한다 이거야, 걔들은. 그리고 이 자본주의 민족에 대립되는 개념이 사회주의라고. 그러기 때문에, 이 사회주의 민족이 자본주의 민족을 타도하고 전 민족을 사회주의화하는 건데. 그러기 때문에 민족을 보는데 민족의 개념이라든지 민족의 형성 과정이라든지 그 장래에 대한 전망에 있어서 계급 투쟁론을 적용한다, 맑스주의의. 그러기 때문에 사회주의 민족이 자본주의 민족을 타도하고 전체를 '사회주의 민족화'하는 게 사회주의 혁명이란 말이지. 그러면 그것이 그 걔들이 민족이란 관점을 가지고 우리한테 대하고 있단 말이지, 그걸 밑에 깔고. 그럼 우리는 자유민주적 민족이, 자유 민주를 지향하는 민족이 사회주의를 지향하는 그 민족을 제거하고 내몰고, 전체 자유민주적인

토대 위에서 우리 민족이 단결해야 되고 하나가 되어야 한다는 그 바탕이. 그렇게 되어서 우리가 그런 바탕으로, 지금 전 박사께서 말씀하시는 그런 내용을 하나하나 체계화하고 정립해 나가야 이게 우리식대로의 북에 대한 작용이 된단 말이지, 이게. 그러니까 우리도 민족이 어떤 민족이 되어야 하느냐, 민족 대단결, 7·4공동성명, 6·15공동성명대로 나가면 우리는 자유민주적 민족주의 그 토대 위에서의 민족의 통합, 이거를 지향해 나가는데 그러려면 우리가 어떻게 해야 한다는 게 정리 되어야 하거든. 그래서 내가 늘 주장하는 게 그거라고. 쟤들이 저러지만 결국은 우리 자유민주적인 민족만이 앞으로 살아남는다. 응? 그러니까 그런 거를 쟤들이 사회주의 하려면 그것을 하나하나 우리 민족을 자유민주적인 그런 민족으로 만드는 것이 우리 국민들의 모든 사상에 형성되어야 하거든. 거기에, 그게 거기에서 나오는 애국주의가 우리가 필요하다고, 우리 입장에서는. 그래서 이제 그, 그렇게 말할 수 있는지 모르지만 내가 주장하는 것은 '자유민주적 민족주의'. 이렇게 해서 우리가 그걸 해 나가야 한다는 그런 얘기야. 전 박사와 나랑 그것을 우리가 해야 할 시기가 왔어, 벌써. 왔으니까 저쪽 애들이 그 민족 제창하는 민족공조라든지 모든 그 처리를 알려주고. 그걸 인식한 토대 위에서 우리는 과연 어떻게 이 사람들을 같은 민족으로서 통일 할 것이냐 하는 사상적 이유는 우리 이렇다. 그래서 무슨 경제 협력을 하든 뭘 하든 간에 가만히 우리의 우월성을 전파하면서 도와도 주고, 전파함으로써 우리 한민족의 통일을 이뤄 나가는 것이 통일이다, 우리는. 응? 그 과정을 지금 얼마나 좋으냐. 응? 하자 이거지, 응? 해서 그런 것을 실지 통일을 그렇게 하고 있겠지만, 그것을 논리적으로, 체계적으로 정리해서 그 대북 사업하는 사람들에게 전부 교육시키고. 국민들도 그렇게 교육시키고 그렇게 나가면 전 박사 생각하는 대로 될 거라고. 그러니까 그런데 대한 어떤 공통이 있어야 돼. 이게 도와주는 게 그 놈들이 말이야 여기다 통일전선 체제하기 위해서 말이야 도와주는 거 받아먹고, 경제적으로 받아먹고. 통일에 접근하는 데 있어서 우리가 민족의 피해와 손실을 최소화하기 위한 그런 과정을 설정해 놓고 나가야지. 그게 중요하다 그런 얘기야. 그런데 일반 주민들이라든지 지도원 정도, 또 북한에 사업한다고 나오는 그런 기관 사람들은 절대 쉽다 이거지, 어렵지 않다 이거지. 그래가지고 이제 핵심 인물들이 말이야 과연 말이지, 어떤 생각을 가지고 있느냐, 이걸 우리가 파악해야 되고. 그리고 이제 변두리를 위해서 받아쳐야 되거든. 이 과정에 대한 통일에 대한, 로드맵이라고 얘기해도 좋고. 통일부면 통일부, 대통령이 통일하면 국민들이 말이지 뭐 일사 분란 하게 가자는 얘기는 아니고. 우리 자유주의라는 게 그렇게 안 되니까, 그래도 어떤 중심을 잡게 해 주자. 지금도 통일부에서 제대로 하고 있기는 있는 거 같애. 통일부는 통일부대로 현재 남북한 실정에 제일 맞는 그런 방법을 찾아 가지고 하고 있는 거니까 거기에 대해서 보수적인 관점도 있고, 더 진보적인 방법도 있고 여러 가지 방법이 있지만.

Q 예, 오늘 벌써 시간이 열두시가 다 돼 버렸네요. 그래서 그 정도로 일단 하고 추가적으로 또 자세한 것은 아까 새로운 사실

을 말씀해주셨고, 잘 알려지지 않은 서울정치학원도 만들고. 22여단 만드는 거 등등. 하여튼 구체적으로 좀 잡아내야 할 것들이 좀 있을 거 같아서 나중에 시간 한 번 더 내주시고.

A 내 동기 동창생 일곱 명을 만났거든, 북한에서. 그 친구들이 다 이제. 기자니까 만날 쏘다니고 하니까. 그 친구는 쏘다니지 못 하고 그러니까. 여기 와서도 포로로 잡혀간 친구, 둘은 국군 포로 잡혀가서 그렇고. 그래 그중에 박사도 있어, 대학원 나온.

Q 지금 현재?

A 예, 박사도 있고.

Q 그 67년 5·25교시, 67년에 4기 15차 전원회의 그것은 나오신 다음의 일이지요, 그것은?

A 하나 비밀스러운 게 있어. 뭐이냐 하면, 걔들이 인민군 당위원회 4기 4차 확대 전원회의에서 김창봉 일당 숙청하지 않았어? 그 자료가 있어.

Q 아, 그래요?

A 그게 뭐냐면, 69년 1월 4일부터 그 회의를 했거든. 그런데 3월 28일날 인민군 상위가 올라간다고. 그런데 그 친구가 정치부하고 마찰이 있어서 서로 싸우고 넘어왔단 말이야. 그 친구가 그때 확대전원회의 학습하던 노트하고 다 가지고 넘어왔다고. 이 사람이 69년 3월 28일날 인민군 상위로 넘어왔어. 그 친구가 마침 그 학습할 때 아니에요, 그거. 1월 되어서 그 노트를 가지고 날랐어. 그건 김창봉이 최광, 저 김영춘이 아주 정확하게 나왔어, 전부 상세하게 나왔어.

Q 문건은 아직 유출 안 됐죠? 뭐 좀 썼어요?

A 그 가지고 나온 내막은 모른다고. 그게 북한에서 어디 기술자가 와서 기술하는데, 자기들도 모른대. 중요한 대목만 알고 그때 노트를 가져갔기 때문에, 노트를 잘 정리했다고. 정치 지도원이 가지고 있던 노트를 훔쳐 온 거야. 그건 확실하고. 첩보라는 게 기술 여단도 최초 첩보 이외에는 다닐 수 없어. 김정일이 아들 말이야, 김정남이 하고 김정철이 있다며? 모르지?

Q 모르지요. 이 사람들이야.

A 김정철이 하고 동생 또 있고 뭐. 그럼 이 친구가 북한에서 알고 온 것처럼. 신문 같은 것을 보고 쓰려니까 자료가 있어야지. 그

렇지? 이런 게 많아. 한 50%는 얘기고.

Q 나온 사람들은 같이 나와서 신문보고, 책 보고 이제 뭐 완전히 뭐.

A 그러니까 그 사람 경위를 딱 보고, 그 체험한 거 이외에는 모르는 거야. 신문에도 안 나고 그걸 어떻게 알아. 그러니까 내가 신문사에서도 쭉 했지만 그건 뭐. 그런데 이제 그걸 모르는 사람들은.

Q 저도 노대통령 아버지 뭐, 딸 이름 모르고 있어요. 결혼해서 뭐 애하나 낳았다고 하는데. 그런 거 신문에 나는 것도 아니고. 노동신문에 나는 것도 아니고.

A 그래서 완전히 뭐 정보 수집하는 데 연구하시는 분들한테 상당히 지장을 준다고 이게. 그 자료는 가짜 자료거든.

Q 특히 요즘 중국 거쳐 오는 바람에 뭐. 가서 듣고 들어오는 거 아니에요?

A 하여튼 뭐 오 박사께서 수고하셨어요.

19. 서울정치학원과 금강정치학원

Q 서울정치학원 문제라 할지 22여단 문제 이런 부분에 대해서 조금 더 알고 싶은데요. 구체적으로 정치학원이 어떤 목적에서 설립이 되었고, 또 정치학원이 북한 체제의 형성 발전이라 할지 사회에 어떤 영향을 미쳤는지 그런 부분을 구체적으로 좀 알고 싶은데요.

A 네. 그러니까 그것이 6·25전쟁 와중에 남한에서 좌익 활동하던 사람들을 중심으로 해서 그 유격대가 조직되었거든, 9·28수복하면서. 그래 서울에 있는 서울시 당에 있던 사람들이 이제 남조선 유격대 제1지대로 해서 태백산으로 들어갔다고. 거기서 유격 투쟁을 한 거예요. 그게 이제 10월부터 서울수복 되니까. 그래서 유격대 제1지대 지대장은 걔들이 서울에 나왔을 때 그 서울시 당 위원장하던 김응빈이란 사람이 북한 노동당 중앙위원이야. 그 사람이 서울시 당 위원장하고, 서울시 인민위원장은 이승엽이가 하고. 그 시 당에 김응빈이가 지대장이 되어가지고, 세 개 여단을 만들었어요. 여단 이래야 한 150명 규모. 그래서 문경 그쪽으로 태백산맥을 타고 남진하면서 국군, UN군의 후방을 교란하기 위한 유격 활동을 했다구요. 그러다가 그것이 지리멸렬하게 되어 버려 가지고 51년도 4월부터 봄이 되면서 열병환자들이 많이 나오고 그래 가지고 철수를 해 가지고 51년도에 거기서 철수한 인원들, 그리고 경기도 산하 유격대 철수한 인원들 해서 남한 출신자들이 북한으로 많

이, 좌익 활동하던. 그래서 그 사람들을 교육을 시켜야겠다고 해서 황해도 봉산군 봉산리에 '서울정치학원'을 만들었어요. 그래 가지고 위원장에는 송을수라고 그래 가지고 이 사람도 당 중앙위, 북한에. 그 송을수가 원장이 되어 가지고 서울정치학원을 만들었고, 서울정치학원을 만든 봉산리에 그 서울지도, 북한 노동당 서울지도 그러니까 대남사업의 총 지휘부예요. 여기 지도부 총책임자가 이승엽이가 하고, 그다음에 여기에 연락부장 배철이라든지, 그 재정경리부장하던 이인동이라든지 이런 인물들이 같이 상주하고 있었어요. 그 같은 지역 내에 서울정치학원을 만들어 가지고, 여기서 올라간 사람들에게 정식으로 교육을 시킨 거예요. 맑스·레닌주의라든지, 그 다음에 소련 공산당사라든지, 그다음에 맑스·레닌주의 정치경제학이라든지 이런 정식 공부를 시키는데, 그것을 6개월 동안 공부를 했어요.

Q 공부하는 과정이 6개월이에요?

A 6개월. 6개월 동안 했는데, 그것이 좀 더 확장을 하고 그다음에 실지로 남한에 유격대로 내보내야 되겠다, 다시 남파를 해야 되겠다 해서 학원을 확장해 가지고 '금강정치학원'을 만들었다고. 서울정치학원이 전신이고. 그다음에 금강정치학원을 만들었는데, 이 금강정치학원의 원장이 아까 얘기한 서울시 당위원장하던 김응빈이가 이제 원장이 된 거예요. 그래서 이제 금강정치학원을 만들었는데, 금강정치학원에서 교육을 시킨다는 거

죠. 김남식씨가 금강정치학원 출신이에요. 김남식씨가 금강정치학원에 대해서 잘 알 거예요. 난 이제 서울정치학원에 있다가 거기서 이제 그, 소위 남로당 계열 숙청을 앞두고 사람들을 추려 가지고 하는데, 젊은 사람들은 군대에 다 입대시켰어요. 그래서 51년 10월 우리가 인민군에 입대했는데, 가보니까 이게 하사관용이야, 분대장이라든지 이런. 그런데 왜 그걸 만들었냐 하면, 국군 포로들을 인민군 편대에 집어넣어 가지고 한 개 전투병력으로 만들었다고. 그게 22여단. 인민군 22여단. 영변에 51년에 10월달에 만들어 졌어요. 51년도 10월달에 만들어 졌는데, 그 22여단 여단장이 송호성이에요. 송호성이란 사람은 우리 국군경위대 사령관 하던 사람이라구. 이 사람이 그 여단장이 되고, 그 밑에 실질적으로 여단을 지휘하는 참모장이 그 정화룡이라고. 그 사람이 대좌, 그 친구가 나와서 실지로 22여단의 모든 훈련을 했어요. 그런데 국군 포로들로 이걸 구성하기 때문에, 거기에 국군 포로들을 지휘할 초급 지휘관들, 그러니까 분대장이라든지 이런 거를 남한 서울정치학원 출신들을, 젊은 사람들을 뽑아다가 그걸 시켰단 말이에요. 시키고 이제, 일부 장교들은, 군관이지 그때. 일부 군관들은 대대장이라든지 일부 군관들은 6·25 직전에 북한으로 두 개 대대가 갔다, 그 직전에. 거기에 강태무, 표무원 두 개 대대가 넘어왔어요. 그 사람들 넘어갔을 때 넘어간 그 장교들을 군관으로 임명해 가지고 부대를 편성했고. 그러니까 장교들은 주로 6·25 직전에 넘어간 국군 강태무, 표무원 대대의 일원들, 그다음에 하사관 출신들은 대개 남로당 계열로 북한으로 들어간 젊은 사람들, 그리고 나머지 일반병은 국군포로들. 이렇게 해서 조선인민군 22여단을 구성했어요. 그래 가지고 그것이 평안남도, 평안북도 영변에 위치했다고. 그래 거기서 전투훈련을 시킨거야. 전쟁이 이제 51년도니까, 아직 전쟁이 종전되기 전이니까. 그래서 전투 훈련을 시켜 가지고 전방에 투입하려고.

Q 그럼 그때부터 전쟁 준비를?

A 아니, 51년도니까 전쟁 와중이지.

Q 전쟁 와중에서 전쟁에 투입하기 위해서요?

20. 국군포로 중심의 인민군 22여단

A 그렇지. 국군포로들로 만들어진 여단을 투입하기 위해서 훈련을 시켰는데, 이것이 훈련을 1년 정도 한 것 같아요. 하고서, 했는데 이 국군포로들만으로 여단을 만들었는데, 아무리 지휘관이라든지 초급 지휘관이 그렇더라도 이건 조금 위험하다.

Q 이 22여단은 주로 국군포로들을 교육하기 위해서 그 목적으로 만든 거예요?

A 그렇지. 그러니까 이제 여단으로 해 놓으면, 그게 좀 위험하다 해 가지고 그때에 조선인민군 584군부대라고 그래서 철도병 사령부가 만들어 졌지. 그래서 그 철도병 사령부가 1,2,3여단으로 돼 있는데, 거기에 전쟁 와중에 철도병이라는 게 그 다리 놓고, 철길 놓고 하니까 사람이 다 죽었어요. 그리고 이 철도병의 골자는, 기본 인원은, 6·25 직전에 중국 중공군 팔로군에 있던 팔로군 철도 병단에 있던 한인들을 전부 소집해 가지고, 한국 사람들을 전부 소집해 가지고 만들어서 해 가지고 말이야. 그래서 이 사람들이 47년부터 군대에 복무한 사람들, 그 이전에. 47년 이전에 근무한 사람들, 이 사람들이 이제 전부 하사관, 병이 없어. 그래 가지고 그때도 내가 얘기 했지만, 그래 이 사람들이 계속 전쟁을 하는데 6·25 과정에 철도도 복구하고 한강 다리도 놓고 하니까 폭격을 많이 맞으니까 인원이 많이 손실됐다고. 그래 가지고 손실된 인원을 국군 포로들로 한 개 여단으로 투입하려고 그 사람들을 갈기갈기 찢어 가지고 거기 다 편입시켰거든, 철도에다가. 그 철도병 사령부가 이제 그때까지는 한 개 여단이 또 철도병 사령부로 세 개 여단으로 확장되면서 이 인원들이 전부 철도병 사령부로 갔다고. 그래 이제, 나도 철도병 사령부로 가게 됐다고, 같이. 그래 철도병 사령부에 52년도에 가서 철도전선수송을 위한 철도 복구도 하고, 철길에 떨어진 시한탄도 캐내고 하는 아주 그 전투보다, 실지 전투보다 더 어려운 전투를. 언제 터질지 모르는 시한탄을 캐고. 그런데, 국군 포로가 갔는데 그때에 내가 포로에 대해서, 포로하고 같이 생활을 하니까, 나도 고향이 여기니까 서로 같이 잘

어울리고, 내가 또 통부장을 했으니까 본부 중대원들하고 잘 어울리니까. 그 얘기를 들어보니까, 어디 있다 왔느냐 하니까, 포로들 중 일부는 벽동 포로수용소로 보내고, 일반 농민이라든지 뭐, 일반 시민들이나 이런 출신자들 국군 포로들은 전부 인민군 복장 입혀서 218부대라는 걸 만들었다고, 북한이 거기서.

Q 218부대요?

A 응. 218부대를 만들어서 이 포로 출신들을, 그래서 인민군 복장을 입혀 가지고 비행장 복구에 투입한 거야, 포로들을. 그러니까 온천 비행장, 평양 근처 비행장, 그다음에 황주 비행장, 그다음에 신의주 근처에 있는 신의주 비행장, 여기다가 국군 포로들을 비행장 복구에 투입했어요. 그러니까 미군들이 와서 복구될라 그러면 비행장을 폭격하거든, 그럼 거기 폭격은 국군 포로들한테 하는 거지, 사실은. 그러니까 복장이 그러니까 인민군이라고 막 폭격하는 거야. 그래 가지고 거기서 많이 죽었어요. 그래 가지고 218부대가 비행장 복구로 참여했다가 22여단을 만든 전투 병력으로 다시 써야 되겠다는 방침에 의해서 22여단으로 간 거야, 그 사람들이. 그러니까 그 국군 포로의 약 70%는 포로수용소로 가지 않고, 인민군으로 편입됐던 거야. 그래서 이 국군 포로들을 북한에서는 '해방전사'라고 불러.

21. 해방전사

Q 해방전사요?

A 응, 해방전사. 미제의 앞잡이 군대에서 해방된 해방전사들이다 그래 가지고 인민군대에 편입시켜 가지고 했고. 그때 같이, 내하고 같이 군대 생활한 사람들이 나중에 제대 해가지고 박사학위받고 대학교수가 된 경우도 있고 그러지. 표본으로 과학도, 교수, 문인등이 있어. 표본으로 국군 포로들 중 재능이 있는 사람들은 전부 양성을 해 가지고, 지금 국군 포로 출신들 중에 그런 활동을 하는 사람이 있을 거야. 많이 죽었을 거야, 이제. 대개 70살 다 넘었으니까.

Q 국군 포로들 교육을 하고, 비행장 복구하고 이런 부분에 국군 포로들을 투입을 했는데, 이게 전쟁 와중에서 이루어진 거예요? 전쟁 중에?

A 그렇지. 51년도니까 50년도부터 53년도까지.

Q 이렇게 전쟁 진행과정 중에서 복구하고, 또 파괴되고 복구되고.

A 그리고 일반 전투부대에서는 그냥 국군포로 잡잖아요, 개별적

으로. 잡으면 거기다 인민군 복장 입혀서 해방전사라 그래 가지고 그 분대에 편입시키는 거예요. 그런데 심사를 받으러 가서는 포로수용소 가는 사람도 있고, 비행장 복구에 가는 사람도 있고. 그게 218부대에요. 그러니까 국군 포로는 잡히면, 현지에서 국군 복장을 벗고 인민군 복장을 입어 가지고 그냥 해방전사로 해 가지고 편입되거나, 아니면 심사를 받아서 벽동 수용소로 가거나 아니면 이렇게 비행장 복구에 가든가. 전쟁 와중이죠 그러니까. 그때 국군 포로들이 많이 죽었다고. 비행장 복구하고, 철도 복구하는데 전부 폭격을 많이 맞으니까. 미군 폭격이 사실은 아군 포로를 해 한거지. 많이 죽였어.

Q 서울정치학원, 22여단 뭐 철도병 사령부의 쭉 연결 선상에서 이렇게 진행되어진?

A 그건 아니지. 서울 정치학원까지는 남로당 계열, 여기서 유격활동하던 사람이 들어가면서 재교육하는 게 남로당 그거고. 거기서 이제 젊은 사람들을 뽑아서 군에, 인민군에 편입시켰는데 그때 국군포로들이 많이.

Q 전쟁 와중에서 이렇게 22여단이나 그다음에 철도병 사령부 역할이 복구에나 이런 거에 굉장히 많은 역할을 했나요?

A 그렇지. 많은 역할도 하고, 그리고 인민군대에 많이 편입시켜 가

지고 이 국군 포로들을 각 부대에서 활용하다가 56년도 10만 병력 체제가 있었어요, 56년도에. 종전되고 한참 지나서 그때 국군 포로들은 다 인민군으로 내보내라. 내보내 가지고 새로 재배치했는데, 내가 거기서 우리 고등학교 휘문, 내가 휘문 다니다가 왔는데, 전쟁이 일어났는데. 고등학교 동창들을 여럿 만났어요. 국군 포로로 만나 가지고 풀려난 거야. 나하고 같이 있던 사람이 아니고, 가서 흥남비료공장에서도 만나고, 또 내가 거기서 기자 생활을 했으니까 휘문 동기 동창생들을 많이 만났다고. 흥남비료공장에 가서 또 만나고, 해서 내가 만난 사람만 한 여섯 명인가 일곱 명인가 된다고. 국군 포로 잡혔다가 북한에서 풀린 사람들. 그래서 흥남비료공장에서는 안건형이라고 이 휘문 44회, 우리가. 안건형이라고 친구 만났고, 또 평양방직공장에서는 유만식이 만났고, 그다음에 원산철도공장에서는 김성환이 만났고, 그다음에 평양시 노동부던가 친구하고, 그다음에 저 흥남통조림공장에서는 음악, 성악하던 친군데 그 친구를 또 만나고. 하여간 여섯 일곱 명 만났어요. 그 사람들이 대개 군대에 있을 때 만난 사람이 아니고, 사회에 나와서 기자 생활하고 다닐 때에 국군 포로 됐다가 풀려난 사람 만났는데, 그렇게 만났어요. 그 전쟁 시기에. 여기서 와 보니까 다 행방불명으로 돼 있거나, 전사로 돼 있거나 그렇게 돼 있어.

Q 그럼 전부 북한에서 활동하고 계세요?

22. 국군포로 문제

A 있어, 그렇지. 활동하고 있는데, 그 국군포로 송환이 부당해. 왜 부당하냐면, 우리는 명목이 국군 포로니까 다 송환을 하지만, 국군포로들이 지금 다 나이가 70 넘었단 말이야. 이 사람들이 아들, 딸 거기서 낳고 손자들도 다 낳았단 말이야. 가족이 거기 형성됐단 말이야. 그런데 여기는 가족이라는 게 자기 형제들밖에 없다고. 그러나 거기는 직계가족이 많단 말이야. 그럼 거기 있는 사람은 국군포로를 하나 데리고 온다 하면 또 새로운 이산가족이 생기고, 더 많은 이산가족이 생긴다고. 그래서 이 국군포로 문제는 우리가 신중해야 해요. 생사확인은 하고, 우리가 지금 다 그 6·25 그때에 잃어버린 형제들이 많기 때문에, 거기에 대해서 죽었나, 살았나 알고, 안부만 소식하고 이런 정도로 끝나는 게 사실은 좋아. 세월이 많이 지났기 때문에. 그 안건형이라고 흥남비료공장에서 만난 그 친구 조카가 나를 찾아왔어, 여기를. 내가 쓴 책에서 자기 삼촌하고 북한에서 내가 만났다는 걸 봤다, 이래 가지고 찾아와 가지고 했는데. 여기는 조카도 있고 형제도 있지만 거긴 더 하단 말이야. 자기 마누라도 있고, 아들도 있고, 딸이 있지, 그리고 그 사람은 손자도 있을 거라고. 완전히 거기서는 자기 가족을 형성했단 말이야. 그래 이 사람들을 데려오는 거는 우리가 신중해야 된다. 데려오는 게 문제가 아니야. 그래 국군 포로는 데려오는 것 보다 오히려 생사확인을 하고 서로 안부를 확인하고, 살아 있으면 이산가족으로 만나고 그런 거지. 데려온다는

거는 또 새로운 사건이야. 이 정부 방침이 확실해야 해, 확고해야 해. 내 친구들도 보면 말이지, 내 군대 있을 때 국군 포로였던 한 사람은 저 경주, 거기에 가족이 있는데 확인해 보니까 경찰 아들이야. 그 사람들이 다 나이 먹어 가지고 다 퇴직하고, 형제들 몇 명 있는데, 거기는 뭐 아들, 손자, 며느리까지 다 있어 가지고 말이야. 이 양쪽을 다 보면 거기는 그 사람들이 여기 오는 거는 오히려 그 사람들이 더 불행한 거야. 근데 지금 여기 그 탈북자 뭐, 지원단체이니 중국 가서 활동하는 인권단체니 뭐 말이지, 이 국군 포로를 데리고 오면 보상금 많이 탄단 말이야. 그래 가지고 거기 단체 국장이니 이런 사람들이 말이야, 가서 말이지 국군 포로들 데려오려고 눈에 쌍심지를 켜고 찾고 다닌다고. 심지어는 말이지, 국군 포로가 누구 있다는 걸 확인해 가지고 거기 중국사람, 중국에 있는 북한군하고 친한 사람을 시켜 가지고 가서 그 사람 만나게 한다고. 그래 이 사람보고 그 '지금 어디에 동생이 와 있으니까 가서 만나서 데려와요.' 그러니까 이 사람은 동생 만나고 싶으니까 거기까지 오잖아, 강 건너니까 거기에 그 사람이 없는 거야. 여기 기다리다가 신분이 위험해서 두만강 건너서 지금 중국 들어가 있다 이거야. 그래 중국 가서 거기를 따라 간다고. 따라가면 탈북자라 이렇게 해 가지고 그 사람이 여기 들여보내서 돈 받아먹은 적이 있어. 그래 가지고 지금 하나 잡혀 들어가서, 경찰에 잡혀 들어갔어. 그래 이런 남북 이산가족 문제, 6·25가 낳은 비극을 말이지 돈벌이에 악용하려고 그러다가 잡혀 들어가 있지, 지금은. 하여튼 그래. 그 금강정치학원은 김남식 선생이 직접 거기 나왔으니까. 다시 여기로 내보내기 위해서 사상교육 시키고, 정치교육 시키고 그래 가지고 내보내고. 그때는 내가 열일곱 열여덟 살 때니까 그 어린 사람들은 뭐.

23. 독서회

Q 선생님 어려서 활동할 때 독서회라는 게 있었다고 하셨잖아요? 그게 후에 민주화학생연맹으로 발전했다고 했는데, 그것도 하나의 어떤 학생들의 교육차원에서?

A 사조직이지.

Q 사조직이었어요?

A 아니, 아니. 하나의 흐름이란 말이지. 그게 이제 해방 직후에 좌우익이 갈렸잖아요? 좌우가 갈려서 학생 조직도 좌우익으로 갈려 가지고 우익 학생들은 학련, 좌익학생은 민주학생운동으로 이렇게 갈렸다고. 교내에서 서로 좌우가 서로 투쟁하고, 좌익 세력은 스트라이크 일으키고.

Q 그 독서회부터 출발을 해서 학생들의 사상에 많은 영향을?

A 그 이제, 그 학생들 속에 좌익세력을 확산하려고 하니까, 그게

핵심을 조성해야 한단 말이지. 그 핵심 조성을 위해서 만든 게 독서회라고. 독서회에서 맑스·레닌주의, 공산주의 의식을 배우고, 자본주의 해방이라는 책 가지고 공부를 하면서 지도자가 나와서 학습을 시킨다고. 그래 지도자는 노련한 임무대로 나눠 가지고 학습을 시켜서 그걸 완전히 좌익 핵심 운동으로 해 가지고, 그렇게 해 가지고 그걸 학교에 좌익 사상 고취, 해서 지금 학생별로 하나의 조직을 만든 게 민주학생연맹, 민학련. 그리고 이쪽은 학련, 그냥 학련. 이래 가지고 좌우가 갈라졌어. 그래서 교내에서도 좌우가 갈라져서 이렇게 서로 싸우니까, 그때 우리 동기 동창에 나는 좌익 독서회해 가지고 좌익에 있었고, 우익은 지금 단국대학교 이사장하는 장충식이, 장충식이가 우익이었다고. 그래 가지고 맨날 거기서 장충식이는 월남해 온 사람이거든, 중간에 편입했어, 사실. 그래 좌우익이 맨날 싸움했어. 그러다가 이제 6·25가 터진 거야.

Q 그럼 이렇게 해서 전후 복구되어야 하는 과정들 속에서요, 이렇게 경제 분야는 청산리 방법이나 대안의 체계가 많은 역할을 했다고 하잖아요? 또 흥남비료공장이라 할지 이런 것들이 농업 발전에 많은 역할을 안 했겠어요? 북한에 이렇게 흥남비료공장 같은 비료공장들이 많았어요, 숫자가?

A 숫자가 몇 개 됐지.

Q 그 규모가, 흥남비료공장이?

A 흥남비료공장의 비료 생산 능력은 유황 비료, 유황 비료 60만 톤, 그다음에 지안비료. 지안비료 30만 톤, 그 소련의 원조로 유치한 전후에. 그리고 유황 비료 공장은 일제시기에 1930년 대 노구치라는 재벌이 공사하였다고, 그렇게 해서 이제 유황 비료하고 지안 비료 해서 생산 능력은 연간 90만 톤. 그래서 종업원들이 한 만 오천 명인데, 이것이 실지 생산량은 한 50%밖에 안 됐어. 생산 능력은 그런데, 전력이 모자라서. 전력이 들어와서 변류시키고 해야 되는데, 그 변류기가 흥남비료공장에 48대가 설치되어 있어요. 그런데 그중에 한 20대 내지 25대 정도가 가동이 안 됐어. 한 절반 정도가 가동이 안 됐단 말이야, 그건 뭐냐 하면 그만큼 생산량이 한 절반 정도밖에 안 됐다는 얘기고, 이것이 흥남비료공장이 전후 복구 3개년 계획 기간에 다 복구가 된 거예요. 그리고 1차 5개년 계획 기간에 러시아에서, 소련에서 당시 이제 지안비료 공장을 세워서 30만 톤 공장을 세워 주고. 그러니까 이제, 54년도에서 55년까지 그 전후 복구 3개년 계획이거든. 그리고 56년부터 1차 5개년 계획에 들어가는 거거든, 56년부터 들어가서 60년까지 끝내는 거야. 그리고 이제 61년부터 1차 7개년 계획이 시작되는 거야. 그래 가지고 이제 그때에 1차 7개년 계획이 67년까지 계획되어 있었는데, 그것이 책임 과제를 다 완성 못해 가지고 3년간 연장했다고. 그래 가지고 70년에 마무리 짓고, 71년부터 6개년 계획하는 거야. 71년부터 75년에 6개년 계획을 하고, 2년간을 조정기

를 가진 거야. 소위 완충기라는 거지. 그래 가지고 78년부터 2차 7개년 계획이 나오고 그게 84년까지. 근데 84년에 끝냈는데, 마무리 일전에 계획 과제를 완성하지 못했기 때문에 85년, 86년을 또 2년 동안을 완충기를 두고 조정을 한 거야. 그러다가 이제 87년에 다시 4차 계획에 들어간 거야. 그래 가지고 87년에 들어가 가지고 93년까지지. 93년까지인데 흐지부지 되어가다가 김일성이가. 그러니까 그때에 우리가 지금 짚고 넘어가야 하는 문제는, 모든 권력이 모든 경제 개혁을, 경제를 비롯해서 군사 뭐, 할 것 없이 다 김정일이의 지휘하에 있지. 그래서 김일성이가 그때는 주석이지만, 김일성이는 주석궁에는 건물 관리하고 사무처리하는 사무장 하나밖에 없었어. 그러나 김정일이가 상주하는 중앙당 본 청사, 1호청사라고 하지, 본 청사에는 참모들이 다 있어. 그때 실질적으로 김정일이가 모든 관리를 다 했어요, 다 한 거야. 김일성이가 김정일한테 다 넘겨줬어.

24. 북한체제의 견고성

김정일이가 이렇게 실권을 갖게 되는 그 계기가 어느 시점쯤?

김정일이야 공식 그 계기는 6차 당 대회에서 완전히 장악한 거지. 74년인가 김일이가 후계자로 옹립하지 않았어요? 그렇게 하다가 80년 당 중앙회 상임위, 정치국 위원, 상무위원이 되면서 김정일이가 80년 6차 당 대회에서 공식으로 완전히 장악하게 된 거지. 그렇게 해 가지고 이제 그, 91년도에 그 김정일이가 인민군 최고사령관 직을 맡는다고. 91년도 12월 24일날, 19차 회의에서 최고사령관으로 추대된다고. 그러면서 완전히 그 군부까지 다 장악하게 된 거야. 그리고 이제 92년도에 헌법을, 사회주의 헌법을 개정해서 93년에 김정일이가 국방위원장이 된 거야. 김일성은 주석이란 이름만 가지고 주석궁에 있었고, 모든 정치, 경제, 사회, 문화, 군사 분야까지 김정일이가 모든 걸 장악하고 그걸 지도했는데, 이것이 89년도 베를린 장벽이 무너지고, 동구권이 무너져 나가고, 소련이 국가연합으로 탈바꿈하고 막 무너지면서 북한이 위기를 느끼기 시작하고, 그쪽과의 경제 문제가 전부 깨져 나가니까 북한이 경제난에 처해지고, 식량난에 처해지고 그러니까 김일성이가 '아무래도 안 되겠다.' 해 가지고 94년에 김일성이가 '내 스스로 해결 해야겠다.' 해 가지고. 그때까지만 해도 김정일이가 뒤에서 보좌해 줬거든. 그런데 '이제 나서야겠다.' 해 가지고 묘향산에 가서 내각을 전부 소집해 가지고 회의를 한 거야. 어떻게 이 난국을 타개할 것인가, 그런데 회의를 하는데도 해결 방안이 서질 않거든, 해결 할 수가 없지 그때는. 그래 가지고 김일성이가 해결하려고 하다가 7월 8일날 죽게 되고. 그렇게 하고 이제 김정일이가 이제 김일성 죽은 다음에, 벌써 김일성이는 죽었지만 모든 체제가, 당과, 정부와 모든 북한의 체제가 김정일이 지휘하에 있었기 때문에.

Q 김일성이 돌아갔어도 크게 어떤 문제는 없었나요?

A 없었지. 그래 가지고 김정일이가 지금까지도 북한을 영도해 나가지마는, 참모들을 하나도 갈지 않았어. 그렇지 않아요? 김일성이가 실권자였으니까, 김일성의 참모진을 써야 할 거 아니에요. 아니면 숙청하고 자기 사람으로 꾸려야 하는데 미리 다 그렇게 돼 있었기 때문에, 특히 이제 무슨 부정을 했다, 부정부패 했다 하는 무슨 농업 담당 서기관이라든지 이런 몇 명을 친 거 외에는 기본 지도체제는 그대로 유지해 가지고 그대로 유지해 가지고 현재까지 7년 동안 이렇게 유지하고 있단 말이에요. 그러니까 벌써, 어떻게 생각이 되냐 하면, 김정일이는 이미 북한의 모든 정권을 완전히 장악한 이런 위치에 세워 놓고 김일성이가 죽었다. 그니까 김일성이가 7월 8일에 죽었는데, 그때 KBS에서 전화 왔더라고, 12시에 뉴스 나오는데, 김일성이 죽었다고 뉴스 나오는데 출연해 달라고, 옆에 앉아 가지고. 내가 못 한다 그랬어, 왜? 공직에 있었기 때문에 함부로 말 할 수가 없잖아요, 그래서 안 되고. 그랬더니, 저녁에 텔레비전 보니까 셋이 나왔더라고. 나와 앉았는데 한 사람이 뭐라고 이야기 하냐면, '김일성이가 영도력이 있고 카리스마가 있어서 동구권이 다 무너졌어도 버텼는데, 이제는 김일성이가 죽어서 3개월이 못 가서 붕괴될 것이다.', 그러니까 또 한 사람이 앉아 있다가, 그 다 북한에 대해 권위자들이거든. 뭐, 1년은 버틴다, 1년 못 가서 무너진다, 3년까지는 가지 않겠냐, 3년 있다가는 막 무너진다는 거야. 그런데 어느 한 체제가 붕괴할 것이냐, 아니냐를 잘 분석하려면 적어도 현재 그 체제를 지탱하고 있는 요인들이 무엇이냐, 이것을 설정해 놓고 그 요인들에 김일성의 사망이나

식량난이 얼마나 손상 작용을 할 것이냐 하는 것을 면밀히 분석한 다음에 해야 한단 말이에요. 그런데 그때 전현준 박사가 나한테 온 거야. 와서 내가 '무너지지 않는다. 북한 붕괴되지 않는다.' 한 거야. 그때는 붕괴 안 된다는 사람 없었어. 그래 내가 그랬더니, 그게 전현준 박사도 붕괴 안 한다고 해서 인터뷰도 나하고 하고 했어요. 했더니 프레스센터에서 외신 기자들을, 제주도에서 외신 기자 세미나가 있는데 나보고 그걸 발표해 달라고 하는 거야, 북한의 미래에 대한. 그래 가지고 거기에 내려갔어요. 연세대학에 있는 문정인 교수, 문정인 교수가 참가하고 통역 맡아서 영어를 아주 잘 해. 그래 가지고 통역을 아주 정확히 잘 했고, 그래 가지고 내가 다섯 가지 요인을 세워 놓고, 이런 것이 손상작용이 크지 않기 때문에 북한은 안 무너진다고 했어. 그래 가지고 토론을 했는데, 어느 한 체제가, 지금도 마찬가지야. 파월 국무장관이 북한은 그냥 놔둬도 무너지고, 붕괴된다고 말했거든. 그러나 그것은 어떤 정치적 의미의 발언인지 몰라. 그러나 실지로 그렇게 생각하나 봅시다. 그래 이게, 지금도 모든 대북정책을 수립함에 있어서 붕괴를 전제로 해서 하면 안 돼. 붕괴는 돌변 사태야. 그런 돌변 사태에 대비하기 위한 대책은 물론 세워 놔야 되지만, 정책 자체를 붕괴를 전제로 해서 세우면 안 된단 말이야. 긍정을 전제로 해서 세워야지, 통일부에서 이 정책을. 그러니까 통일연구원에 내가 여러 차례 가서 강의도 했지만, 북한은 그렇게 쉽게 무너지지 않아.

Q 혹자들은 이 경제난 때문에 오래가지 못할 것이다, 또 그렇게

표현하는 사람도 있다는데?

A 있지. 그런데 그게 경제난이라는 것이, 그럼 뭐 이디오피아라든지 방글라데시는 국가가 없어졌어야 되는데. 세계 최빈국인데 그렇지 않아? 그런데 북한은 최빈국은 아니거든. 미사일도 만들고 핵무기까지 만들 수 있는 나라란 말이야, 어쨌든 북한은 그런 집단이란 말이야. 그러니까 그것을 보는 관점에서, 동구 공산권도 다 무너져 나갔다고. 이제 북한도 무너져 나갈 차례다. 그다음에 북한도 거기다가 김일성이 죽었다고, 식량난이 가중되고 있다, 무너진다. 그렇다고 뭐 맨날 굶주리는 아사자가 그렇게 많이 나온다고 볼 수는 없는 거지, 그렇지 않아? 방글라데시 같은 최빈국은 말이야 벌써 지구상에서 사라져야 했을 거 아니냐 이거야. 그러니까 국가체제라는걸 그렇게 봐야 하지 않나. 그러니까 그것을 우리 통일연구원에서도 잘 좀 준비해서 통일 정책을 세워 주고, 통일부에서도 마찬가지고 그렇게 해야 한다고. 우리가 과거를 보는 것은 현재나 미래를 정확히 판단하기 위해서 아니겠어요, 주로 뭐 다른 업무도 있겠지만. 그러니까 북한의 과거를 보는데 이 증언을 채집하면서 과거를 정리하시는 거 아니에요, 지금? 그런데 이것이 현재와 미래의 판단에 상당히 도움이 되어야 해요. 그러니까 이게 뭐냐면, 어떤 과정을 거쳐서 현재에 이르렀느냐, 현재의 상태가 어떠냐 하는 것을 정확히 정리해야만 미래에 대한 전망이 나온다 이런 이야기예요. 그렇지 않아요? 그러니까 과거에 이 행태에 대해서도 이것을 정확히 아는 게 중요해요. 대체로 과거 행태에 대해서 대답하는 사람이 고의적은 아니지만 자기도 모르게 자기의 행동을 과장하게 된다고.

그렇지 않아요? 자기가 옳은 쪽으로 행동한 것처럼 하고, 그 과정에서 자기 행동을 정당화하기 위한 이것이 사람이기 때문에 그것이 내포돼 있단 말이에요, 그 안에. 그니까 그것을 얼마나 착오가 있는가를 잘 추출해 내는 것도 일종의 업무 아니에요? 그러니까 이게 그, 사람이 대상자가 아는 것은 두 가지 측면이 있어요. 그건 하나는 얘기했지만, 한 가지 측면은 뭐냐, 그 사람들이 북한에서 그 분야에서 종사했거나 그 분야에 살지 않았으면 그걸 몰라. 그렇지 않아요? 그러나 여기에 나와서 그것을 다 배운다고. 왜냐하면 심문관이 '너 김정일이 아들 김정남이는 알지?', '네, 김정남이.', '그런데 또 있다던데?', 그런데 이 사람이 모른단 말이야. '그 김정철이 하고 그 아들 있잖아, 고영희가 낳은 아들?', '있다는 얘기는 들었습니다.' 그런데 그다음 심문관이 와요. 그러면 '너 김정일이 아들이 몇 명이야?', '김정일 아들이 김정남이 있고, 김정철이 있고.' 그렇게 다 얘기하는 거야. 그러니까 여기 나와서 배운 거를 얘기한단 말이지. 이렇게 심문관들을 한 서너 달 거치면 이 사람은 완전히 심문관들을 알려줘서 북한박사가 되는 거예요. 그러니까 자기가 가보지도 않았는데도, 다 가본 걸로 되고, 모르는 것도 자기가 아는 걸로 얘기하는 거야. 심문관들이 그래야 보고서를 만들거든. 이 사람이 많이 얘기해야 보고서가 많아지잖아. 그러니까 자꾸 과장되어 가지고 말이지, 여기 와서 한 2~3년만 살면 그 사람은 북한학 박사가 되는 거야. 북한에 대해 모르는 게 없어진단 말이야. 그러나 북한은 폐쇄사회이기 때문에 여행이 자유롭지 않아요. 협동농장에 살면 그 협동농장의 자기 사는 데만 아는 거거든. 그건 알 수가 없는 거란 말이지. 그러니까 이런 면에서, 그러니까 우리도 그건 정부에서 하겠지만, 최초 심문보고만 인정하자. 누가 나오든지 최초 심문보고만 인정하고, 그다음 심문보고도 참고할 건 참고하지만 검증을 하는 거야. 이 사람이 과연 경력 사항을 이렇게 적었는데, 이걸 할 수 있는지 말이야. 자료 수집 과정에서도 그걸 염두에 두셔야 한단 말이에요. 그래서 이제 그 김남식 선생한테 가서는 내가 볼 때는, 그 양반이 나이도 많고, 남로당원이었고, 당원이었고 그다음에 북한에 들어가서 이제 금강학원을 나왔어요. 그러니까 금강학원에 대해 상세히 얘기할 수가 있고, 그다음에 이제 그 양반이 58년도에 중앙당 집중지도가 있어요. 집중지도를 해서 그때 집중지도 그루빠라는 게 있어요. 그루빠라는 건 거의 집중지도 성원이지. 우리는 감사 나가면 감사 그룹 만들어서 나가잖아요. 그 성원 중에 김남식씨가 들어가 있어. 왜냐하면 대남, 남에서 온 사람들에 대한 그 집중지도 문제 때문에 그걸 아는 사람이 필요하잖아요. 그래서 이 김남식씨가 집중지도 그루빠의 성원이었다고. 그래 그 분야를 잘 정리할 수가 있을 거예요, 잘 정리하면. 그걸 질문해서 잘 하시고, 남로당, 북로당도 다. 나하고도 잘 알아요. 우리보다 나이 많고, 우리하고 중앙당 당 조직에 대한 것도 잘 아실 수 있으실 거예요.

25. 핵문제

Q 우리 엊그제 뭐 6자회담 이야기 하면서요, 북한이 핵 프로그램 폐기하겠다, 그런 얘기를 중국에 전달했다고 그런 얘기가 나왔

어요. 그런데 그렇게 될 수 있을까요?

A 핵문제는 말이지요, 우리가 과정을 먼저 확인해야 해요. 그렇지 않아요? 북한이 그걸 폐기하겠다는 과정이, 핵은 아시겠지만 두 개가 떨어졌어요. 그렇죠? 실제 실전에 한 건 히로시마하고 나가사키에 미국이 두 개나 떨어뜨리고. 그런데 히로시마에 떨어진 게 우라늄탄이에요, 농축우라늄탄. 그리고 나가사키에 떨군 게 플루토늄이다. 그런데 이 농축우라늄탄은 그것이 제조방법이 두 가지예요. 농축우라늄은 안에 포함되어 있는 235와 238을 분리시켜서 235를 획득하는 과정이란 말이에요. 그런데 235라는 게 그 어느 정도 비율이면 이게 99.3%가 238이고 0.7%가 농축우라늄을 말이야, 235란 말이야. 그러니까 이걸 분리하는 과정에서 레이저 광선을 쏘아서 분리시킬 수도 있고. 이것을 분해시켜 가지고 무게가 다르니까, 이게 분리된단 말이지. 그래서 235를 그렇게 해서 90~95%로 235가 형성되면 이게 농축우라늄이다 이런 얘기지. 그런데 여기서 우리가 주목할 문제는 이 우라늄탄은 시험할 필요가 없어요. 그리고 이것은 레이저 광선으로 쏴서 235를 생성할 때는 면적이 100평만 가지면 돼, 100평. 그리고 이 알미늄으로 인한 우라늄 획득은 300평은 아직도 잡아. 여러 차례 통과시켜서 하지만, 300평으로 획득한다. 그런데 이 우라늄에 의한, 농축우라늄을 제출하는 과정은 사실상 돈이란 말이야. 그걸 폐연료봉에서 거기서 포함되는 플루토늄을 추출하면 되는 거야. 그런데 실험을 안 하니까 비밀리에 만들 수 있단 말이야. 그러니까 파키스탄도 왜 우라늄을 개발했냐. 그건 비밀리에 만들 수 있거든. 그러나

플루토늄탄은 실험을 해야 한다고, 핵 실험을. 그러니까, 여기서 말이지 이러한, 우리가 여기서 뭘 가지고 갈 수 있냐면 북한에서 5MW짜리 원자로 가지고 있잖아요, 영변에. 거기서 이제 8천개의 연료봉이 처리할 것이라고 하는데, 폐연료봉 가지고. 그런데 그것은 감지가 되니까 내 놓지만, 우라늄은 감지가 안 된다고. 좁은 면적에서도 생산할 수 있고.

Q 폐기하겠다는 그 프로그램은 플루토늄?

A 그러니까 그게 문제란 말이야. 미국이 2002년 10월에 켈리 차관보가 갔을 때 파키스탄에서 칸 박사 왔다 갔다 하고 했는데, 너희들 우라늄 개발하지 않았냐 했더니 처음엔 우라늄 안 했다고 했다가 막판에 가서 했다고, 한 거란 말이야. 그래서 난리 났었거든. 북한 애들이 우리가 했다고 시인했다 이거야. 그런데 지금 갑자기 북한이 우라늄탄 우리가 개발 안 했다고 잡아뗀다고. 그건 카드야. 그러니까 북한은 뭐냐 하면, 플루토늄탄만 폐기하겠다, 그 원료만. 그런데 북한도 모순이야. 저희들은 이미 핵무기를 가지고 있다는 걸 인정시켜야 해. 현지 상태에서 동결한다, 더 개발하지 않겠다. 둘째는 이것을 팔아먹지 않겠다 이거야. 그런데 팔아먹지 않겠다는 조건으로. 보상은 뭐야, 우리 전력 생산 하는 거, 그다음에 테러 지원 국가에서 제외하고. 왜냐면 테러 지원 국가에서 벗어나야만 세계은행이라든지 국제통화기금에서 돈을 빌릴 수가 있거든. 그니깐 이것을 동결하는 즉시 보상하라 이런 말이야. 근데 우라늄탄은 없다는

이런 상태까지 온 거야. 그런데 이제 우리 쪽에서는 미국은 뭐냐면, 절대 폐기시켜야 된다는 거지, 완전하게 투명하게 그다음에 불가역적으로. 이 세 가지 조건을 걸어서 하는 거야. 근데 여기서 타협안을 준비하는 거야. 미국한테 가서는 우선 이거 동결시키는 조건에 승인해라, 그래야만 무엇 무엇을 동결시킨다 할 때에 가능하지 않겠느냐. 이걸 다 들춰내 가지고 이것이 폐기로 간다는 전제조건으로 가면 리스트를 우리가 파악해야 할 게 아니냐. 우선 그런 조건으로 미국도 협상에 임해라. 동결이 얼마나 투명성이 보장되고 그들이 적극적으로 나오느냐에 따라서 보장도 해줄 것 아니냐, 우리 중재는 뭐냐, 우리도 비슷한 거야. 북한이 동결하고 그 투명성을 보장하기 위해서 우라늄까지 다 포함시키고, 그것을 동결시킨다는 전제조건으로 투명성을 보장할 때에, 그 사찰에 들어가면서 보상도 해주자는 게 통일부 입장이란 말이야. 이것이 6자회담에서 지금 하는 거야, 이제. 그럼 북한이 동결 즉시 보상, 동결 아니면 우라늄탄 없다. 폐기로 가는 전제조건이라는 건, 미국은 뭐냐면 동결은 폐기를 전제로 해야 하고, 폐기를 위해서는 아까 말한 완전하고 투명한 보장하고 불가역적으로 한다는 조건이면 우리가 보상도 해 줄 용의가 있다는 거지. 그런데 내 생각에는 북한의 카드는 우라늄은 없다는 거고, 동결을 시키는데 과거 이미 공개됐던, 영변 일대라든지 그런 일대를 사찰하자는 이런 입장인데, 우라늄도 개발했을 거고 어디 숨겨 놨을 거란 말이야. 쉽게 타협되겠어요? 안 되지. 이번에는 이제 희망적이라는데 이것은 북한이 그 핵문제의 핵을 절대 놓지 않습니다. 북한은 핵=체제란 말이야. 미국이 보장해 주는 게 아니란 말이야, 핵이 저희들을 보장해 주지. 그래서 작년도에 노동신문에 김정일이가 '만약 미국이 우리를 북침하거나 건드렸을 땐 이 지구를 산산조각 내겠다.'고 말했다는 논평이 나왔어요, 작년에. 그런데 김정일이가 이 말을 한 거는 92년이야. 10년 만에 이게 나온 거야. 92년도 했다는 거를 했다고. 그래서 인민군창군 60주년 기념일, 92년도 4월 25일날 그 기념행사에 무력시위 했잖아요? 그거 끝내고 나서 김일성이가 최고사령관 김정일이하고, 인민군 오진우하고, 총참모장 최광을 대동하고 주석궁으로 들어갔다고. 가서 김일성이가 물어봤어요. '미국과 전쟁에 붙게 되면 우리가 질 수도 있다, 지면 어떻게 하겠냐, 최광 동무 얘기해 보시오.' 하니까 최광이가 '우리는 안 집니다, 절대로 지지 않습니다.', '그럼 오진우 동무, 인민무력부장은 어떻게 생각합니까' 하니까 오진우는 '저는 진다는 거를 생각해 보지 않았습니다. 우린 반드시 이깁니다.', 그러면 최고사령관은 어떻게 생각하느냐고 김일성이가 물으니까 그때 김정일이가 '우리가 만일 진다할 것 같으면 이 지구를 산산조각을 내야 합니다.' 그러니까 김일성이가 탁자를 치면서 '역시 최고사령관 다운 대답이다.' 이렇게 이야기한 거예요. 그게 그때 90년도에 들어 왔어. 이게 작년 노동신문에 나왔어. 그러니까 내 생각에는 92년도에 그들이 핵 프로그램을 거의 완성시켰고, 핵폭탄을 갖고 있었기 때문에 위협한 게 아니냐, 그때에 봐서 90년도 초반에, 이 고폭실험을 해야 하거든. 그래야 뇌관을 터트리니까. 이 고폭실험을 한 80여 회 한 것으로 나와 있어요. 그다음에 영변 일대의 온도가 섭씨 70도까지 올라갔어요. 고폭실험 왜 안하냐 하니까, 이게 91년부터 칸 박사가 2000년까지 13차례 평양을 방문했어.

그래서 이미 우라늄탄은 가지고 있는데, 핵폭탄만 가지고 있으면 뭐 하나. 비행기를 떨구거나 미국같이 고공에서 떨어질 수 있는 거나, 아니면 미사일이나. 그래서 이 미사일을 대동1호, 2호, 대포동 2호로 해서 쐈는데. 그래 지금 우리가 추측하기에는 그 대포동으로 미국 알래스카는 친다고. 그러니까 이 회담을 왜 끄느냐, 두 가지 문제가 있어요. 북한 측은 미국 본토를 파괴할 수 있는 미사일을 원해. 그렇지 않아요? 일본은 벌써 끝났고. 그 거리를 놓고서 미국은 뭐, 북한을 군사적으로 치려면 반드시 이루어진다니까. 이것을 쏘는데 파괴 면적이 가로 900m×세로 300m인 거야, 평지에서. 그러니까 적어도 서울 같은 밀집 지대에 쏘면 삼풍백화점 붕괴된 거 같은 게 하나씩 생기는 거야. 그런데 이게 300기가 배치된 거야. 이게 쏴 대고 170㎜자주포는 60kg 이것도 서울이 사정거리 안에 들어가고, 이게 쏴 대고 하면 한 700여 발이 동시 발사 된다고. 그렇게 되면 서울은 불바다가 된다고. 미군이 후퇴하고 내려가면 당연히 사정권에 들어오는 거야. 그러니까 북한이 이 미군이 벗어나려고 하는 것은 오히려 자기들을 군사적으로 타협하기 위한 것이라고 말이야. 미군을 빼 놓고 타협하고 하지는 않겠다는 거야. 그건 '북침 쇼'라고 걔네들이 얘기하는 거 아니겠어? 그런데 사실은 그거보다도 더 중요한 것은 미군이 북한에 군사적인 제재를 가하려면 이것을 완전히 서면화해야 하는 거야. 그리고 자주포들은 막 이동하기 때문에 일시적으로 하는 것밖에 없어요. 그러니까 미국이 시간이 필요한 거야, 군사적으로 타협하려면. 북한도 시간이 필요하고. 그러니까 결국 최악의 경우는 쌍방이 그렇기 때문에, 최악의 경우지만 안 되더라도 가야 한다는 거야. 결국은 미국은 부시의 강경정책 구실이 뭐야, 북한이 저희들을 테러국가로 미국을 공격하기 때문에 그 방어를 위한 미사일 방어 체제를 확립해서 그 테러 지원 국가에 대해 다 막을 수 있어야 하는 거거든. 그리고 기동성 위주로 병력을 재편하고 하는 것이 부시의 신 국방 구조인데, 북한은 벌써 핵무기를 개발하고 하니까. 그러니까 현재 상태는 시간도 끌고, 부시의 명분을 완전히 없애지도 않으면서 평화를 지키고 있는 것처럼 국제회의도 하고, 이런 다목적 저기를 다 해소해야 하는 거란 말이에요. 그러니까 맨날 북경에서 만나 뭐하겠어요. 중국은 어쨌든 자기도 시간 벌어야 한단 말이야, 인공위성도 만들어야 하고. 중국은 뭐냐 하면 '한반도 비핵화' 한반도는 비핵지역이어야 한다는 거야. 왜? 북한이 핵무기 가지면 당연히 우리도 가지려고 하고, 일본도 핵무장 하니까. 이렇게 되면 중국이 불리하다고. 그러니까 북한보고 비핵화하라고. 그러나 이 회담하는 6개 나라의 저의가 다 다르다. 일본도 이 기회에 국민들의 지지를 받기 위해서 북한에 핵문제에 대해 말하고. 아사히신문에서 기자가 둘이나 찾아왔는데, 북한 핵문제에 대해 찾아왔어. 그런데 그 기자가 얘기하는 것이, 북한이 일본을 향해서 미사일을, 핵탄두만 쏠 수 있는 미사일을 200개를 배치해 놨다 이거야. 그런데 이건 새빨간 거짓말이고 그런데, 이 핵문제와 관련해서는 이 얘기가 북한의 입장이라든지 미국의 입장이라든지 기타 6개 참가국 입장을 충분히 고려해서, 성과는 조금씩 있어야 하거든. 동결시키는 데 합의 했다든지, 그걸 양보해서 다음번 회의로 넘겼다든지, 구체적으로 그걸 논의하기 위해서 실무자 협의회를 만들었다든지. 그러니까 이제 그, 앞으로 전망을 하는 데에 있어서 과거에 대해서 과거에 북한이, 그 때 벌써 65년에 북한 영변에 원자력 시설을 만들었다. 그러면서 5MW건설했다. 그리고 러시아의 행정부서에 연인원 3000명을 파견했어. 그래서 거기서 핵 기술을 다 배워 왔다고. 그중에 박사가 25명이야. 박사 학위 받은 사람이 25명이라고. 그 사람들이 지금 핵을 개발했다고. 그러니 인원이 얼마나 많아. 거기 남한에서 말이지 6·25 때 서울대 학장하던 이승기 박사랑 이 사람들이 비날론 공장, 독일의 특허 공장 해 가지고. 비날론은 그 사람이 만든 거야, 이승기 박사. 이 양반이 북한에 가서 비날론을 했잖아요? 그 이승기 박사가 하루는 65년도에 갑자기 이 양반이 함흥공장에 군복입고 나타난 거야. 과거에 북한이 핵개발하고 연구원 중에 박사가 몇 명이고 하는 걸 다 알아요. 그리고 김정일이가 현지지도 하고 그랬다고. 이래서 핵 문제에 대한 것을 우리는 인정해 주면 안 돼. 그러나 북한은 벌써 핵무기를 보유하고 있고, 핵보유국으로서의 핵동결시키는 걸로, 걔네가 체제보장 해 달라는 말은 하지도 않아요. 체제보장이 무슨 상관이 있어? 다 되어 있는 걸 체제보장이 무슨. 미국이 구실이 그거야. 미국이 세계 질서를 재편하는 데 유용한 것이 군사력과 달러란 말이야. 그러니까 제3세계권도 미국의 군사력에 맞서야 하는데, 그 방법이 핵과 과학이란 말이야. 저희들 입장에선 아주 정당한 거라고. 미국이 자꾸 때리니까 이라크도 때리고. 무장해제하면 우리는 죽는다. 그러니까 이것이 6자회담이라는 회담만 가지고 하는 게, 쌍방이 국제적으로나 말이지, 최소한의 요구를 충족하게 하고. 그러니까 이번 6자회담에 큰 기대를 걸고 만나는 것 보다 실무기관으로 되는 거야. 그리고 북이 아예 이번에 전부 쐈야. 또 영변핵사찰이나, 걔들이 어디어디 사찰한다는 게 있거든. 그 핵확산 금지조약에 탈퇴하면서 말이야. 그런데 거기에 다시 복귀하느냐 마느냐 뭐 이런 형태로 끝나는 거예요. 그러니까 지금 통일부에서 잘하고 있는 것이 그들한테 경제 지원을 해줘도. 그들이 미국말만 듣느냐, 우리 민족끼리 말이야 좀 도와 달라 이거지. 우리 민족이 우선이지, 민족 제일주의 아니냐 말이야. 우리는 6·15공동선언 정신에 따른다고, 우리 민족끼리. 근데 이걸 또 몰라. 통일연구원에 그 중요한 게, 쟤들의 민족에 대한 문제를 우리만 알 것이 아니고 국민들에게 인식시켜 줘야 한다는 거야. 공산주의에서 민족에 대한 개념은 우리와 비슷해요. 문화생활 공동체에서 비롯된 역사적 일들, 그런 게 나와 있거든. 이 민족은 말이지 자본주의 형성 초기 단계에 형성됐단 말이야. 그때 형성된 민족을 자본주의 민족이라 한단 말이야. 근데 이 민족 안에는 자본주의 민족과 대립되는 사회주의 민족이 있단 말이야. 이 사회주의 민족이 자본주의 민족을 타도하고 전체를 사회주의화하는 것이 민족의 의무란 거야. 그러니까 같은 민족 안에 자본주의 민족 있고, 사회주의 민족 있고. 그러니까 쟤네들의 민족 대단결이나 민족이란 것은 자본주의 민족을 타도하고 전부 사회주의 민족화하기 위한 과정이란 말이지, 그게. 그러니까 '우리가 어떻게 남입니까? 우린 하나입니다.' 하는 것이 사회주의 민족의 하나다 이런 얘기고, '통일합시다.' 하는 것이 통일하자는 것이거든. 그러니까 이 민족에 대한 것이 말이지, 저희들이 그 민족에다가 계급성을 부여하고, 계급투쟁을 적용한 거란 말이지. 이것을 국민에게 인식시켜 줘야 해. 왜냐하면, 이것을 알고 쟤들이 말하는 민족끼리 잘해 봅시다, 민족은 하나 다라는 것을 듣고 대응하는 거하고, 전혀 모르고 자꾸 걔네 말에 호응해서 자꾸 말려 들어가는 거 하고 전혀 다르다 이거지. 다들 밤새도록 나가서 저희들 응원 나오고 하는데 같이 노래 부르고 하지 않았어요? 이걸 알고 해서 우리는 뭐야 자유민주주의적인 민족을 우리가 대북관으로 해야 한다는 거야. 원칙을 가지고 대해야 한다는 거야. '화합합시다.' 하면 자유민주주의적인 민족으로 우리가 화합하자는 확고한 신념을 가지고 국민들이 그걸 해야만 쟤들한테 말려들지 않는단 말이야. 그렇지 않으면, 말려들어. 그러니까 지금 내가 볼 때는 상당히 많이 말려들어 갔어. 무조건 이제는 반미, 반미 촛불 시위, 미국은 우리 민족의 적이다가 58%, 20대에 그 조사한 게 가장 위험한 국가는. 그러게 이런 거야, 친북. 우리는 같은 민족이니까 봐줘야지. 반미·친북 통일전선이 형성된단 말이야. 저희들의 목적이야 이게. 현재 대남 공격의 최대 과제야. 그래 가지고 반미·친북 통일전선이 형성되면, 이것이 완전히 전 민족적으로 형성되면 통일이 되는 거야. 사회주의 민족화되어서 통일이 된다고. 그러니까 우리가 이것을 아주 잘 인식시켜야 해. 이걸 인식시키지 못 하면 아주 큰일 난단 이런 얘기야. 그러니까 그것이 과거에 걔들이 민족통일 민주전선 있잖아요? 그거랑 같은 맥락이야. 그런데 앞으로 통일연구원에서 연구를 하시니까 내가 과제를 몇 가지 제기할 게 있어요. 이 반미·친북 통일전선체를 형성하려면 근거지가 필요하다고. 서울, 전라, 근거지가 몇 군데 필요하고 거기를 근거지로 확산시켜 나가는 거야. 내가 볼 때 현재 근거지는 제1차로는 제주라고, 내가 잠깐 얘기했지만. 왜냐하면, 제주도는 사상 폭동이 있었다. 그다음에 제주도는 사면이 다 바다예요. 누구나 침투할 수 있어. 과거에 우도사건도 말이지. 그다음에 제주도는 무비자 입국 지대야. 중국 여권만 가지고 들어가서 얼마든지 활동할 수 있어요. 그러니까 제주도를 보라고. 쟤들이 1차 국방 장관 회담을 어디서 했어요? 제주도였거든. 그때 수행원들이 전부 공작원들이 와서 제주도로 오고. 그리고 김용순이 와서 어디로 갔어요? 임동원이 데리고 제주도로 갔잖아요, 제주도 돌아보고 갔거든. 김정일이가 그쪽으로 나오려고 제주도 돈 거라 그러지만, 김정일이 나올 사람도 아니에요, 애초에. 그다음에 제주도민들이 말이야, 자기들 감귤 보내 줬다고 제주도민만 특별히 300명을 평양으로 초청해서 융숭한 대접을 해서 보냈다고, 제주도민만 했잖아요. 그리고 체육축전을 제주도에서 했잖아요. 그래 가지고 돈 220만 달러 다 안 준다고 버티고 말이지, 협주단 안 와서 안 주겠다고 하니까 그래도 약속한 건 줘야 한다고 해서 네 시간 버티고 그래서 할 수 없이 줘서 보냈잖아요. 응? 서울대 교수 중에 라디오 방송하는 김 박사가 나한테 왔어 어제. 그 사람이 통일부에서 일 많이 하는데, 내가 이런 얘기 비슷하게 했더니, 나도 그걸 느꼈다고 하면서 뭘 얘기하냐면, 저희들이 매스게임에서 한반도 지도를 사람들이 만드는데, 제주도를 만든다 이거예요. 그런데 한반도 지도를 만드는 사람은 똑같아요, 매번 세어 봤는데. 그런데 제주도 인원이 커지는 거야. 처음에 17명이었대. 그게 24명으로 늘어나고 지금은 34명인가로 늘어났대요, 이게. 그래 제주도만 크게 나오는 거야, 매스게임만 하면. 매번 말이야 그 양반이 관찰해서 그 인원수를 세니까, 제주도가 커지고 있다고. 그리고 송두율 교수가 나와서 한 말이 뭐야. 제주대학 가서 철학교수 하겠다는 말이거든. 주체사상을 전파해야 하잖아? 김일성을 아직도 존경하고 주체사상 절대 못 버린다 하니까 그걸 전파해야 한단 말이야. 이런 모든 맥락을 볼 때 말이지, 반미·친북 통일전선의 1차적 근거지는 제주도야. 2차도 마련되어 있겠지만, 그렇게 해서 이 미군도 말이야. 미군이 지금 평택으로 이전한다 이거는 미국은 부시 신 국방정책에 의해서 군사 재편하고 있는 건데, 이런 과정이 과거에도 있었어요. 과거에도 민족주의 통일로 그것이 조국통일민주주의 전선으로 그렇게 했는데. 우리가 47년도에 독서회에 갔더니, 홍증식이라고 일제시대 감옥에 들어갔다가 나와서 앉아 있더라고. 그런데 이제 그 사람이 우리가 가니까 얘기를 해 주더라고. 공산주의나 이런 것을. 그때 그 홍증식이가 바로 북한에 가서 나중에 조국통일민주전선 서기장을 했어, 그 양반이. 그런데 그 사람이 우리가 그때 그 고위층, 조국통일 민주전선 서기장을 하는데, 그런 사람들이 해방 직후에 전부 그런 학생들까지 해서 지도하고. 학생들이 청년들이고 청년들이 나중에. 그런데 우리는 현재 말이지, 그렇게 걔들은 고위층까지 했어. 할 정도로 전부다. 그런데 이젠 인터넷으로 다 한단 말이야. 그러니까 이것이 그냥 우연히 미국이 싫다, 여학생 둘 죽였기 때문에 촛불 시위가 일어났고, 반미 운동이 일어났다는 것은 그런 동기, 모티브를 제공해서 동기가 형성되어 그것이 된 거고, 그 바탕에는 북한의 이런 작용이 많이 깔려 있다는 거야. 일종의 사상적인 작용이 깔려 있어서. 그런데 지금 기성세대들이 뭐 하고 있느냐, 기성세대들은 '저런 놈들 나쁜 놈이야. 저런 놈들 다 친북 세력이고 나라 망친다.' 고만 했지, 그 젊은 세대들을 어떻게 지도해야 한다는 게 없어. 기성세대가 꼭 작용해야 해. 우리가 그 역사를 보면, 실학의 거장인 연암 박지원 있잖아? 연암 박지원이 법고창신이야. '법고창신', 옛것에 의지해야만 새로운 것이 창조된다.

Q 법고창신?

A 법고창신. 창조 '창' 자하고 새 '신' 자. 온고지신하고 비슷한데, 다른 거야. '법고창신'이니까 우리 기성세대가 새 것이 새로 나오도록 우리가 도와줘야 해. 새로운 것을 창조하는 사람들이 옛것을 의지하도록, 전통에 의지하도록 작용해야 한다고. 그런데 작용은 안 하고 말이지, 젊은 사람들이 일어났다 하니까 저 새끼들 때려 죽여야 한다고 또 반대 시위나 하고 말이야. 기성세대가 자기 아들을 잘 교육할 생각을 안 하고 말이야, 이렇게 갈라서고. 젊은 사람들도 그렇게 하지 말고 옛것에 의지해서 새것을 창조한다는 그 마음가짐을 가지고 해야 하는데, 이게 안 돼. 이게 45년도, 해방 직후에 그때도 좌우로 갈려서 이런 이념 투쟁을 계속 했다고. 그러게 그때는 미군정하였고, 완전히 그랬지만. 결국 미국의 지원하에 자유민주체제가 정착 되어 가지고 됐지만, 그때 잘못 됐으면 안 될 거 같으니까 미국이 철수하고. 한반도에 지정학적 특성이나 그것이 없었다면 지금의 대한민국은. 이 한반도는 꼭 지켜야 하겠다는 결의가 통과되어서 유엔이. 지금 이 상태는 어떻게 갈 것이냐 그걸 해야 하거

든. 역사는 제자리에 오는데 그 자리 보다 한 단계 높은 자리로 온단 말이야. 이게 해방 직후에 그 좌우 이념 투쟁으로 같은 현상이 지금 오잖아? 이게 그때하고 똑같지 않고 한 단계 높은 상태에서 오잖아. 이게 도는 거야, 역사가. 역사는 나선형 쪽으로 발전한다. 하여튼 역사는 돈다 이거야, 그게 같은 자리가 아니고 한 단계 높은 자리로. 현재 상태가 과거와 비슷해 보이지만, 이게 어디로 갈 것이냐에 대해서. 그래서 그런걸 보면, 이번에 과거에 그 젊은 사람들이 현재까지 오는데, 우리 한국에 남북 간의 관계를 고찰하는 데 아주 좋은. 전현준 박사가 나를 좋아하는 게 뭐냐 하면, 그 양반하고 내 의견하고 일치해요. 북한 붕괴론이나 이런 게, 그래 가지고 그동안에 그 저기가 서로 그랬는데. 지금은 말이지 북한을 모르는 사람이 없어요. 금강산 갔다 왔어도 '걔네들 못 살아.', 북한 얘기하면 다 안다고 생각하는 거야. 그러니까 옛날처럼 북한 전문가가 따로 없는 거예요, 다 북한을 아니까. 그러니까 북한을 실질적으로, 구체적으로 정확히 알아야 하는 거예요. 더 어려워진 거예요. 그러니까 북한에 간 사람이 평양도 가고 하잖아요? '평양에 가니까 말이야, 그 공장이 있는데 공장 굴뚝이 다 녹슬고, 연기 안 나고 대문 다 녹슬고, 북한 망해.' 이렇게 알고 있다고. 북한 예산이 말이지, 96억 달러, 100억 달러도 안 되는데, '정부 예산이 형편없어서 말이야.' 이렇게들 얘기한다고 그런데 북한에서는 그쪽에 예산을 많이 안 줘.

Q 예산에 반영이 안 돼요?

A 세입 지출 다 하잖아. 저희들도 극에 달한 거야. 그래 여기 와서 부총리가 와서 보고 갔잖아요. 가서 김달현이가 총리 대행을 했다고. 그때에 명분이 군수공업을 발전시키려면 그걸 뒷받침하는 일반 공업부터 발전시켜야 된다. 해 가지고 군수공장에 가면 말이야, 그쪽에 가는 전력 30%를 떼 가지고 일반 공장으로 돌린단 말이야. 김일성이가 정부의 총리 힘으로 안 됐어. 도로 다 30%, 군수 공장으로 전력 다 넣으란 말이야. 그래서 넣었잖아, 그게 현실 아니에요? 현실이란 거란 말이지. 그러니까 일반 공업은, 걔들은 말이지. 그 지금 '자강도를 따라 배우자.', 연형묵이가 자강도 책임 비서 하면서. 연형묵이가 자강도의 전력, 소형 전력망을 만들어서 그 전력을 충족시키면서 그거 가지고 자급도가 높다고. 그러니까 이런 걸 우리가 전반적으로 하면서 북한에 대해서 안다고 하면 큰일이지. 우리는 하나를 만들어도, 잠수함을 하나만 만들어도 세계적인 수준이야, 모든 시설이. 그런데 쟤들은 잠수함 만드는 시설이 말이야, 그 배관 공장에서 말이야, 관을 두드려서 만들어. 그 강릉에 들어온 잠수함 봐, 얼마나 후졌는지. 용접도 제대로 안 돼 있고, 그런데도 들어 온 거야. 그걸 생각을 해야지. 그리고 얼마나 해안이 말이야, 경비가 허술하고 했으면, 삼척까지 들어 왔어. 해상 처장, 차장이 말이지 해상 처장은 말이지 옛날에 대좌예요. 동서 남해안을 전부 지휘하는 사람이야. 이 사람이 잠수함을 같이 타고 왔잖아요, 그때. 그 돌아가지 못한다는 거는 생각도 못한 거야. 그래서 이게 좌시된다는 거야. 그렇게 쉽게 생각하는 거야. 왜냐하면, 모든 시설에 대한 쟤들이, 미국이 공격하면 여

기서 1차 파격 대상을 바로 없앤다고. 김정일이가 '준비 됐어?', '예, 준비 됐습니다.' 해야 할 거 아니에요. 정찰은 일반 탈북자가 하고, 전문가들이 현지에 가서 파견해야 해. 우리도 말이지 미사일도 공중에서 암만 터져도 상관없어, 그게 가짜인지 진짜인지는 가서 직접 확인을 해야 해. 그걸 사진 찍는 것도 똑같아. 전문가가 와야 해. 그런데 이게 뭐, 관광객으로 들어와서 다 보고 가고 뭐. 그니깐 아는데, 다 아는 것처럼 말한단 말이야. 구체적으로 알고 완전히 그 부분에 대해서는 정통해야 해. 핵 하나만 하면, 히로시마에 떨어진 게 무슨 탄이요? 핵 전문가란 사람이 몰라. 우라늄탄인지, 플루토늄탄인지 몰라. 이게 문제가 있는 거야. 구체적으로 정확히 알아야 해. 통일부에서 북한의 권력구조도를 만들었는데, 봤지요? 인민무력부하고 국가안전보위부하고를 국방위원회 아래에 놨어. 국방위원회 밑에다가 인민무력부와 국가안전보위부를 행정국가 기관으로 달아 놨다고. 국방위원회라는 것은 상설기구 아니요. 국방위원회는 김정일에게 합법적으로, 법적으로 북한의 무력 통솔권을 부여하기 위해서 국방위원장을 만든 거고, 국방위원회는 네 가지 임무가 있는데 거기는 일은 하나도 없어. 그리고 거기는 비상인원이 있는 거예요. 연형묵이라든지 전병호라든지 전부 비상인원이야. 딱 하나 상임하나 있는 것은 이용무, 이용무 대장이 부위원장으로 거기 하나 앉아 있는 거예요. 최고사령관 명령 거기 명령서도 딱 나오잖아. 최고사령관 편제가 어디 있느냐, 통일부 국가의 기구도에 없어. 전방 지휘가는 데 그 중요한 기구가. 최고 사령관이 당 기구거든. 당 6기 19차 전원회의에서 1991년 12월 24일날 최고사령관을 김정일로 추대 한 거야.

그게 당 기구지, 그렇지 않아요? 그럼 당에 최고사령관이 있어야 하고, 그 밑에 말이지 인민무력부가 있어야 하고. 그리고 국가안전보위부는 우리 국정원처럼 별도로, 총리 쪽으로 별도로 달아 놔야 해요. 국가정보원을 대통령 밑에다가 빼 가지고 내각기관으로 달아 놓잖아요. 그렇게 달아 놔야 해요, 국가안전보위부는. 그리고 최고사령부가 최고사령관이 당기구라는 것은 북한이 매년 발행하는 중앙통신연감을 보라고, 거기 보면 최고사령관이 당기구로 들어가 있어요. 당기구라고 딱, 최고사령관을 넣었다고. 근데 우리나라 통일부는 말이야, 그런 기관에서 발행한 기구표에 말이지 그걸 국방위원회 밑에 놓으면 되겠어? 최고사령부는 아예 없고, 이렇게 해 가지고는 무슨, 제일 중요한 기구를 말이지. 북한 중앙통신연감에 나와있는 당 기구를 보면 거기에 최고사령관이 딱 나오는데, 그걸 안 봤어. 그러니까 아주 허술하게 보고 있다는 거야. 제일 중요한 게 지금 그 기구인데. 하여튼 북한을 잘 알아야 해요. 아주 구체적인 것까지 알아야 해요. 뽑으니까 얘기해 드릴게요, 이게 94년도에 나온 거란 말이야. 2004년 금년 나온 거야. 여기 보면 말이야, 국방위원회 밑에다가 이걸 달아 놨잖아? 당 기구에 최고사령부가 없어. 근데, 조선중앙연감을 복사한 건데, 당 국가기관, 노동당 기구 안에 최고사령관이 딱 들어가 있어. 조선인민군 최고사령관 김정일, 당 기구. 그렇지? 그런데 여기 말이야, 그렇게 중요한 최고사령부가 없어. 국방위원회라는 것은 그런 기구가 아니에요. 국방위원장은 합법적인 것을 준 거고, 그다음에 다른 나라에서는 말이야 김정일이는 합법적인 행정직책이 없거든, 그러니까 김정일이한테 국방위원장을 줘서 김정일이가 국방위원장을 맡은 거고. 그다음에 중국 같은 데에 가면은, 거기는 당 주석 뭐 장쩌민, 군사 주석 그리고. 김정일이한테 당 총비서, 국방위원회라고 하는 거라고. 그러니까 이제 헌법 11조에 딱 밝혀 있잖아. '조선민주주의 인민공화국은 조선노동당의 영도 하에 모든 활동을 진행 한다.' 해서 당의 영도를 합법화해 놨거든. 그리고 무력은 말이야, 김일성일 때부터 언제까지 갔느냐, 91년까지. 왜냐면, 국가주석이 최고사령부가 국방위원장을 겸하게 되어 있었어. 그게 빠져 가지고 당으로 가져간 거야. 당으로 가져가느라고 19차 중앙위원회를 해서 거기서 추대하고. 그런데 이것이 구체적인 사안들에 대해서 정확한 파악이 없으면, 쟤들이 군대를 어떻게 지휘하는 지도 모르고, 어떻게 되는지도 모르고 어떻게 전쟁을 하겠어. 그러니까 이런 것들을 파악하고. 그리고 최고사령관, 6·25 때도 조선인민군 최고사령관이 있었고, 전선사령관이 있었어요. 최고사령관은 김일성이 했고, 전선사령관은 김책이 했고. 김책이가 전사를 했어요, 전선사령관을 김책이가 하다가 전사했고. 최용건이는 문전고에 있었고. 그러니까 지금도 보면 말이야, 노동신문에 보면 나와요. '최고사령부 지휘조 성원들이 전방을 시찰했다.', 지휘조 성원. 근데 왜 그게 없냐 이거야. 이게 문제란 말이지, 그 명령에 의해서 다 통치되는데. 최고사령 명령3호에 의해서 옥류다리, 옥류교 건설이 된 거 아니요, 그때. 그때도 보면 거기에 최고사령부, '건설에 필요한 모든 자재를 보장할 것' 딱 하잖아. 북한은 현재 한 마디로 북한 체제를 정리하면, 이렇게 정리할 수가 있어. '최고사령관 명령에 통치되는 군사 체제' 그럼 끝난 거야. 그 이상도 이하도 아니야. 그러니까 군이 곧 국가이며 인민이며

당이야. 그게 선군정치 아니야? 김정일이가 말이지 국방위원장으로 가고 한 거는 전부, 겉으로 하는 거고 실질적으로 최고사령관이다. 그런 관점에서 봐야 하는데 말이야, 제일 중요한 기구가 기구표에서 빠져 있어. 여러분도 이번에 정리하실 때에 잘 좀 해 줘요.

26. 5·25교시

Q 한 마디 더 여쭤 볼께요. 그 67년도에 5·25교시라는 게 있었잖아요? 그게 이제 뭐, 일반적으로 알려진 게 계급투쟁과 지식인들에 대한 탄압이다, 또 극단적 우상화를 통해서 북한 사회를 극단 체제로 변화시킨 전환점이다, 뭐 그런 등등 판단을 내리고 있잖아요? 그 5·25교시에 대해서 선생님이 생각하시는 견해라 할지, 그 부분에 대해서 조금 말씀해 주시면 도움이 되겠습니다.

A 그러니까 북한에서 타파 세력, 김일성을 반대할 수 있는 잠재적인 세력을 축출하잖아요. 남로당 계열은 전쟁 중에 박헌영 쪽으로 다 숙청됐고, 그리고 56년 8월 전원회의에서 연안파라든지 뭐 친소 계열, 연안파의 최창익이라든지 해서 제거됐거든. 그때 도망쳐 가지고 소위 뭐. 그런데 당내에 아직도 김일성에 대해서 절대적인 충성 일변도로 국가를 운영하는 데 장애요인이 있었다고. 있었고, 또 공산주의 국가에서 숙청이 반복되

는 그 필연적인 과정으로 지도부의 수용도 계속 되었고 말이지, 그래 가지고 연안파를 56년도 숙청할 때에 어느 파든지 숙청하면 그 파에 속한 주요 인물이 매수 돼요. 남로당 계열을 숙청할 때에는 이승엽하고 동서지간인 재정경리부장을 하던 이인동이가 매수 됐다고. 서울정치학원 원장 송을수가 매수된 게 아니라 김일성이 편으로 돌아선 거라고, 포섭을 한 거야. 그래 가지고 남로당 계열의 죄상을 폭로하는 증인으로 그 사람들을 내세우는 거야. 그 사람들은 숙청된 다음에 존재한단 말이야. 그 남로당 계열의 이인동이나 송을수는 도인민위원회, 도행정위원회 부위원장까지 하면서 나이 들어서 죽었어요. 그런데 연안계열의 김창만이가 그런 역할을 했단 말이야. 그런데 이 김창만이는 60년대 초반 64년까지 존재했고, 당 부위원장. 그래 가지고 숙청을 하는데 여기서 이제 그, 김일성이 직계를 꾸려야 하는데, 여기에 갑산파들이 박금철이하고 이효순이가 그때 당 부위원장으로 존재했다고, 2~3일간. 박금철이가 조직담당 부위원장, 이효순이가 대남 담당 부위원장으로 존재했단 말이야. 이것을 완전히 제거해야만 김일성의 유일 체제가 완전히 확립되는 거야. 그래 가지고 이걸 제거하기 위해서 당내 김일성의 유일 체제를, 그래 가지고 67년도에 4기 15차 전원회의를, 60년도에 저기를 제거 했잖아요. 전원회의에서 박금철이하고 이효순이를 제거했잖아요. 그 갑산파의 그때 중요한 당 부장을 하던 박영국이 뭐 김도만이, 당 중앙위원회 선전부장 할 거 없이 다 갑산계열을 숙청했다고. 이렇게 해서 그게 그. 지식인들이 특히 그런 데에서 옹호하는 인물들이 많았거든. 그래서 다 제거하고 다. 그리고 나서는 뭐냐, 과거에 만주에서 항일 빨치산 하던 사람들도 파벌이 있어요. 북만엔 최용건, 동만엔 김일성, 이쪽 남만엔 김책으로 분할되어 있었어요. 김일성이가 다 그 항일 빨치산을 총 지휘한 게 아니라 이거야. 그래서 이제 북만에 있는 최용건이 나중에 항일영웅 만들 때에 김일성이보다 상위지위에 있었어요. 김일성이 참모장하고 할 때. 그런데 이것이 김일성의 직계 계열을 김일성이한테 절대 충성하기 위한, 김일성의 직계가 아닌 항일 무장 투쟁하던 사람이 있단 말이야. 그걸 제거한 게 69년도란 말이야. 69년도 인민군 당위원회 4기 4차 확대 전원회의, 거기에서 민족보위상하던 김창봉이 그다음에 최광은 자기파이지만 그걸 다 제거하려니까 그걸 거기다 끼워 넣은 거야. 총참모장엔 최광, 집단군 사령관인 김양춘이 최민철이, 그때 정치 국장하던 김정태 해서 그 69년도 1월이지, 1월에 그때에 그 4기 4차 확대 전원회의. 그것은 인민대장급들을 모조리 숙청했어. 그럼으로써 그 군대에 있는 항일 무장투쟁의 참가자들까지 다 숙청한 거야, 김일성이 직계 아닌 사람들은. 그러니까 그때 직계는 하나 포함 됐어. 총참모장하던 최광 대령이 포함된다고. 근데 이 최광이는 63년도에 다시 인민군 총참모장으로 재등용돼요, 최광은 자기 직계니까. 그리고 타 만주 노선은 다 제거 했어요. 제거해 가지고 최광이가 자기 직계였고, 또 하나는 정치국장하던 김정태가 김책이 아들이라고. 그 김일성이가 제일 존경하는 분이야. 그 김책이 아들이라고, 그 김국태. 지금 당중앙위원회 비서 겸 간부부장하는 김국태가 김책이 아들이거든. 그 동생인 김정태가 그때 숙청됐다가 복귀하고. 그러니까 그 둘이 살아남고 나머지는 군부의 사람들이 다 숙청됐어. 그리고 완전히 김일성의 유일체제가 늘어나고. 그 67년도 그건 전초전의 하나야, 박금철이 이효순이는 갑산 위원회에서 했는데, 그 공장 위원회 지시하던. 그 선전선 도부장하던 김도만, 국제부장 박용국이. 이런 사람들이 다 지식인이었어. 그러니까 지식인들이 많이 내각에 있었단 말이야. 그걸 다 제거하고 숙청하고 하면서 이제 그 교시가 나오고. 그리고 69년도에 하고 해서 완전히 김일성이 유일 체제를 만들게 된 거야. 그 과정이 이제 그렇지. 그래서 그게 줄거리가 이렇게 돼 있어요. 정부에서 숙청, 군부에서 숙청, 문화 예술계에서 숙청. 그 문화 예술계에서 한설야를 비롯해서 그때에 다 숙청했잖아요? 그러다 최근에 복권됐어요. 열사능에 한설야를. 그 전부 유일체제를 확립하는 데 남로당 숙청하고 다 했는데, 갑산파 숙청하고 항일 빨치산 같이 한 사람들 중에도 김일성이 직계 아닌 사람 숙청하고. 그래서 거기에 김광협 대장이라든지 김창만 대장이라든지 다. 그니깐 이 김일성 직계는 말이야, 철저히 보호되는 거야. 그래서 지금 체제보장 유지에 가장 중요한 요인이 핵심 계층이야. 혁명 유자녀, 전사자들이 하는데 여기에서 끊어야지요. 현성일이하고 또 누가 저 자기 아버지 이야기하고 왔잖아. 그게 이제 현철해라고 지금 그 인민군 총정치국 부총국장 하는 현철해 대장의 조카야. 근데 조카 부부가 여기 넘어왔는데도 현철해는 계속 대장직을 하고 제일 중요한 부서에 인민군 인사 문제도 관련하고. 거기에 계속 김정일 뒤에 따라다니거든, 그게 이상한 거야.

Q 현철해 지금 실존 인물인가요?

A 실존 인물이지. 지금 조직 부총국장 아니야. 김정일이 계속 뒤에 따라 서 있는 건 현철해야. 그런데 그 조카들이 여기 와 있다고. 근데 이걸 왜 숙청시키지 않냐 이거야. 여기 그 광화문에 있는 통일부 자료실에 가서 항일 빨치산 참가자들 다 뒤지니까 이게 나온 거야. 현철해라는 인물이 김일성이 직계야, 만주에서. 김일성이가 유격 근거지로 소항청의 유격 근거지에 들어앉았을 때에 현철해 아버지가 현형택이. 형택이란 사람이 따라다니다가 거기서 중대장을 했어, 김일성이 밑에서. 그래 가지고 유격군이 공격할 때 거기서 전사했어. 전사했는데, 김일성이가 광복 후에 평양에 나와서 그때 '그 전사한 중대장 현형택이 아들이 둘 있는 걸로 자기가 알고 있는데, 야, 가서 데리고 와라.' 이래서 데리고 온 게 현철규하고 현철해 형제라고. 그래서 현철규는 함경남도 도당책임비서를 하다가 이제 지금은 어디 갔는지 없어졌어. 그리고 현철해는 지금 인민군 총정치국 조직 부총국장이라고. 그 조카가 현성일이야. 그니까 현성일쯤 넘어가는 거는 자기 직계 아니야. 그 김일성이가 만경대에서 교육시켜 가지고 지금 부총국장 하고. 직계가 중요한 거야. 그러니까 이 공산주의자들이 폐단이면서도 그렇게밖에 할 수 없는 사안인 거지. 이게 그 직계는 무조건.

Q 직계만 남기고 나머지는 전부 다?

A 응, 전부 이제 중요한 직책에서 전부 다 자르고. 이렇게 해서

형성을 했어요. 그러기 때문에 지금은 완전히 김일성 직계들이 김정일을 보좌한단 말이야. 연형묵이도 마찬가지야. 연형묵이도 김일성이가 독감에 걸려 가지고 만주에서 고생할 때, 고름이 있을 정도로 아팠다고. 그때에 이제 산간에 있는 토굴집에 가서 그 집에서 김일성이를 병간호를 해 줬어. 그런데 그 집에 떠꺼머리 총각이 하나 있어, 그 집에 아들이. 그걸 해방 후에 김일성이가 옛날 은혜를 생각해 가지고 데려다가 교육을 시켜 가지고. 이렇게 다 김일성이가, 이러한 그 주체성을 가지고 거기에 주변 사안에 다 이렇게 얽혀 있다고, 이게. 그걸 구체적으로 파악하지 않고 북한의 현재 노선이라 할지, 정책이라 할지 미래의 정책을 이해하기 어렵다.

Q 5·25교시가 김일성이나 김정일 정권 강화 계기로 중요한 역할을 한 것 같은데, 국내 연구에서는 이런 부분에 연구가 많지 않은 것 같거든요? 이런 연구들을 많이 해야 할 필요성이 있을까요?

A 그럼. 그게 중요한 교시예요. 그게 왜냐면, 그게 유일체제 확립하는 과정의 북한의 역사거든. 김일성이의 유일체제 확립하는 과정이 바로 북한의 당 역사라고.

Q 5·25교시가 그런 유일체제에 결정적인 역할을?

A 응, 특히 지식인들. 지식인들은 낡은 인테리와 새 인테리가 있

단 말이에요. 그니까 사회주의하에서 교육받은 사람은 새 인테리고, 소위 사회주의적인 인테리지. 그리고 일제시대 교육받았거나 하는 인테리들은 낡은 인테리란 말이에요. 그니까 낡은 인테리들을 새인테리들로 교체하라는 그 과정의 교시란 말이야, 일종의. 그러니까 이제 지금은 거의 낡은 인테리들은 없어요. 새인테리들로 다 교체 됐어요. 그런데 한꺼번에 교체를 못하기 때문에 낡은 인테리들을 우선 채용해 가지고 그 사람들로부터 중요한 기술 문제라든지 이런 것들을 배우게 한 거지. 그러는 과정이 주로 있지. 북한의 모든 분야들이 하루아침에 형성된 게 아니니까. 그리고 이제 그것이 어떤 한 사람이 다 할 수는 없으니까, 여러 사람이 추진해야 하고. 그다음에 중요한 것은 그런 것이 다 화합되어야 한다는 것, 통일에 대한. 인간게놈 지도 만들었잖아요? 이것처럼 통일에 대한 지도를 만들어야 한다고요. 그리고 상황이 말이야, 우리가 예상할 수 없는 상황으로 급변할 수 있어요. 그러니까 그것까지 대비한 그런 어떤 지도를 만들어야 해요. 굵직한 것 뿐 아니라 세부 사항까지 만들어 놔야 이게 통일에 대비되는 거지. 그건 통일에 대한 기본 지도도 없는 상태에서 말한 다는 것은 이건 마구잡이지. 뚜렷한 전망을 우리가 봐 가지고 가야지. 그렇지 않아요? 통일부 장관 같은 사람은 자주 갈리면 안 돼. 통일부장관 같은 사람은 통일 될 때까지는 아니겠지만, 어쨌든 상당한 그 저기가 있어야 해요. 툭하면 말이야, 외교부 장관하던 사람 갖다 놓고 말이야. 그래 가지고 통일이 되겠어요? 그리고 사람이 일정한 직위에 올라가면 공부를 안 해요. 차관되고 장관되어 봐, 아주 공부 안 하는 거야. 아래서 보고서만 올리는 문건만 보고, 정책적으로만 보려고 그러지 공부를 안 한다고. 그런데 이 통일 문제를 다루는 사람들은 계속 공부하지 않으면, 첩보를 계속 입수해 가지고 보완하고 하지 않으면 안 돼. 내가 이걸 말이에요, 정보기관에서 기무사에서 북한실장을 하면서 내가 30년을 한 사람이에요. 30년을 해도 몰라. 내가 북한에서 살았거든, 실제 체험하고 기자 생활 하면서 안 쏘다닌 데가 없고 말이지, 했는데도 몰라. 그리고 자꾸 변하니까 모르고, 그리고 한 사람의 노력하는 데는 한계가 있잖아. 각 분야 전공 분야에 맞게 박사들이 다 만들고, 그 정확성이 중요해. 철도를 남북한이 개성에서 해서 시베리아 철도로 연결 한다고 하는데, 그러면 통일부에 있는 담당관은 철도의 전문가여야 해. 철도가 말이야, 우리는 표준 궤관이고 러시아는 광궤, 더 넓고. 그렇다더라, 그래서 시베리아 횡단철도 만들려면 여기서 가다가 핫산역에서 이 계를 바꾸든지, 바퀴를 바꿔야 한다더라, 그 정도는 알아야지. 철길이란 게 얼마나 예민한데. 이 철로가 말이지요, 세 등급이에요. 1등급, 2등급, 3등급이 있어요. 1등급은 말이지요, 미터당 50키로, 2등급은 40키로, 3등급은 37키로, 무게가. 그것에 따라서 분류하는 거예요. 그런데 일본 놈들이 이 경부선이라든지 경인선이라든지 이거를 일등급으로 놨어요. 철이 얼마나 많이 들었어요. 이게 궤광이 말이에요, 표준 궤광이 1m43이고, 거기서 7mm만 넘어가면 다 탈선해 버려요. 그게 저기 가서 러시아의 광궤는 1m52라고. 그러니까 밖으로 두개를 달고 가든지, 아니면, 북한은 말이지 단선이고, 철로를 다 복구하려면 러시아 그 철도 전문가의 전문적인 비용 산출에 의하면 5억 달러라고 했거든. 5억 달러로는 어림없대. 20억 달러 이상이 되어야 된대.

그러니까 개성을 연결시키면 뭐해, 그 여기 중소기업이 가도 뭐. 그 회의만 자꾸 하는 거지, 개성에 공단한다 그러면 개성 공단 신청을 다 받아 가지고 경공업 분야 얼마, 뭐 얼마 하는 예산이 다 나와야 돼. 그런데 뭘 수입한다, '와' 해서 채산성도 맞추지 않고, 밑졌다고 그러지는 않는단 말이야. 이 프로젝트는 어디서 주는 거예요?

Q 학술진흥재단이요.

A 그니까 이제 연구소가 하는 것은 소장 중심 체제의 연구소란 말이에요. 소장이 뭘 연구하는데, 거기에 박사라든지 그 소장이 연구 피라미드식으로 해서 각 분야별로 설정해서 연구 소장은 행정관리를 하는 사람으로 하는데, 지금은 통일 문제에 대한 걸 가지고 자기가 구상을 해서 국가적 정책으로. 각자가 연구 과제를 가지고 각자가 내고 그 연구 과제를 써서 결정하고. 그러니까 소장 중심으로 내가 통일 문제에 대해서 내가 이걸 한다 하면, 모든 연구소 직원들이 그것을 완성해야 하는 게 필요해. 지금 우리는 통일부도 그렇고 첩보가 필요해. 정보. 첫째, 모든 건 자료로부터 시작되거든, 얼마나 좋은 자료를 수집하느냐인데, 통일부에 말이에요, 그 통일부에 쓰리 세븐, 그 첩보가 안 들어간다고. 그럼 되겠어? 그 일급비밀이거든. 그 통신이 감청하는 거야. 쟤들 통신을 감청하는데, 감청하는 것을 첩보를 만드는데 그것이 통일부에 안 들어가는 거야. 걔들이 그것을 감정하는 걸 알고 전부 이제 유선 케이블을 깐다고. 평양

에서부터 삼지연도 깔았어. 왜? 거기 김일성이 휴양가 있을 때 이제 전화해야 하니까. 주석궁, 중앙당1호 청사. 그런데 그걸 못 뚫어, 그걸 뚫어야 하는데. 그러니까 첩보 수집이 고도로 발달된 첩보 수집을 하는 것이 통일부가 해야 돼. 그러니까 학술재단에서 연구하는 과제이지만, 연구하시면서 건의 사항이라든지 그걸 해야 해. 그게 북한에서 살다 나온 사람들의 대다수 의견이나, 제안서를 해서, 이걸 학술진흥재단에서 했을 때는 무슨 목적이 있을 거 아니야. 그 목적에 부합되는 거를 완전히 충족시키려면. 또 누구 해요, 김남식선생 하고?

Q 김남식 선생님 뵙구요, 현성일 씨하고 최주활씨, 또 오픈 되지 않은 사람들 중에서요, 다섯 분 정도 계획되어 있구요. 또 탈북자들하고.

Q 선생님께 공부하면서 여쭙고 싶은 거 있으면 연락드리겠습니다. 감사합니다.

구술자 인적사항

김남식 | 충남 논산 출생
　　　　2005년 1월 작고
주요경력 | 1965년　고려대 아세아문제연구소
　　　　1978년　통일원 상임연구위원
　　　　1981년　국제문제조사연구소 연구위원
　　　　1988년　평화연구원 책임연구위원
　　　　1995년　경실련 통일협회 고문
　　　　2000년　경남대 북한대학원대학교 초빙교수
　　　　2000년　통일뉴스 상임고문
주요저서 |「북한총감」(1968),「북한개요」(1978),「남로당 연구」(1984),「박헌영 노선 비판」(김남식, 심지연 공저, 1986),「한국현대사 자료총서」(김남식, 이정구, 한홍구 공편, 1986),「21세기 우리민족이야기」(2004)

이항구 | 경기도 안성 출생
　　　　서울 휘문중학교, 서울정치학원, 평양문학대학 졸업
　　　　한국전쟁 중 월북
주요경력 | 북한중앙방송위원회 기자
　　　　북한작가동맹 작가
　　　　북한「현대문학」편집인
　　　　現 통일연구회 회장
주요저서 |「안전띠」(1958),「숫눈길」,「전사」,「억센 날개」,「소설 김일성」,「성격, 생활화폭, 비약」(1965)

저자소개

저자소개

■ 연구책임

- 조한범
  - 통일연구원 선임연구위원
  - 러시아 상뜨-뻬쩨르부르그대 사회학 박사
  - 주요저서·논문:「남북 사회문화공동체 형성방안」,「러시아 탈 사회주의 체제전환과 사회갈등」

■ 지은이

- 정현수
  - 통일미래사회연구소 연구위원
  - 경희대 정치학 박사
  - 주요저서·논문:「화해협력시대의 남북한관계론」,「중국 조선족의 한국전쟁 참전연구」

- 오경숙
  - 조선대학교 강사
  - 조선대학교 경제학 박사
  - 주요저서·논문:「국내의 해외북한자료 수집·활용실태 분석」,「5·25 교시와 유일사상체계 확립」

- 강인구
  - 국사편찬위원회 학예연구사
  - 러시아 상뜨-뻬쩨르부르그대 역사학 박사
  - 주요저서·논문:「러시아에 있어서 한국학연구의 현황과 과제」,「상트-뻬쩨르부르그에 위치한 러시아 국립문서보관소와 우리 역사 자료들」

- 공선자
  - 동국대학교 강사
  - 독일 레겐스부르크대 독어독문 박사
  - 주요저서·논문:「사회주의초기 건설문학 우리 쪽 사람들」,「1950년대 북한의 정세에 대한 일본 외무성의 인식」

- 김수암
  - 통일연구원 연구위원
  - 서울대 정치학 박사
  - 주요저서·논문:「미국의 대북인권정책 연구」,「북한의 형사법제상 형사처리절차와 적용실태」
- 김학성
  - 충남대 평화안보대학원 교수
  - 독일 뮌헨대 정치학 박사
  - 주요저서·논문:「동북아 질서변화와 한반도 평화체제」,「한반도 평화체제 구축의 조건, 과제 그리고 추진전략」
- 박영호
  - 통일연구원 선임연구위원
  - 미국 신시내티대 정치학 박사
  - 주요저서·논문:「한반도 평화정착 추진전략」,「미국 외교정책에서의 정책연구기관(Think Tanks)의 역할과 한반도 문제」
- 배정호
  - 통일연구원 선임연구위원
  - 일본 동경대 정치학 박사
  - 주요저서·논문:「일본의 국가전략과 한반도」,「21세기 한국의 발전구상과 대북전략」
- 이교덕
  - 통일연구원 선임연구위원
  - 고려대 정치학 박사
  - 주요저서·논문:「김정일시대 북한의 정치체제」(공저),「북한체제의 분야별 실태평가와 변화전망」(공저)
- 임강택
  - 통일연구원 선임연구위원
  - 미국 뉴욕주립대(올바니) 경제학 박사
  - 주요저서·논문:「북한의 개혁/개방정책 추진 전망」,「동북아 협력의 인프라 실태: 국가 및 지역차원」(공저)